QICHE DIPAN GOUZAO YU WEIXIU JIAOCH

汽车

底盘构造与维修教程

王　林／主编

电子科技大学出版社
UESTCP

图书在版编目（CIP）数据

汽车底盘构造与维修教程 / 王林主编．—成都：
电子科技大学出版社，2017.6
ISBN 978-7-5647-4466-3

Ⅰ．①汽…　Ⅱ．①王…　Ⅲ．①汽车－底盘－结构②汽
车－底盘－车辆修理　Ⅳ．① U463.1 ② U472.41

中国版本图书馆 CIP 数据核字（2017）第 116734 号

汽车底盘构造与维修教程

王　林　主编

出　　版：电子科技大学出版社（成都市一环路东一段 159 号电子信息产业大厦　邮编：610051）
策划编辑：罗　雅
责任编辑：罗　雅
主　　页：www.uestcp.com.cn
电子邮箱：uestcp@uestcp.com.cn
发　　行：新华书店经销
印　　刷：成都市火炬印务有限公司
成品尺寸：185mm×260mm　　**印张** 12　　**字数** 310 千字
版　　次：2017 年 6 月第 1 版
印　　次：2017 年 6 月第 1 次印刷
书　　号：ISBN 978-7-5647-4466-3
定　　价：38.00 元

前　言

本书是高校汽车类专业技能型系列丛书之一，是根据汽车类专业领域技能天才培养指导方案，并参照相关行业岗位技能鉴定规范编写的。本书比较系统地介绍了汽车底盘各总成和部件的结构、工作原理及拆装与检修的方法。可使读者理解汽车各系统、总成的工作原理及结构特点，基本具备汽车底盘拆卸、装配能力以及使用常用维修工具、量具、设备进行底盘各总成、部件检修的技能。

本书在编写中力图体现以下特色。

(1)面向职教。本书作者均来自汽车专业岗位，有多年实践经验；编写目标符合目前行业的实际情况；内容选取符合职业岗位需求。

(2)难易适度、突出技能。本书着重体现理论性够用、应用性强的特点，使整体的理论难度降低，但同时又能保证相应的理论基础，使读者在分析和解决实际问题时有一定的理论基础。

(3)加强针对性、实用性。力求把传授专业知识和培养专业技术应用能力有机结合，使读者的基本素质得到提高，并能够运用所学的基本知识举一反三；让读者能够正确使用工具和设备；帮助读者掌握解决实际问题的方法和手段，养成良好的习惯。

(4)图文并茂、通俗易懂。本书采用大量示意图，尽量做到形象、直观；表述方面力求通俗易懂，使读者能够自己读懂。

(5)以主流车型为实例，把具有典型意义的结构作为重点。

本书内容较广泛，既有采用先进汽车技术的车型，同时也考虑到欠发达地区的主要车型，适应于不同地区的需要。本书在模块教学中引入“整理、整顿、清扫、清洁、自律”的5S管理理念，把能力培养融入基本知识中，在培养读者专业技能的同时提升读者的综合素质，养成良好的行为习惯。

编　者

目　录

第1章　汽车底盘概述

1.1　汽车底盘的总体构造

汽车底盘由传动系、行驶系、转向系和制动系四大系统组成，其功用为接受发动机的动力，使汽车运动并保证汽车能够按照驾驶人的操纵而正常行驶。图1－1所示为汽车的底盘结构。

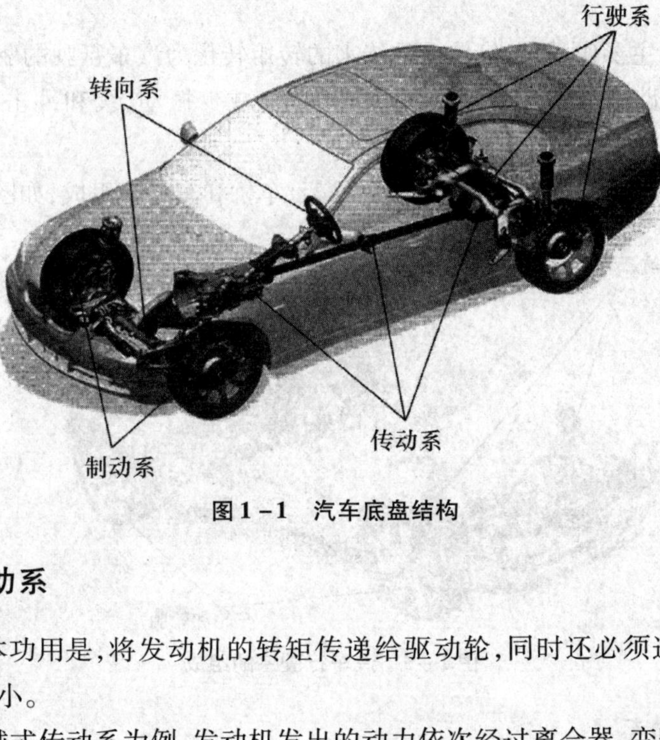

图1－1　汽车底盘结构

1.1.1　传动系

传动系的基本功用是，将发动机的转矩传递给驱动轮，同时还必须适应行驶条件的需要，改变转矩的大小。

以普通的机械式传动系为例，发动机发出的动力依次经过离合器、变速器和由万向节与传动轴组成的万向传动装置，以及安装在驱动桥中的主减速器、差速器和半轴，最后传到驱动轮，如图1－2所示。现在汽车中采用自动变速器的越来越多，其底盘包括自动变速器、万向传动装置、驱动桥等，即自动变速器取代了离合器和手动变速器。

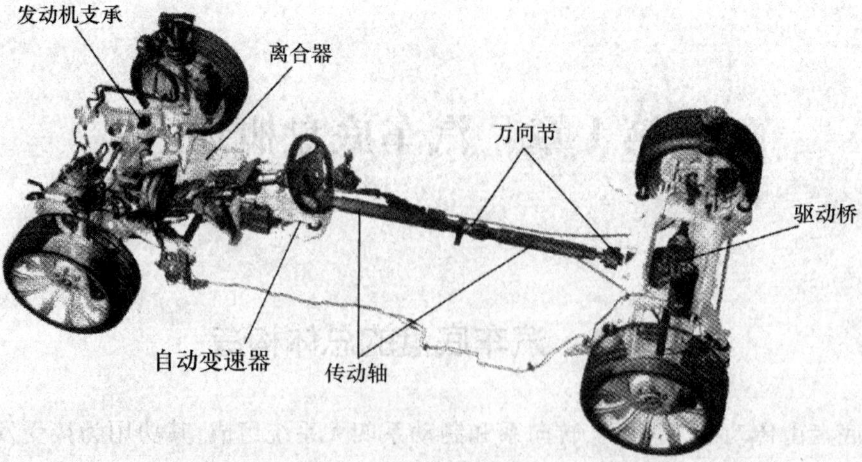

图 1－2　机械式传动系构造

1.1.2　行驶系

汽车行驶系的主要作用是:将传动系传来的转矩转化为汽车行驶的驱动力;支撑汽车总质量;承受并传递路面作用于车轮上的力和力矩;减少振动,缓和冲击,保证汽车的平稳行驶。

汽车行驶系一般由车架(或车身)、前后悬架、车桥和车轮等组成,如图 1－3 所示。

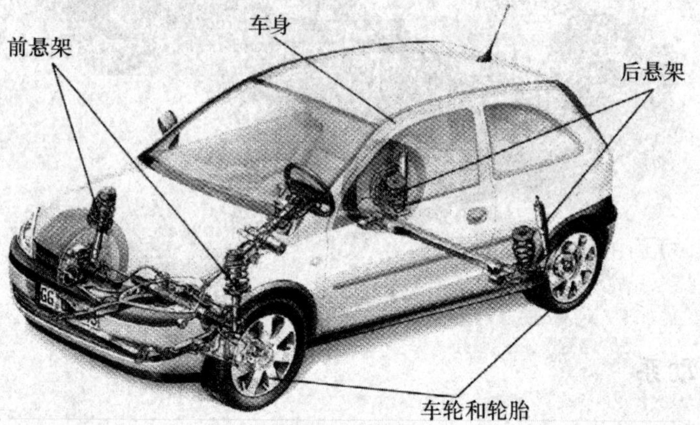

图 1－3　汽车行驶系的组成

1.1.3　转向系

汽车转向一般是由驾驶人通过转向系机件改变转向轮的偏转角来实现的。其功用是保证汽车能够按照驾驶人选定的方向行驶,并保持汽车稳定的直线行驶。

汽车转向系主要由转向操纵机构、转向器、转向传动机构组成,如图 1－4 所示。现在的汽车普遍采用动力转向装置。

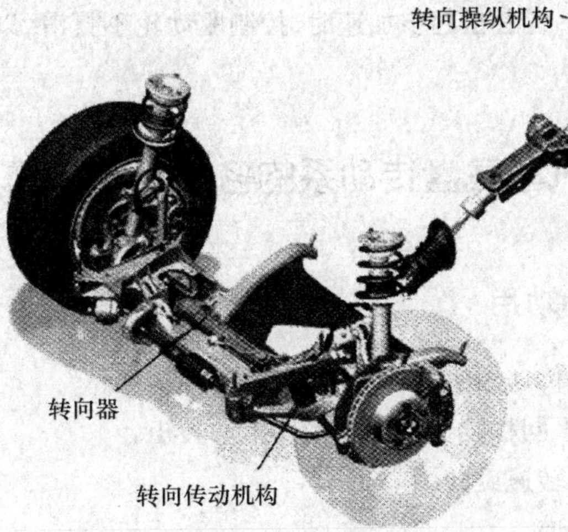

图1-4 转向系的组成

1.1.4 制动系

制动系的功用是使汽车减速、停车并能保证可靠地驻停。汽车制动系一般包括行车制动系和驻车制动系两套相互独立的制动系，每套制动系都包括制动器和制动传动机构，如图1-5所示。大部分小型汽车都采用液压式制动系，而载货汽车和大客车则常采用气压制动系。

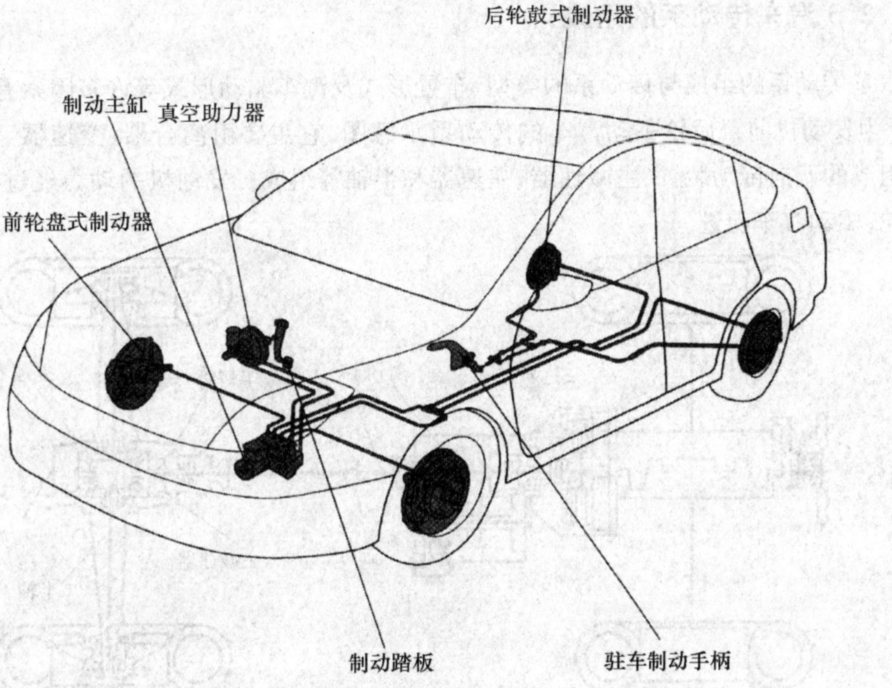

图1-5 汽车制动系

现在汽车的行车制动系一般都装配有制动防抱死系(ABS)及驱动防滑控制系(ASR)。前者在任何情况下制动时，即使在滑溜路面上，也能保持车轮不抱死，以保持车轮的最大制动力，维持车辆的方向稳定性；后者在起步加速时，控制驱动轮不打滑，以保持最大的驱动力及方向稳定性。

1.2　汽车底盘传动系的各种布置形式

1.2.1　汽车传动系的功用

(1)将发动机输出的动力传递给驱动轮。

(2)改变汽车行驶速度，不同程度地增大驱动轮上的转矩。

(3)使左右驱动轮以不同转速旋转。

(4)根据需要中断动力传递。

1.2.2　汽车传动系的类型

按结构和传动介质的不同，汽车传动系可分为机械式、液力机械式和电力式。机械式和液力机械式运用最为广泛。液力机械式传动系的特点是组合运用液力传动和机械传动，以液力机械变速器取代机械式传动系中的摩擦式离合器和普通齿轮式变速器，其他组成部件及布置形式均与机械式传动系相同。

1.2.3 汽车传动系的组成

汽车传动系的组成与传动系的类型、布置形式及汽车驱动形式等许多因素有关。图1－6所示为发动机前置后轮驱动汽车的传动系示意图，它主要由离合器、变速器、万向节和传动轴组成的万向传动装置、主减速器、差速器和半轴等组成。发动机的动力经过各总成传给驱动轮，驱动汽车前进。

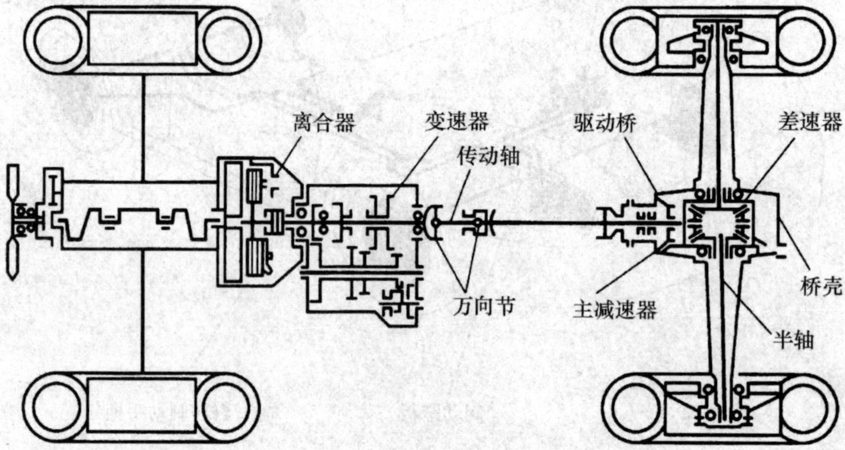

图1－6　发动机前置后轮驱动汽车的传动系示意图

1.2.4 传动系各总成的功用

(1)离合器:按照需要进行切断或接合发动机与变速器之间的动力传递。

(2)变速器:将发动机输出的转速进行高、低的变换以及改变旋转方向,也可以切断发动机向驱动轮的动力传递。

(3)万向传动装置:将变速器输出的动力传递给主减速器,并适应两者之间距离和轴线夹角的变化。

(4)主减速器:降低转速,增大转矩,改变动力的传递方向(90°)。

(5)差速器:将主减速器传来的动力分配给左右两半轴,并允许左右两半轴以不同速度旋转,以满足左右两驱动轮在行驶过程中差速的需要。

(6)半轴:将差速器传来的动力传给驱动轮,使驱动轮获得旋转的动力。

对于四轮驱动的汽车,在变速器与万向传动装置之间还装有分动器,其作用是将发动机的动力分配给前、后驱动桥。

1.2.5 传动系的布置形式

传动系的布置形式主要取决于发动机的安装位置及汽车的驱动形式。

汽车的驱动形式用汽车车轮总数×驱动车轮数来表示。普通汽车大多装有四个车轮,其中只有两个驱动轮,其驱动形式表示为4×2。越野汽车的全部车轮都可作为驱动轮,其驱动形式表示为4×4、6×6。此外,汽车的驱动形式也可以用车桥总数×驱动桥数来表示。

1. 发动机前置、后轮驱动(FR型)

发动机前置、后轮驱动是货车上广泛采用的一种传动系布置形式。如图1-7所示,它一般是将发动机、离合器和变速器连成一个整体安装在汽车的前部,而主减速器、差速器和半轴则安装在汽车后部的后桥壳中,两者之间通过万向传动装置相连。这种后轮驱动的布置形式,附着力大,易获得足够的驱动力。并且,发动机散热条件好,驾驶员可直接操纵发动机、离合器和变速器,因而操纵机构简单,维修方便。

典型车型:解放CA1091、东风EQ1090等载货汽车,奔驰、宝马等高档轿车。

2. 发动机前置、前轮驱动(FF型)

图1-7、图1-8为轿车普遍采用的发动机前置、前轮驱动(FF型)布置形式(发动机有纵向布置和横向布置之分),变速器、主减速器和差速器装配成一个整体,并同发动机、离合器一起集中安装在汽车前部。这种布置形式,除具有发动机散热条件好、操纵方便等优点外,还省去了很长的传动轴。传动系结构紧凑,整车重心降低,汽车高速行驶稳定性好。但前轮驱动的汽车,上坡时前轮附着力减小,易打滑;下坡制动时,前轮载荷过重,高速行驶易发生翻车现象。这种布置形式在重心较低的微型、普通型轿车上得到了广泛的运用。

典型车型:发动机纵置有奥迪、北京现代,发动机横置有捷达、丰田花冠。

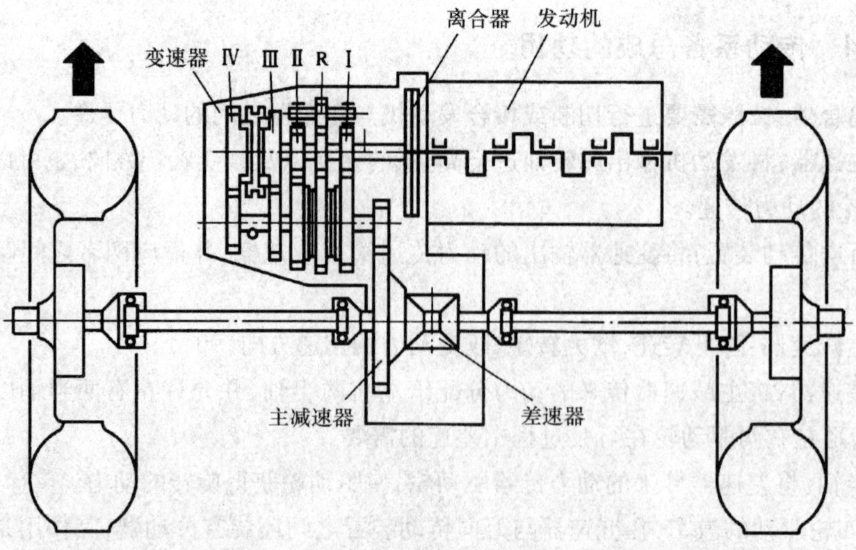

图 1 –7　发动机前置、前轮驱动的传动系布置示意图(发动机横置)

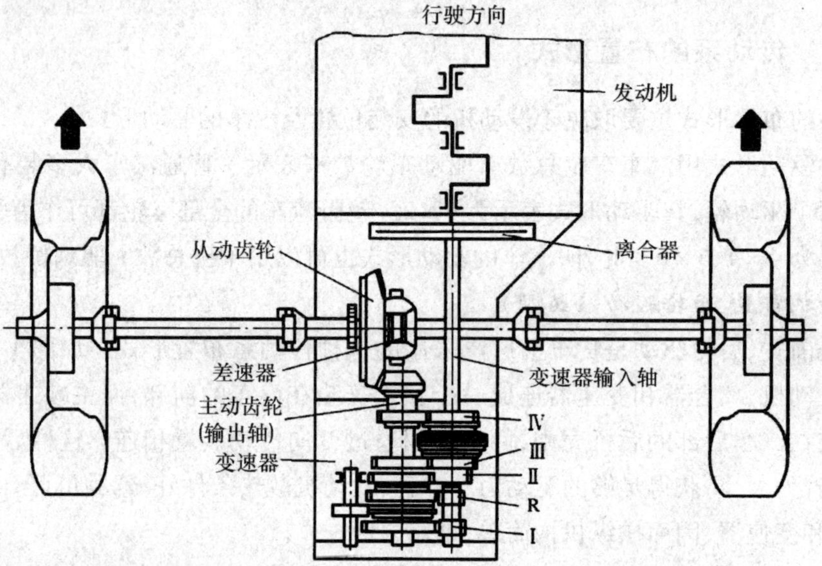

图 1 –8　发动机前置、前轮驱动的传动系布置示意图(发动机纵置)

3. 发动机后置、后轮驱动(RR 型)

一些大型客车采用发动机后置、后轮驱动(RR 型)的传动系布置形式,如图 1 –9 所示。发动机、离合器和变速器制成一体布置在驱动桥之后。这样可大大缩短传动轴的长度,前轴不易过载,后轮附着力大,并能更充分地利用车厢面积。但由于发动机后置,其散热条件差。发动机、离合器、变速器的远距离操纵使操纵机构变得复杂,维修调整不便。除在大型客车上外,某些微型或轻型轿车也采用这种布置形式。发动机也有横向布置和纵向布置之分。

典型车型:黄海 DD6112H4、厦门金龙。

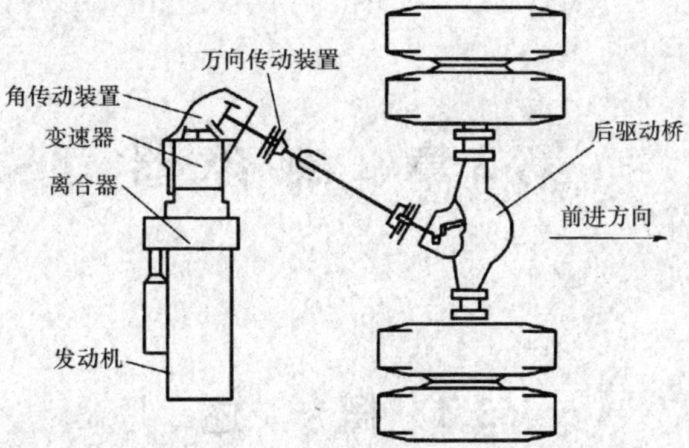

图 1－9　发动机后置、后轮驱动的传动系布置示意图

4. 越野汽车传动系布置形式(4WD)

为了充分利用所有车轮与地面之间的附着条件，以获得尽可能大的牵引力，越野汽车采用全轮驱动(4WD)。图 1－10 所示为 4×4 越野汽车传动系布置形式示意图。与发动机前置、后轮驱动的 4×2 汽车相比较，其前桥既是转向桥，也是驱动桥。为了将发动机传给变速器的动力分配给前后两驱动桥，在变速器后增设了分动器，并相应地增设了从变速器通向分动器、从分动器通向前后两驱动桥之间的万向传动装置。由于前角传动装置驱动桥又是转向桥，所以左右两根半轴均分为两段，并用万向节相连。

典型车型：BJ2020、切诺基。

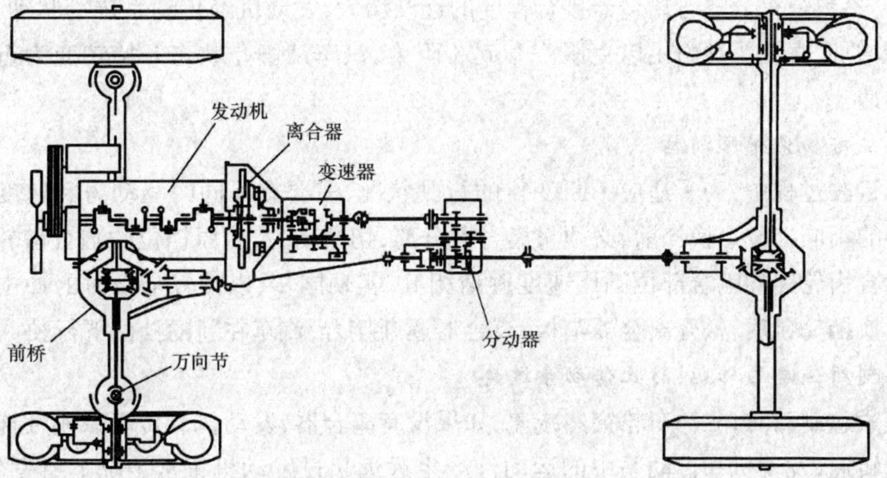

图 1－10　4×4 越野汽车的传动系布置形式示意图

5. 发动机中置、后轮驱动(MR 型)

这是 F1 赛车的布置形式。发动机放置在前、后轴之间，同时采用后轮驱动。还有一种“前中置发动机”，即发动机置于前轴之后、乘员之前，类似于 FR 型，从而提高操控性。MR 型的优点是：轴荷分配均匀，操控特性好。缺点是：发动机占去了座舱的空间，降低了空间利用率和实用性，因此 MR 型大都是追求操控表现的跑车。

第2章 离合器

2.1 概 述

离合器安装在汽车发动机飞轮的后端面,其主动部分与飞轮相连,从动部分与变速器输入轴相连,驾驶员通过脚踩踏板来操纵,在自动变速器前面,不需要安装离合器。

2.1.1 离合器的作用

1. 实现汽车平稳起步

汽车起步时,需要接通发动机动力,克服阻力,从完全静止状态转变到行驶状态。汽车起步前,驾驶员用踏板将离合器分离,使发动机与传动系脱开,启动发动机,再将变速器挂上挡位,然后使离合器逐渐接合。同时,应加大节气门,使发动机的转速始终保持在最低稳定转速以上,不致熄火。随着离合器接合程度的逐渐增大,发动机经传动系传给驱动轮上的转矩也逐渐增加,直至驱动力足以克服汽车起步阻力,汽车从静止状态开始转变为行驶状态,并逐渐加速。

2. 保证传动系平顺换挡

汽车行驶过程中,为了适应不断变化的行驶状况,需要有不同的驱动力和速度,经常换用变速器的不同挡位。换挡前,必须将离合器分离,切断动力,使原挡位的啮合齿轮副脱开,并使待啮合齿轮副的啮合部位圆周速度逐渐相等,实现同步,以减轻啮合时的冲击,保护啮合齿轮。换挡完成后,松开离合器踏板,离合器逐渐接合,汽车在新的挡位下行驶。

3. 限制所传递的转矩,防止传动系过载

汽车紧急制动时,驱动车轮突然减速,如果没有离合器,发动机和传动系刚性连接,也将急剧降低转速,发动机和传动系中的运动件产生远远超过发动机正常工况下所发生的最大转矩的惯性力矩,使传动系过载,造成机件损坏。

由于离合器的主从动部分间的摩擦只能传递一定大小的转矩,其值为发动机输出额定转矩的1.4~2倍。当惯性力矩超过此数值时,离合器则打滑,不能传递超过的力矩。因此,有了离合器,可以依靠离合器主动部分和从动部分之间的相对运动来防止传动系过载,起到一定的保护作用。

总之,离合器既限制了传动系可能传递的最大转矩,同时又防止了传动系过载。

2.1.2 离合器的性能要求

为了保证离合器的上述功用,要求离合器具有以下性能。

(1)有足够的作用力,能可靠地传递发动机的最大转矩,而不打滑。

(2)具有良好的热稳定性和耐磨性,工作可靠,寿命长。

(3)保证发动机与传动系分离迅速、彻底。

(4)保证发动机与传动系接合平顺、柔和。

(5)从动部分转动惯量较小,换挡时齿轮冲击小。

(6)操纵机构结构简单、操作轻便、检修方便。

2.1.3 离合器的形式

离合器的结构形式有多种,按传递转矩方式的不同可分为摩擦式、液力式和电磁式三类。

1. 摩擦式离合器

离合器的主、从动元件间,利用摩擦力传递转矩,这是目前应用最广泛的一种。

2. 液力式离合器

离合器的主、从动元件间,利用液体介质传递转矩,这种形式常用于高级轿车、大型公共汽车和载重汽车。

3. 电磁式离合器

离合器的主、从动元件间,利用电磁力的作用来传递转矩。

摩擦式离合器结构简单、性能可靠、维修方便,目前应用最广泛。

2.2 离合器的操纵机构

离合器的操纵机构起始于离合器踏板,终止于分离杠杆,可分为机械式和液压式。

2.2.1 机械式操纵机构

机械式操纵机构分为杠杆传动和钢索传动。

杠杆传动操纵机构如图2-1所示。杠杆传动操纵机构结构简单,工作可靠,广泛应用于各型汽车上。但杠杆传动中杆件间铰接多,摩擦损失大,车架或车身变形以及发动机位移时都会影响其正常工作。

钢索传动操纵机构如图2-2所示。由于钢索是挠性件,因此对其他装置的布置没有大的影响,安装方便,成本低,保养容易,使用较多。

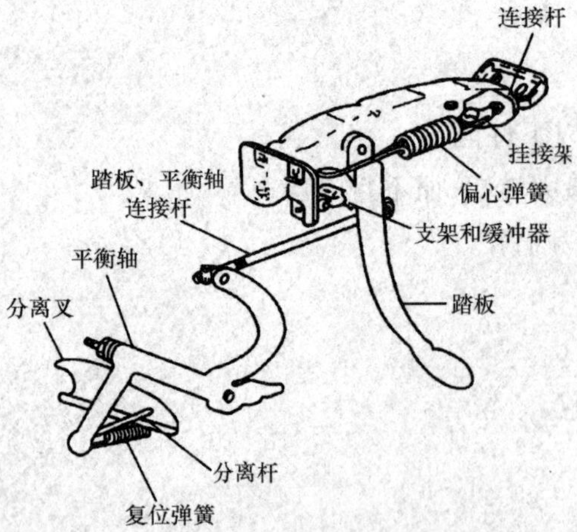

图 2-1　杠杆传动操纵机构

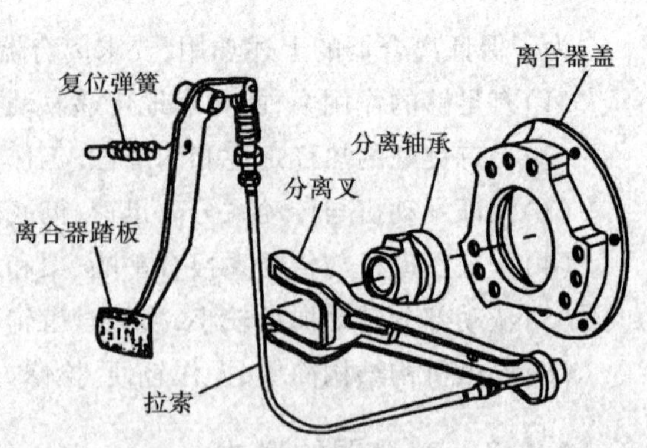

图 2-2　钢索式操控机构

2.2.2　液压式操纵机构

液压式操纵机构如图 2-3 所示，由离合器踏板、离合器主缸、离合器工作缸（或称为离合器分泵）、分离叉等组成。

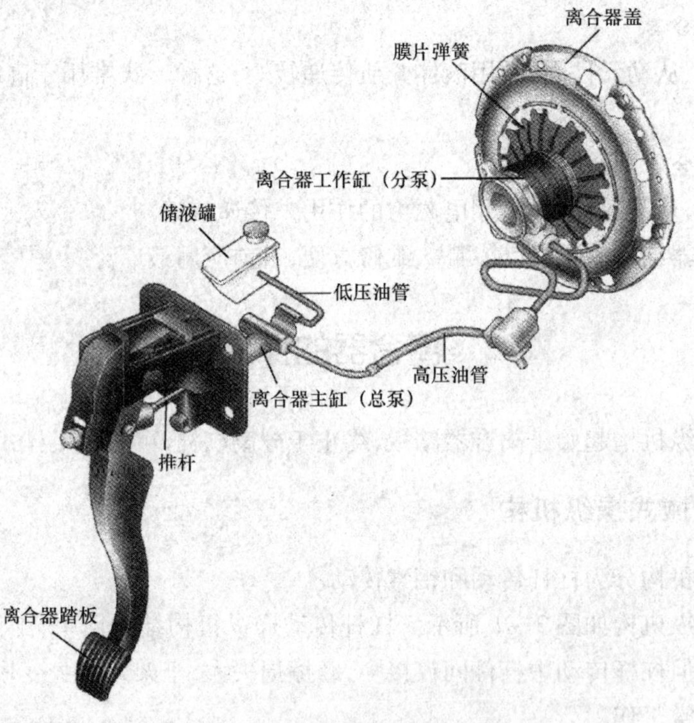

图 2-3　离合器液压操纵机构

1. 离合器主缸

离合器主缸结构如图 2-4 所示。主缸壳体上的回油孔、补偿孔通过进油软管与储液罐相通。主缸内装有活塞，活塞两端装有皮碗，左端中部装有止回阀，经小孔与活塞右方主缸内腔的油室相通。当离合器踏板处于完全放松位置时，活塞左端皮碗位于回油孔与补偿孔之间，两孔均与储液罐相通。

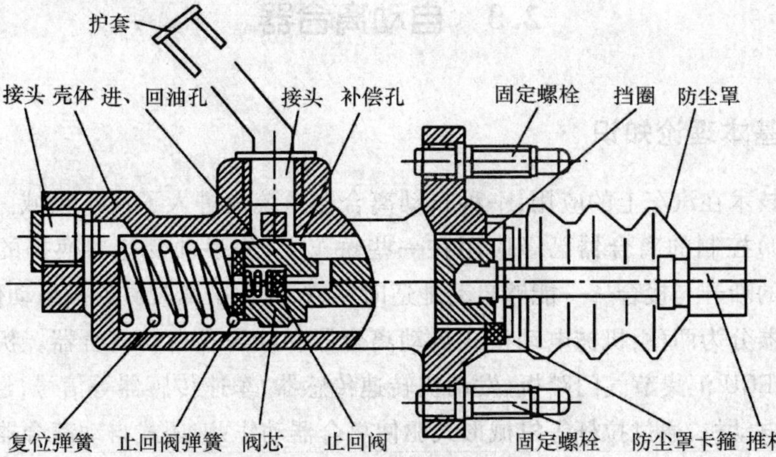

图2-4 离合器主缸结构

2. 离合器工作缸

离合器工作缸结构如图2-5所示。工作缸内装有活塞、皮碗、推杆等，壳体上还设有放气螺塞。当管路内有空气存在而导致离合器不能分离时，需要拧出放气螺塞进行放气。工作缸活塞直径略大于主缸活塞直径，故液压系统具有增力作用，以使操纵轻便。

3. 工作情况

(1)分离过程。当离合器踏板踩下时，离合器主缸推杆推动主缸活塞，离合器主缸产生油压，压力油经油管使工作缸的活塞推出，经推杆推动分离叉，推移分离轴承等使离合器分离。

(2)接合过程。离合器踏板放松时，踏板复位弹簧将踏板拉回，离合器主缸油压消失，各机件复原，离合器接合。

(3)补偿过程。当管路系统渗入空气时，可利用补偿孔来排除渗入的空气。补偿过程如下：当踩下离合器踏板难以使离合器分离时，可迅速放松踏板，在踏板复位弹簧的作用下，主缸活塞快速右移。储液罐中的油液从补偿孔经主缸活塞上的止回阀流入活塞左面。再迅速踩下踏板，工作缸活塞前移，以弥补因从动盘磨损或系统渗入少量空气后引起的在相同踏板位置工作缸活塞移动量的不足，从而保证离合器正常工作。

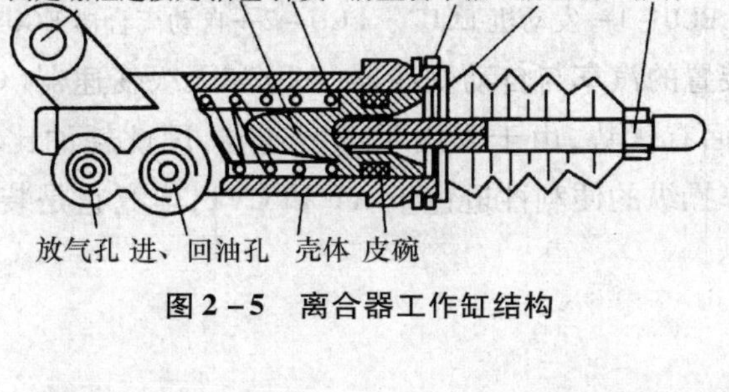

图2-5 离合器工作缸结构

2.3 自动离合器

2.3.1 基本理论知识

随着电子技术在汽车上的应用，一种自动离合器系统也进入了汽车领域。这种由电子控制单元(ECU)控制的离合器已经应用在一些轿车上，使手动变速器换挡的一个重要步骤——离合器的断开与接合——能够自动地适时完成，简化了驾驶员的操纵动作。

自动离合器分为两种：机械电动机式自动离合器和液压式自动离合器。机械电动机式自动离合器的 ECU 汇集节气门踏板、发动机转速传感器、车速传感器等信号，经处理后发送指令驱动伺服电动机，通过拉杆等机械形式驱使离合器动作；液压式自动离合器则是由 ECU 发送信号驱动电动液压系统，通过液压操纵离合器动作。下面主要介绍液压式自动离合器。

液压式自动离合器是在目前通用的膜片弹簧离合器的基础上增加了电子控制单元和液压执行系统，将踏板操纵离合器液压缸活塞改为由开关装置控制电动液压泵去操纵离合器液压缸活塞。

变速器控制单元与发动机控制单元是集成在一起的，根据节气门踏板、变速器挡位、变速器输入/输出轴转速、发动机转速、节气门开度等传感器反馈信息，计算出离合器最佳的接合时间与速度。自动离合器的执行机构由电动液压泵、电磁阀和离合器液压缸组成，当 ECU 发出指令驱动电动液压泵，电动液压泵产生的高压油液通过电磁阀输送到离合器液压缸。通过 ECU 控制电磁阀的电流量来控制油液流量和油液的通道变换，实现离合器液压缸活塞的移动，从而完成汽车启动、换挡时的离合器动作，工作原理如图 2－6 所示。

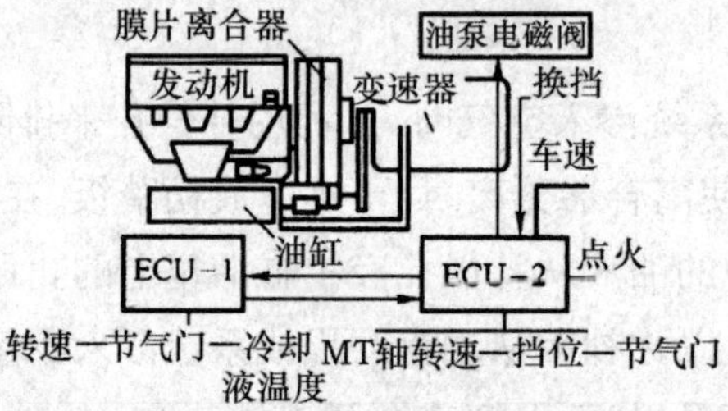

图 2－6　液压式自动离合器工作原理图

ECU－1—发动机 ECU'　ECU－2—自动离合器 ECU

具有自动离合器装置的汽车与自动变速器(AT)和无级变速器(CVT)汽车相比，它的优点是：在运行经济性方面有优势，由于采用手动变速器，因此耗油比较低，制造成本也低于 AT 和 CVT。但是，汽车操纵的便利性逊色于 AT 和 CVT，毕竟它是装配手动变速器，仍然要手动换挡。

2.3.2 注意事项

1. 离合器的调整

(1)踏板总行程。离合器踏板的总行程[桑塔纳车为(150±5)mm]如不符合要求,可能是驱动臂变形或分离叉轴安装位置不当,可松开螺栓重新安装。

(2)踏板自由行程。离合器踏板的自由行程(桑塔纳车为15~25mm)如不符合要求,可通过图2-7所示中调整螺母(箭头所指)来调整。

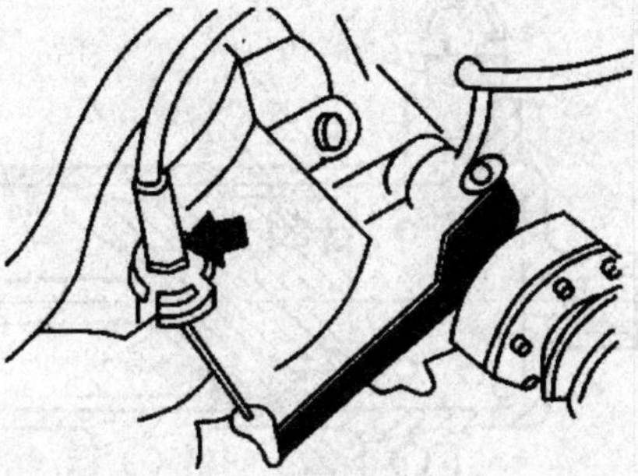

图2-7 离合器踏板自由行程的调整

2. 离合器液压系统中空气的排出方法

(1)用千斤顶顶起汽车,然后用支架将汽车支住。将主缸储液罐中的制动液加至规定高度。

(2)在工作缸的排气阀上安装软管,接到一个盛有制动液的容器内。

(3)排空气需要两个人配合工作,一人慢慢地踩离合器踏板数次,感到有阻力时踩住不动,另一人拧松放气阀直至制动液开始流出,然后再拧紧排气阀。

(4)连续按上述方法操作几次,直到流出的制动液中不见气泡为止。

(5)空气排干净后,需要再次检查及调整踏板自由行程。踏板自由行程的检查方法与拉索式相同。调整踏板自由行程是通过调整偏心调整螺钉12及调整螺母14来完成的(见图2-8)。

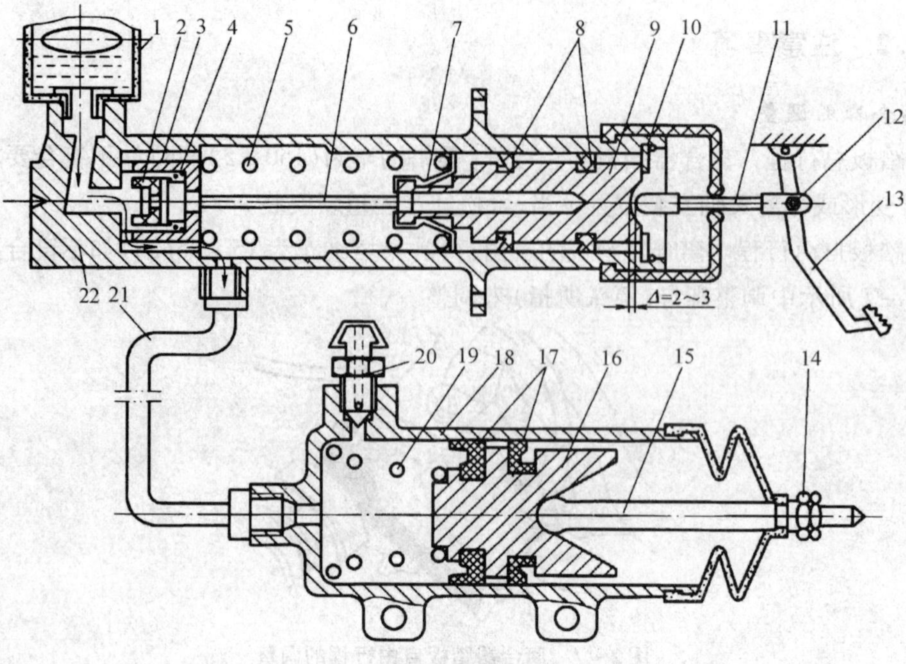

图 2－8　液压式操纵机构

1—储液罐;2—阀门;3—前弹簧座;4—弹簧;5—主缸活塞回位弹簧;6—阀杆;7—后弹簧座;8—橡胶圈;9—主缸活塞;10—挡圈;11—推杆;12—偏心调整螺钉;13—踏板;14—调整螺母;15—推杆;16—活塞;17—橡胶圈;18—工作缸壳体;19—弹簧;20—排气阀;21—管路;22—主缸壳体

2.4　离合器的拆卸

下面以捷达轿车为例,介绍离合器的拆装过程。

2.4.1　离合器的拆卸

(1)先按顺序拆下飞轮盘上的紧固螺栓,如图 2－9 所示。

(2)取下飞轮与从动盘,如图 2－10 所示。

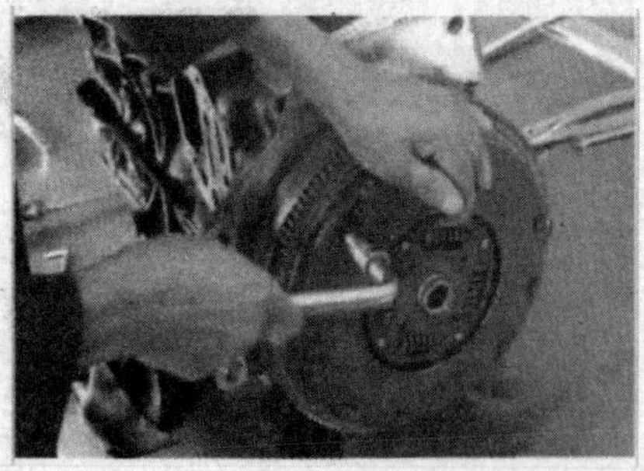

图 2－9

图 2－10

(3)取下卡簧和离合器分离盘,如图 2－11 所示。

(4)用专用工具拆下螺栓,取下中间盘,如图2－12所示。

图2－11

图2－12

(5)取下压盘,如图2－13所示。

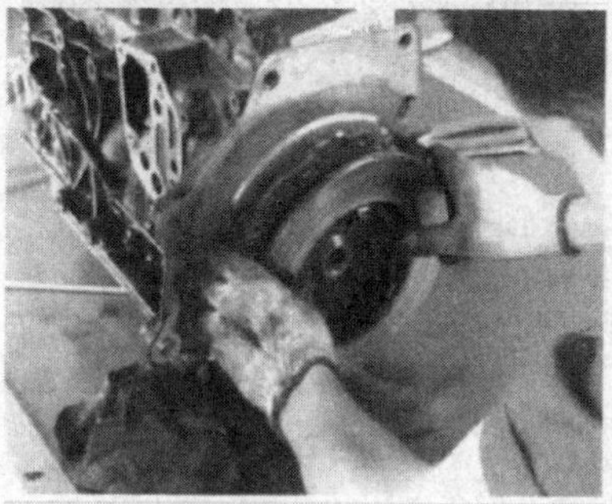

图2－13

2.4.2 离合器的安装

(1)将离合器压盘固定在曲轴上,装上中间盘,并用30N·m的扭力拧紧紧固螺栓,如图2－14所示。

(2)装上离合器分离盘,如图2－15所示。

图2－14

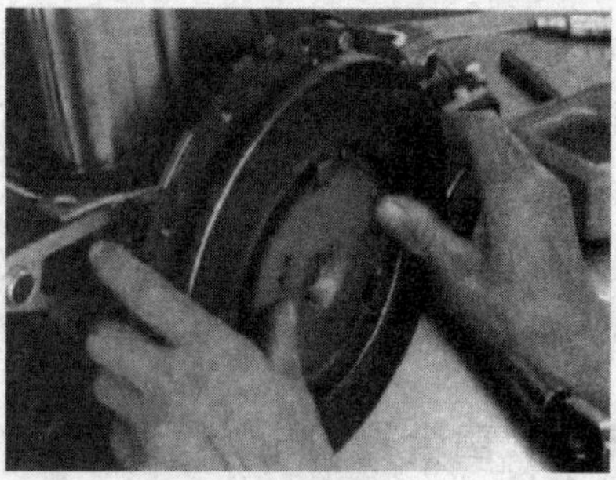

图2－15

(3)装上卡簧,如图2－16所示。

(4)装上从动盘和飞轮,用20N·m的扭力拧紧紧固螺丝,如图2－17所示。

图 2 – 16

图 2 – 17

(5)装上盖板,如图 2 – 18 所示。

图 2 – 18

2.5　离合器的故障诊断与检修

2.5.1　故障简述

驾驶员经常会遇到这种情况,启动时,虽然抬起了离合器踏板,使踏板完全放松,但汽车依然不能启动或启动迟缓;有时将变速器挂上挡后,还未抬起离合器踏板,汽车就会启动猛向前蹿或发动机熄火,这说明汽车离合器出现了故障,应该如何排除这一故障呢?

引起上述故障的原因很多,主要是离合器在使用过程中,由于各零部件变形、磨损,从而造成离合器产生打滑、分离不彻底、抖动和异响等故障,影响汽车的正常行驶。因此通过本课题的学习,要求学生掌握离合器常见故障的诊断排除方法,在对车辆进行维护、修理时,要有序地检查离合器各部分零件的磨损、烧蚀、变形、破裂等损坏情况。

2.5.2　离合器打滑

1. 故障现象

拉紧驻车制动器,启动发动机,踩下离合器踏板,挂上低速挡,缓慢放松离合器踏板使离合器逐渐接合,并适当踩下加速踏板启动。如果发动机无负荷感,汽车不能启动,发动机仍继续运转而不熄火,说明离合器打滑。其现象表现如下:

(1)在启动时,虽然抬起了离合器踏板,但汽车依然不能启动或启动迟缓;

(2)加速时,汽车不能随发动机转速增加而提高车速;

(3)爬坡时,明显感到动力不足,发动机转速很高,但汽车仍无力爬坡,严重时会从离合器内发出焦煳气味。

2. 故障分析

(1)离合器踏板的自由行程过小或没有自由行程。在离合器处于接合状态时,分离轴承常压在膜片弹簧上,使压盘对从动盘的压紧力减小,所能产生的摩擦力矩随之减小,离合器处于半分离状态。

(2)从动盘摩擦片上有油污、磨损、烧损、硬化或铆钉外露等现象,摩擦片上有油污、烧损和硬化时,从动盘与飞轮、压盘之间的摩擦系数减小,在同等压紧力时所产生的摩擦力下降,引起离合器打滑。从动盘过度磨损、磨损不均匀使铆钉外露时,摩擦面的接触面积减小,受力不均匀,所能传递的摩擦力矩减小,引起离合器打滑。

(3)压盘、飞轮、从动盘变形,从动盘摩擦片不能完全与飞轮和压盘接触,使接触面积减小,所传递的摩擦力下降。

(4)膜片弹簧因受热退火而变软、弹力不足、变形或损坏,使其对压盘的压紧力下降,摩擦副之间的压紧力减小。

(5)离合器盖与飞轮之间的紧固螺栓松动,膜片弹簧的预压量不够,对压盘的压紧力减小。

(6)离合器接合时分离轴承不能完全回位或分离轴承在导套上运动卡滞,仍然对膜片弹簧内端产生向前的压紧力,使压盘对从动盘的压力下降。

(7)机械拉索式操纵机构的拉索失效或卡滞,不具有调整功能,使离合器的自由行程变小。

(8)液压式离合器操纵机构的工作缸卡滞,当离合器处于接合状态时,分离轴承常压在膜片弹簧内端,压盘对从动盘的压紧力减小。

3. 故障诊断与排除(见图2-19)

(1)检查调整离合器自由行程,如果离合器没有自由行程,应重新进行调整。当离合器踏板受到运动干涉而不能完全回位时,应润滑离合器踏板转轴。

(2)检查离合器盖与飞轮之间的紧固螺栓是否松动,必要时予以拧紧。

(3)分解、检查、修理离合器本体,当从动盘上有油污时可用汽油进行清洗、烘干,检查曲轴油封和变速器输入轴油封处是否漏油,予以排除。

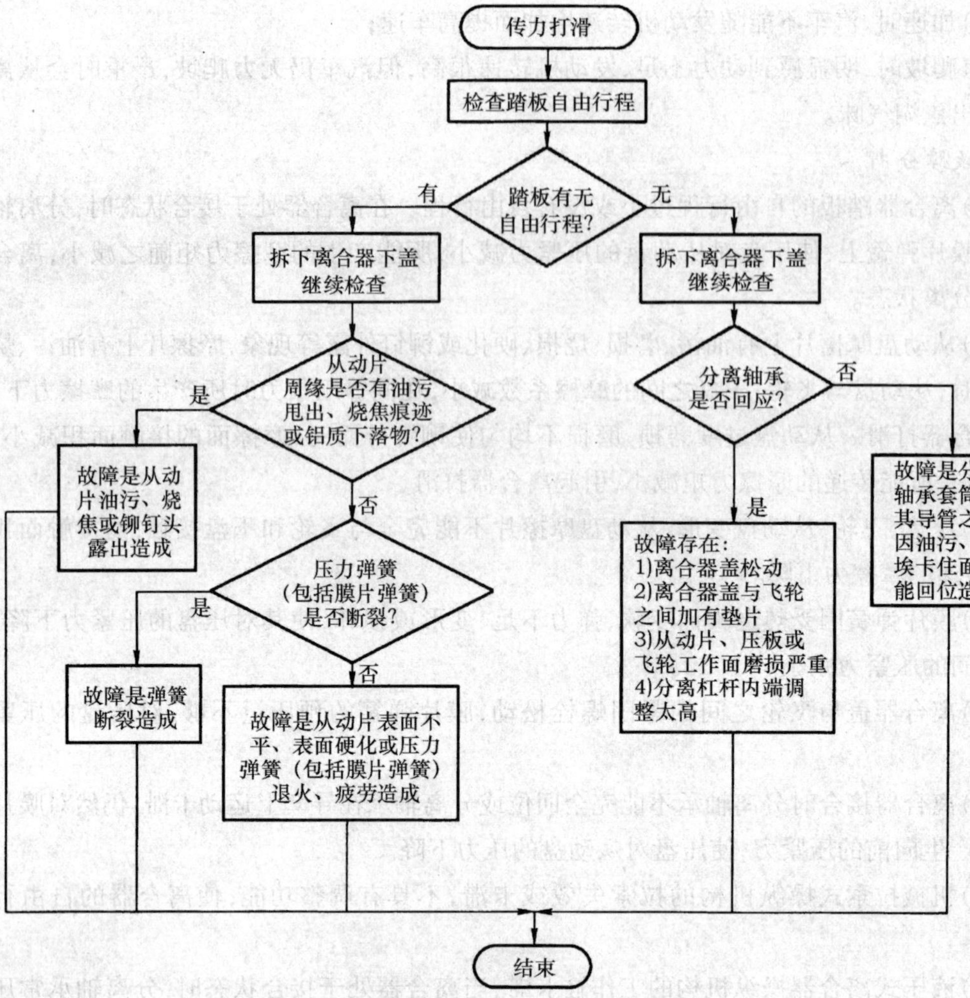

图 2-19　离合器打滑的诊断

2.5.3　离合器分离不彻底

1. 故障现象

(1)发动机怠速运转时,踏下离合器踏板挂挡困难,且伴随齿轮撞击声;

(2)勉强挂入挡位,离合器未抬起汽车就启动或熄火;

(3)行驶中换挡困难,且仍伴随齿轮撞击声。

2. 故障分析

(1)膜片弹簧内端过度磨损、变形、疲劳或折断,离合器分离时膜片弹簧以左侧支撑环为支点的变形量进一步减小,压盘后移量随之减小,分离间隙过小,使离合器分离不彻底。

膜片弹簧内端折断或弯曲变形使其不在同一平面内,离合器分离时膜片弹簧变形不均匀,压盘偏斜,从动盘局部分离不彻底。

(2)离合器从动盘翘曲变形或铆钉松脱、压盘或飞轮端面变形,离合器分离时从动盘局部仍与压盘或飞轮接触,造成离合器分离不彻底。

(3)离合器从动盘非原配件，厚度超差，使离合器分离时从动盘与压盘或飞轮之间的分离间隙过小或没有间隙。

(4)离合器花键轴或离合器从动盘内花键磨损、锈污、有毛刺，离合器分离时从动盘后移卡滞，仍与飞轮端面接触，造成分离不彻底。

(5)曲轴后端孔内的滚珠轴承损坏，咬住变速器输入轴，造成离合器分离不彻底。

(6)离合器踏板自由行程过大。

(7)液压系统漏油，使油量不足或液压系统中有空气。

3. 故障诊断与排除(见图 2－20)

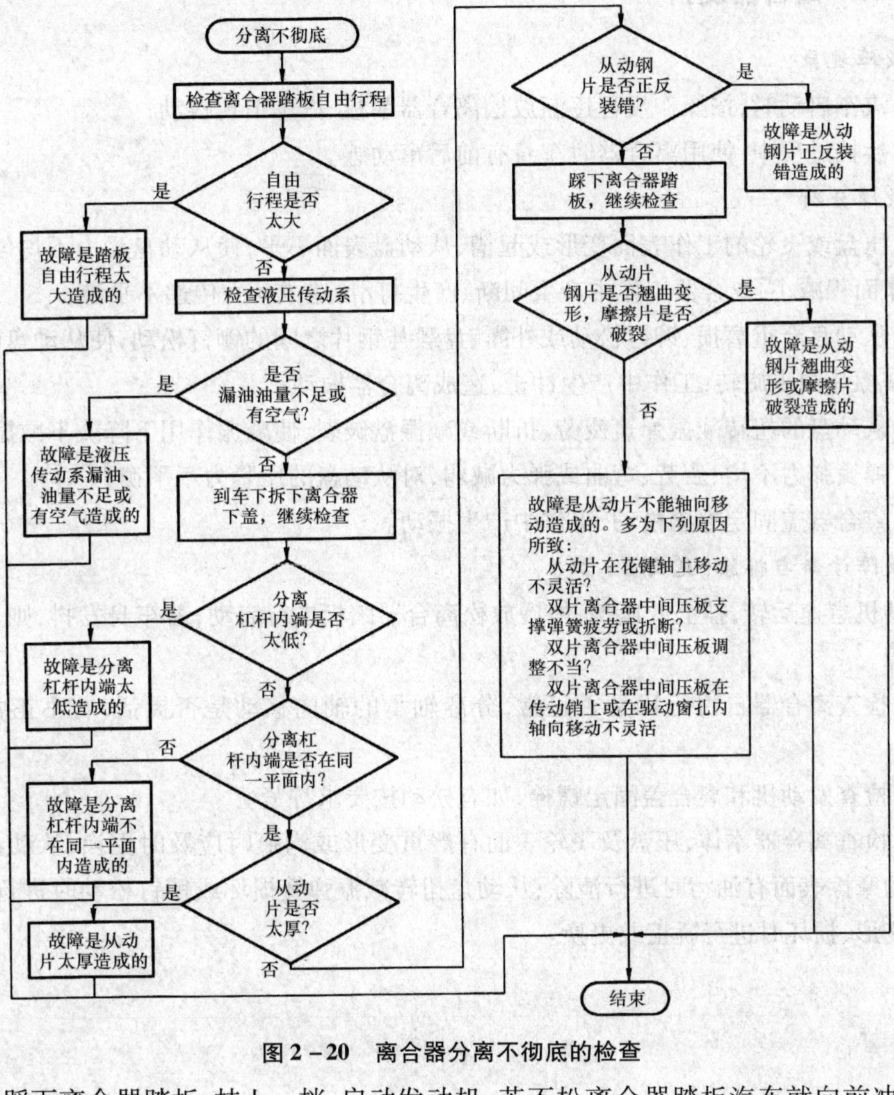

图 2－20　离合器分离不彻底的检查

(1)踩下离合器踏板，挂上一挡，启动发动机，若不松离合器踏板汽车就向前冲，则为离合器分离不彻底。

(2)检查离合器踏板自由行程，若自由行程太大，则故障由此引起。

(3)检查液压传动系统，当液压系统泄漏或踩踏板的工作阻力较小时，应检修液压操纵系统。

首先排除泄漏故障,并对主缸和工作缸进行检修,对于桑塔纳2000型离合器,当缸筒内壁磨损超过0.125mm,活塞与缸筒的间隙超过0.20mm,皮圈老化及回位弹簧失效时,应更换相应零件。装配前应用非腐蚀性液体清洗干净油缸零件并在有相对运动的零件表面涂上一层油液,油缸装合后活塞在缸内应运动灵活。

(4)检修离合器本体,将离合器拆下分解,检查各部件的技术状况,必要时进行修理或更换不合格零件。

2.5.4 离合器发抖

1. 故障现象

(1)汽车启动时,按操作规程逐渐放松离合器踏板,汽车出现抖动;

(2)换挡过程中,使用离合器时车身有前后窜动感。

2. 故障分析

(1)压盘或飞轮的工作表面变形或起槽、从动盘表面不平,使从动盘受力不均匀,摩擦的有效工作面积减小,离合器工作中产生间断、产生打滑,造成动力传递不平稳;

(2)从动盘严重磨损、铆钉松动或外露、盘毂与钢片之间的铆钉松动,使从动盘的花键毂不能与摩擦片同步旋转,工作中产生冲击,造成离合器振动;

(3)从动盘的扭转减振弹簧疲劳、折断或减振盘破裂,使减振作用下降或不减振;

(4)弹簧弹力不均、疲劳、弯曲或弹力减弱,对从动盘的压紧力不平衡;

(5)离合器盖固定螺栓松动,工作中产生振动。

3. 故障诊断与排除(见图2-21)

发动机怠速运转,挂上低速挡,慢慢放松离合器踏板进行启动,若车身发抖,则为离合器发抖故障。

(1)检查离合器自由行程是否正常,分离轴承的轴向移动是否灵活,若不正常应排除故障。

(2)检查发动机和离合盖固定螺栓,如有松动按要求拧紧。

(3)检查离合器本体,压盘及飞轮表面有严重变形或沟痕时应及时更换;从动盘与飞轮或压盘的摩擦表面有油污时进行清除;从动盘扭转减振弹簧损坏或铆钉松动时进行更换;膜片弹簧变形、损坏时进行矫正或更换。

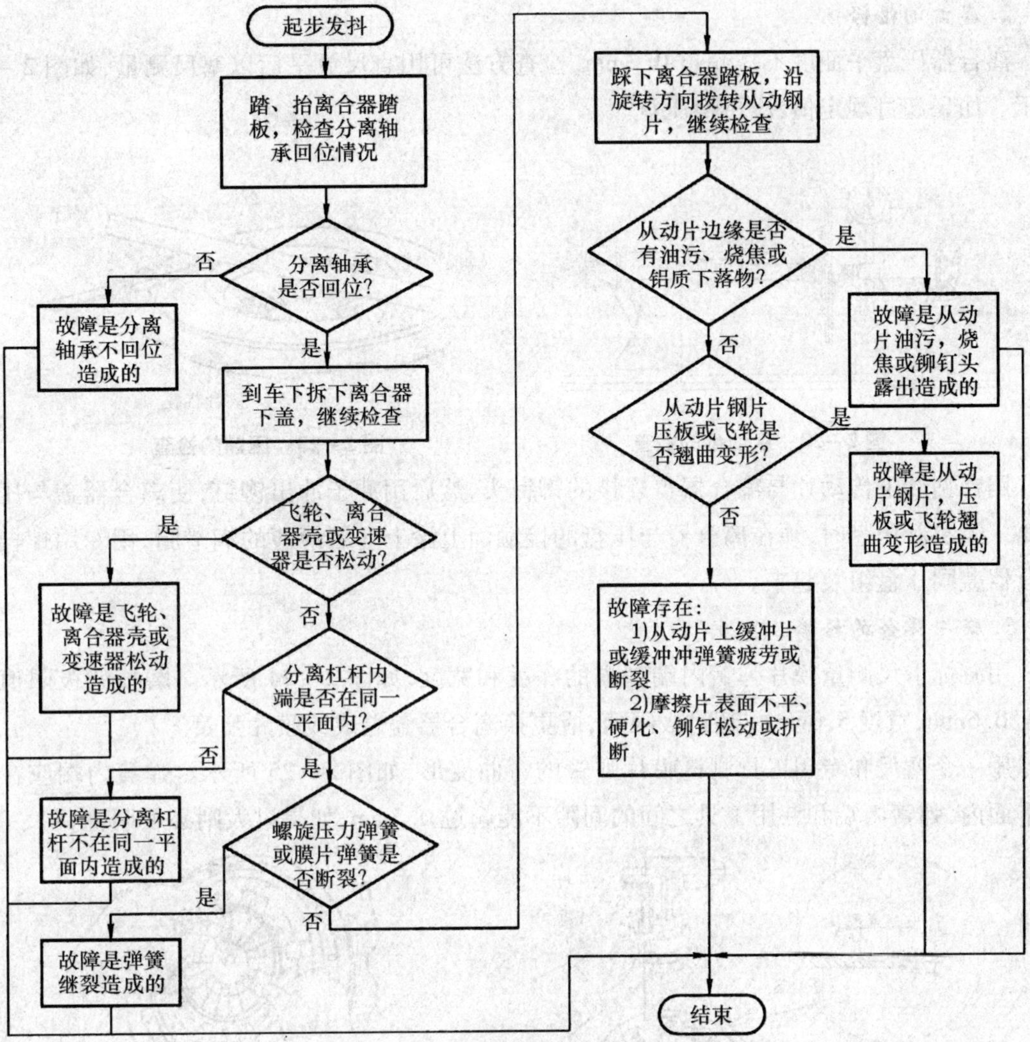

图2-21 离合器发抖的检查

2.5.5 离合器的检修

1. 从动盘总成的检修

(1)从动盘总成的损伤

①摩擦片磨损、烧蚀、破裂、沾有油污、铆钉松动；

②从动钢片翘曲、破裂、从动盘毂铆钉松动、花键轴套花键磨损。

(2)从动盘总成的检查

①从动盘径向圆跳动检查在距从动盘外边缘2.5mm处测量，离合器从动盘最大径向圆跳动为0.4mm，测量方法如图2-22所示；

②摩擦片磨损程度检查摩擦片的磨损程度，可用游标卡尺进行测量，铆钉头埋入深度应不小于0.20mm。

2. 压盘的检修

离合器压盘平面度不应超过 0.2mm，检查方法可用直尺放平后以塞尺测量，如图 2 – 23 所示。如果超过规定值，应更换压盘。

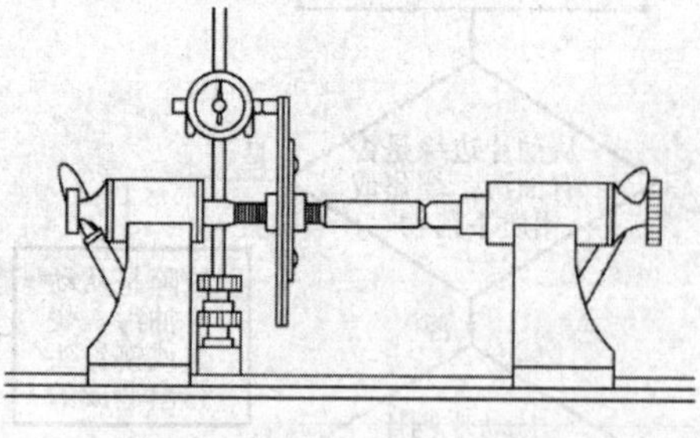

图 2 – 22　从动盘的检查

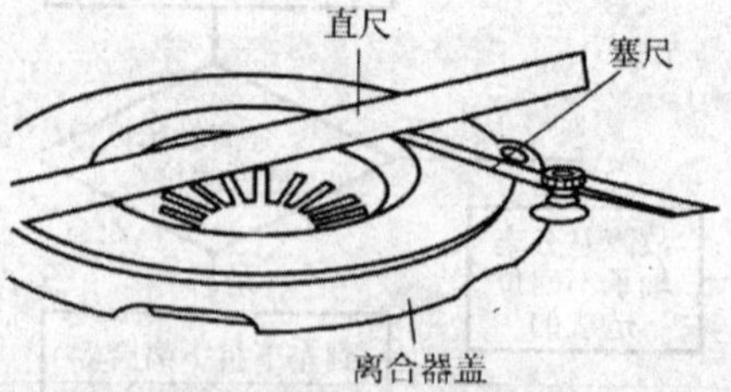

图 2 – 23　压鼎的检查

用台钻卸下传动片与离合器盖连接的铆钉头，然后用冲子冲出铆钉，使离合器盖与压盘分离。组装新压盘时，须在离合器与压盘的接触面上涂上一层薄薄的润滑脂，用专用螺栓将离合器盖同压盘组装起来。

3. 膜片弹簧的检修

用游标卡尺测量膜片弹簧内端磨损的深度和宽度，如图 2 – 24 所示。磨损的极限值为深度 0.6mm，宽度 5.0mm。超过极限值，应更换离合器盖总成或膜片弹簧。

用一个塞尺和专用工具测量膜片弹簧的弯曲变形，如图 2 – 25 所示。弹簧内端应在同一平面内，弹簧内端和专用工具之间的间隙不能超过 0.5mm，如果过大则必须调整。

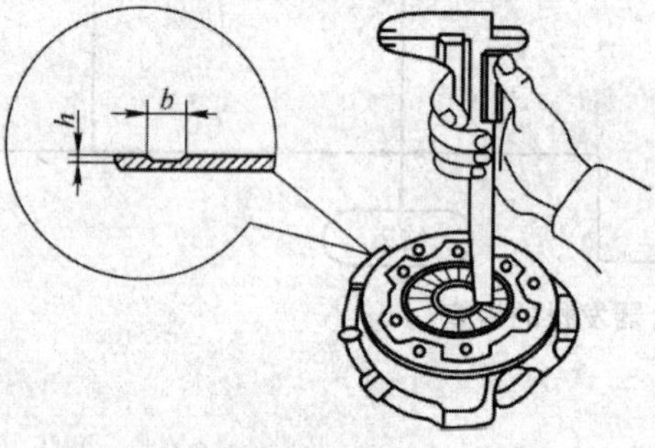

图 2 – 24　膜片弹簧内端磨损的检查

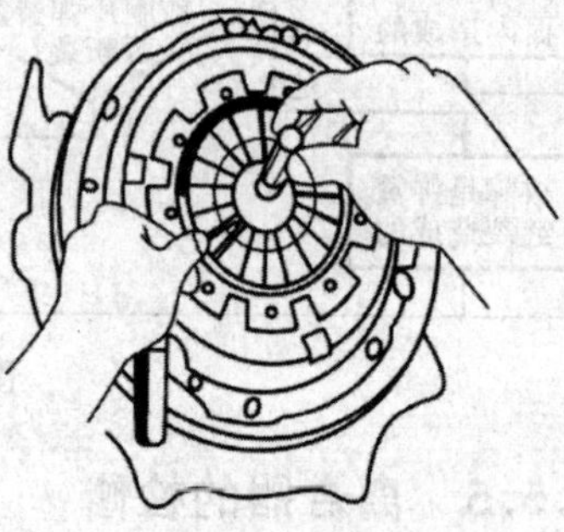

图 2 – 25　膜片弹簧弯曲变形的测量

调整时用专用工具将弹簧弯曲到正确的位置，调整后再测量一次，直到符合要求为止。

4. 分离轴承的检查

检查分离轴承时，固定内缘转动外缘，同时在轴向施加压力，如有卡滞或明显间隙，则应更换分离轴承。由于该轴承属永久润滑型，当出现脏污时，用干净抹布擦净即可，出现异响无法消除时必须更换。

5. 主缸、工作缸的检修

主缸和工作缸是离合器液压操纵系统的主要部件，其工作性能的好坏直接影响离合器的工作性能。当缸筒内壁磨损超过 0.125mm、活塞与缸筒的间隙超过 0.20mm、皮圈老化及回位弹簧失效等情况时，应更换相应零件。

6. 液压操纵机构放气

离合器液压操纵机构在经过检修之后，管路内可能进入空气，在添加制动液时也可能使液压系统中进入空气。空气进入后，由于缩短了主缸推杆行程即踏板工作行程，从而使离合器分离不彻底。因此，液压系统检修后或怀疑液压系统进入空气时，就要排除液压系统中的空气。排除方法如下：

(1)用千斤顶举升汽车，然后用支架将汽车支住，将主缸储液罐中的制动液加至规定高度；

(2)在工作缸的放气阀上安装一条软管，接到一个盛有制动液的容器内；

(3)排气需要两个人配合工作，一人慢慢地踏离合器踏板数次，感到有阻力时踏住不放，另一人拧松放气阀直至制动液开始流出，然后再拧紧放气阀；

(4)连续按上述方法操作几次，直至流出的制动液中不见气泡为止；

(5)空气排除干净后，需要再次检查及调整踏板自由行程。

2.5.6 离合器自由行程的调整

上海桑塔纳轿车离合器操纵机构如果为拉索机械式，踏板自由行程的调整是在离合器安装完毕后，通过拉索长度调整螺母来调整踏板自由行程，其离合器踏板总行程为145～155mm，踏板的自由行程允许为15～25mm，如图2－26所示。如果采用液压式操纵机构，离合器踏板的总行程为131.8～139.1mm，自由行程仍为15～25mm，通过转动主缸推杆端部的U形推杆叉进行调整，如图2－27所示，调整后将锁紧螺母扭紧。

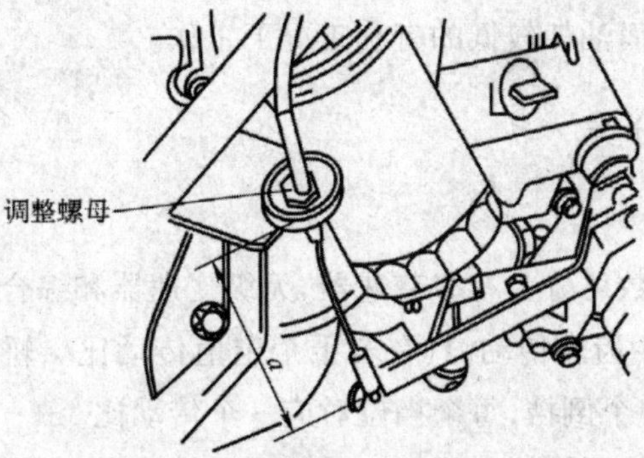

图2－26 离合器自由行程的调整

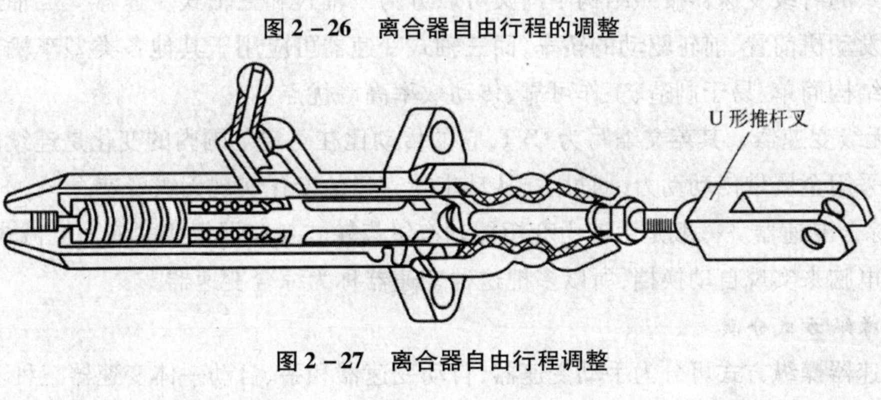

图2－27 离合器自由行程调整

第3章 手动变速器

3.1 概　述

3.1.1 变速器的功用

1. 实现中断发动机的动力传递

变速器这一功用通过挂入空挡来实现,如发动机启动和怠速运转、变速器换挡、汽车暂时停车和滑行时都需要中断发动机的动力传递。

2. 实现倒车

利用变速器的倒挡可以保证在发动机旋转方向不变的情况下实现车辆的反向行驶。

3. 实现变速变扭

改变传动比,扩大驱动轮转速和转矩的变化范围,以适应汽车在不同工况下所需的牵引力和合适的行驶速度。同时通过不同的传动比(挡位)使汽车适应不同的行驶条件,并使发动机能够经常在功率较高而油耗较低的有利工况下工作。

3.1.2 变速器的分类

1. 按传动比分类

变速器按传动比的级数可分为有级变速器、无级变速器和综合变速器三种。

(1)有级变速器。采用齿轮传动,具有若干个定值传动比。轿车和轻、中型货车变速器多采用3~5个前进挡和1个倒挡,每个挡位对应一个传动比。

齿轮式的有级变速器按照结构不同又可以分为二轴式和三轴式变速器。二轴式变速器广泛用于发动机前置、前轮驱动的轿车,而三轴式变速器可应用于其他各类型车辆。齿轮变速器具有结构简单、易于制造、工作可靠、传动效率高等优点。

(2)无级变速器。其英文缩写为CVT,它的传动比在一定范围内的变化是连续的。目前一般都是采用金属带传动动力,通过主、从动带轮直径的变化实现无级变速。

(3)综合变速器。一般是由液力变矩器和有级齿轮式变速器组成的液力机械式变速器,大多是由电脑来实现自动换挡,所以多把这种变速器称为综合变速器。

2. 按操纵方式分类

按变速器操纵方式可分为手动变速器,自动变速器和手、自动一体变速器三种。

(1)手动变速器。其英文缩写为MT。用手操纵变速杆来选定挡位,直接操纵变速器的换挡机构进行挡位变换。这种变速器换挡机构简单,工作可靠,目前大多数车都采用这种换挡方式。

(2)自动变速器。其英文缩写为AT。传动比的选择和挡位的切换是自动进行的,可根据发动机的负荷和车速的信号变化情况自动地选定挡位,并进行挡位变换,驾驶员只需要通过操纵加速踏板即可控制车速。

(3)手、自动一体变速器。可以自动换挡,也可以手动换挡,比较典型的如上海帕萨特1.8T车装用的手、自动一体变速器。

本章将介绍目前应用最广的手动、有级齿轮变速器,即手动变速器。

3.1.3 普通齿轮变速器的基本工作原理

普通齿轮变速器是利用不同齿数的齿轮啮合传动来实现转矩和转速的改变的。由齿轮传动的基本原理可知,一对齿数不同的齿轮啮合传动时可以实现变速,而且两齿轮的转速比与其齿数成反比,主动齿轮(即输入轴)转速与从动齿轮(即输出轴)转速之比值称为传动比。如图3-1所示,设主动齿轮转速为n_1,齿数为z_1,从动齿轮转速为n_2,齿数为z_2,传动比用字母i_{12}表示。即

$$i_{12}=n_1/n_2=z_2/z_1$$

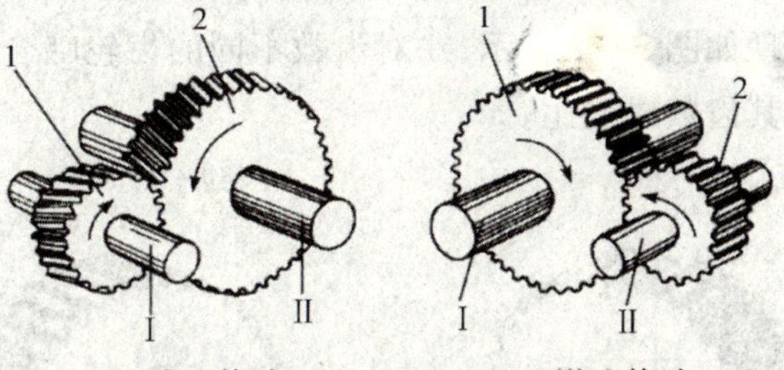

(a)减速传动　　(b)增速传动

图3-1 齿轮传动的基本原理

1—主动齿轮;2—从动齿轮

Ⅰ—输入轴;Ⅱ—输出轴

当小齿轮为主动齿轮,带动大齿轮转动时,输出转速降低,即$n_2<n_1$,称为减速传动,此时传动比$i>1$,如图3-1(a)所示;当大齿轮驱动小齿轮时,输出转速升高,即$n_2>n_1$,称为增速传动,此时传动比$i<1$,如图3-1(b)所示。这就是齿轮传动的变速原理。汽车变速器就是根据这一原理利用若干大小不同的齿轮副传动而实现变速的。

例如,桑塔纳2000五挡手动变速器各挡的传动比可见表3.1。其一至三挡为降速挡,四挡为直接挡,五挡为超速挡。

表 3.1　桑塔纳 2000 五挡手动变速器各挡的传动比

挡位	传动比
一	3.445
二	1.944
三	1.286
四	0.969
五	0.800

3.2　手动变速器的变速传动机构

手动变速器包括变速传动机构和操纵机构两大部分。变速传动机构的主要作用是改变转矩和转速的数值和方向;操纵机构的作用是实现变速器传动比的变换——换挡。

变速传动机构是手动变速器的主体。手动变速器按工作轴的数量(不包括倒挡轴)可分为二轴式手动变速器和三轴式手动变速器。

3.2.1　齿轮传动的基本原理

普通齿轮式变速器是利用不同齿数的齿轮啮合传动来实现转矩和转速的改变的。

齿轮传动的基本原理如图 3-2 所示,一对齿数不同的齿轮啮合传动时可以实现变速,而且两齿轮的转速比与其齿数成反比。

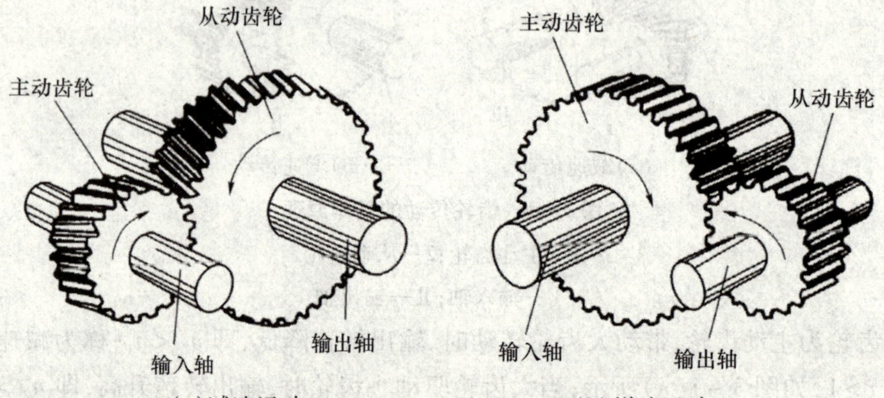

图 3-2　齿轮传动的基本原理

设主动齿轮转速为 n_1、齿数为 z_1;从动齿轮转速为 n_2、齿数为 z_2;主动齿轮(即输入轴)转速与从动齿轮(即输出轴)转速之比值为传动比(i_{12}),则由 1 传到 2 的传动比为

$$i_{12} = n_1/n_2 = z_2/z_1$$

当小齿轮为主动齿轮,带动大齿轮转动时,输出转速降低,即 $n_2 < n_1$,为减速传动,此时传动比大于 1;当大齿轮驱动小齿轮时,输出转速升高,即 $n_1 > n_2$,为增速传动,此时传动比小于 1。汽车变速器就是根据这一原理,利用若干大小不同的齿轮副传动而实现变速的。

一对齿轮传动只能得到一个固定的传动比，从而得到一种输出转速，并构成一个挡位。为了扩大变速器输出转速的变化范围，普通齿轮式变速器通常都采用多组大小不同的齿轮啮合传动，这样就构成了多个不同的挡位。不同的挡位对应于不同的传动比，从而得到各种不同的输出转速。图 3－3 为两级齿轮传动示意图，主动齿轮 1 为主动齿轮，驱动从动齿轮 1 转动，主动齿轮 2 与从动齿轮 1 固连在一起，再驱动从动齿轮 2 转动，并输出动力，此时由主动齿轮 1 传到从动齿轮 2 的传动比为

$$i_{14} = n_1/n_4 = (z_2z_4)/(z_1z_3) = i_{12}i_{34}$$

因此，多级齿轮传动的传动比可以总结如下：

i = 所有从动齿轮齿数的乘积/所有主动齿轮齿数的乘积 = 各级齿轮传动比的乘积

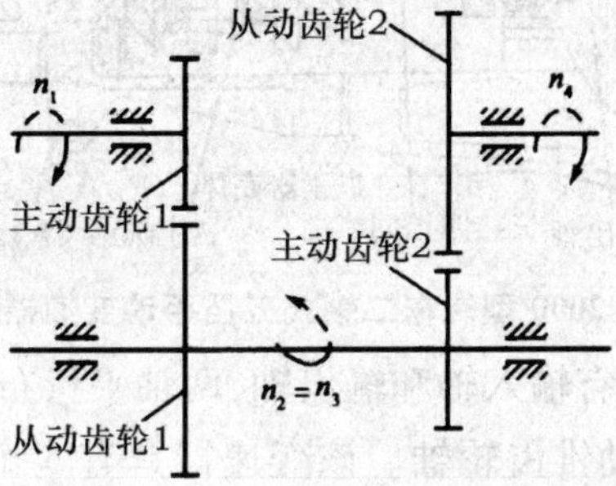

图 3－3　两级齿轮传动

对于变速器，各挡的传动比 i 就是变速器输入轴转速与输出轴转速之比。即

$$i = n_{输入}/n_{输出} = T_{输出}/T_{输入}$$

当 $i>1$ 时，$n_{输出} < n_{输入}$，$n_{输出} > n_{输入}$，此时实现降速增矩，为变速器的低挡位，且 i 越大，挡位越低；当 $i=1$ 时，$n_{输出}$：$n_{输入}$，$n_{输出} = n_{输入}$，为变速器的直接挡；当 $i<1$ 时，$n_{输出} > n_{输入}$，$n_{输出} < n_{输入}$，此时实现升速降矩，为变速器的超速挡。

3.2.2　二轴式手动变速器

二轴式手动变速器用于发动机前置前轮驱动的汽车，一般与驱动桥（前桥）合称为手动变速驱动桥。前置发动机有纵向布置和横向布置两种形式，与其配用的二轴式变速器也有两种不同的结构形式。发动机纵置时，主减速器为一对圆锥齿轮，如奥迪 100、桑塔纳 2000 汽车；发动机横置时，主减速器采用一对圆柱齿轮，如别克凯越汽车、捷达汽车。

1. 发动机纵向布置二轴式手动变速器

图 3－4、图 3－5 分别为桑塔纳 2000 型汽车二轴式五挡手动变速器变速传动机构的结构图和示意图。

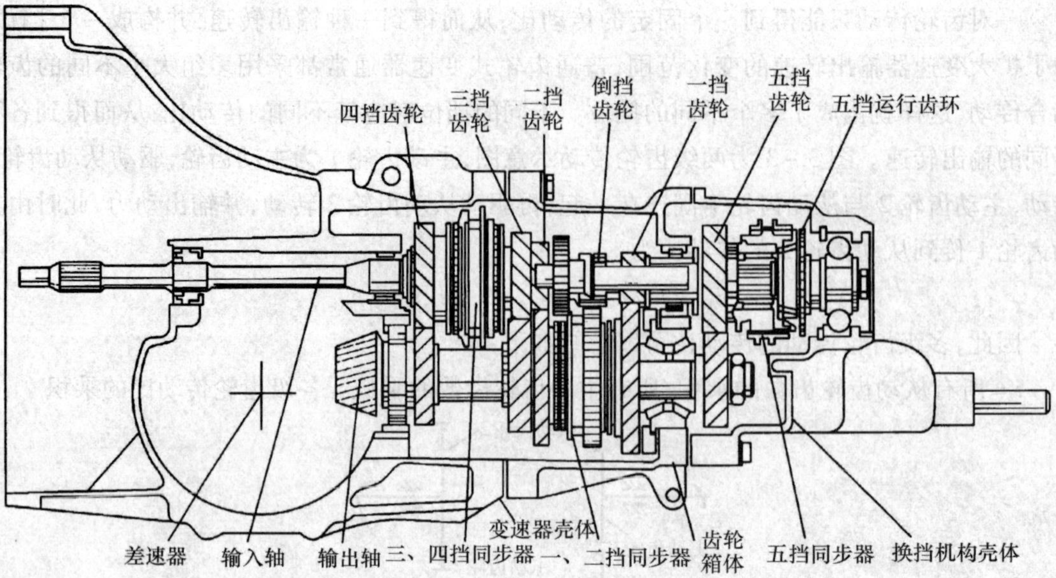

图 3-4　桑塔纳 2000 型汽车二轴式五挡手动变速器变速传动机构图

该变速器的变速传动机构有输入轴和输出轴，两轴平行布置，输入轴同时是离合器的从动轴，输出轴是主减速器的主动锥齿轮轴。该变速器具有 5 个前进挡（一至三挡为降速挡，四挡为直接挡，五挡为超速挡）和 1 个倒挡，全部采用锁环式惯性同步器换挡。

变速器的输入轴前端通过轴承支承在发动机曲轴后端的中心孔内。输入轴上有一至五挡主动齿轮和倒挡齿轮以及三、四挡和五挡同步器。各机件的安装位置从前往后依次为四挡主动齿轮，三、四挡同步器，三挡主动齿轮，二挡主动齿轮，倒挡主动齿轮，一挡主动齿轮，五挡主动齿轮，五挡同步器等。其中，二挡主动齿轮、倒挡主动齿轮、一挡主动齿轮与轴制成一体，三、四、五挡主动齿轮及五挡同步器都通过轴承支承在输入轴上，三、四挡同步器和五挡齿圈都通过花键固定在输入轴上。

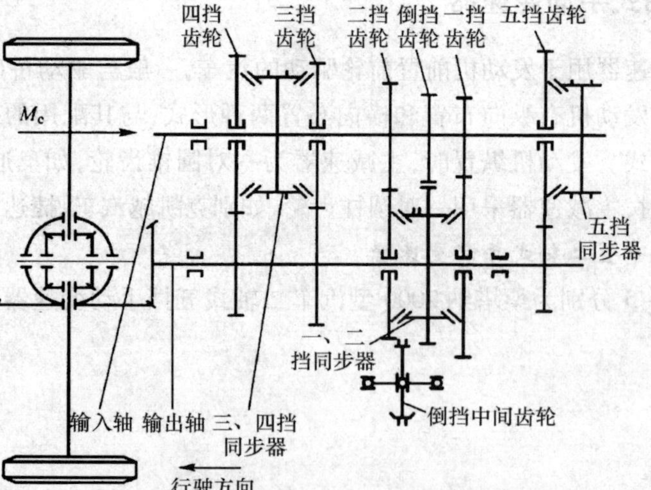

图 3-5　桑塔纳 2000 车型二轴式五挡手动变速器变速传动机构的示意图

输出轴与主减速器的主动锥齿轮制成一体，其上相应地有主减速器主动锥齿轮、一至五挡从动齿轮和一、二挡同步器。各机件的安装位置从前往后依次为主减速器主动锥齿轮,四挡从动齿轮,三挡从动齿轮,二挡从动齿轮,一、二挡同步器,一挡从动齿轮,五挡从动齿轮等。其中,三、四、五挡从动齿轮及一、二挡同步器与输出轴制成一体,一、二挡从动齿轮通过轴承支承在输出轴上。

各挡动力传动路线见表 3.2。

表 3.2　桑塔纳 2000 车型变速器动力传动路线

挡位	动力传递路线
一挡	变速器操纵杆从空挡向左、向前移动,实现: 动力→输入轴→输入轴一挡齿轮→输入轴一挡齿轮→输出轴上一、二挡同步器→输出轴→动力输出
二挡	变速器操纵杆从空挡向左、向前移动,实现: 动力→输入轴→输入轴二挡齿轮→输出轴二挡齿轮→输出轴上一、二挡同步器→输出轴→动力输出
三挡	变速器操纵杆从空挡向前移动,实现: 动力→输入轴→输入轴三、四挡同步器→输入轴三挡齿轮→输出轴三挡齿轮→输出轴→动力输出
四挡	变速器操纵杆从空挡向后移动,实现: 动力→输入轴→输入轴三、四挡同步器→输入轴四挡齿轮→输出轴四挡齿轮→输出轴→动力输出
五档	变速器操纵杆从空挡向右、向前移动,实现: 动力→输入轴→输入轴五挡同步器→输入轴五挡齿轮→输出轴五挡齿轮→输出轴→动力输出
倒挡	变速器操纵杆从空挡向右、向后移动,实现: 动力→输入轴→输出轴倒挡齿轮→倒挡轴倒挡齿轮→输出轴倒挡齿轮→输出轴→动力反向输出

2. 发动机横向布置二轴式手动变速器

图 3－6 为别克凯越汽车二轴式五挡手动变速器的结构图。

图 3－7 为手动变速器动力传递示意图,各挡动力传动路线见表 3.3。

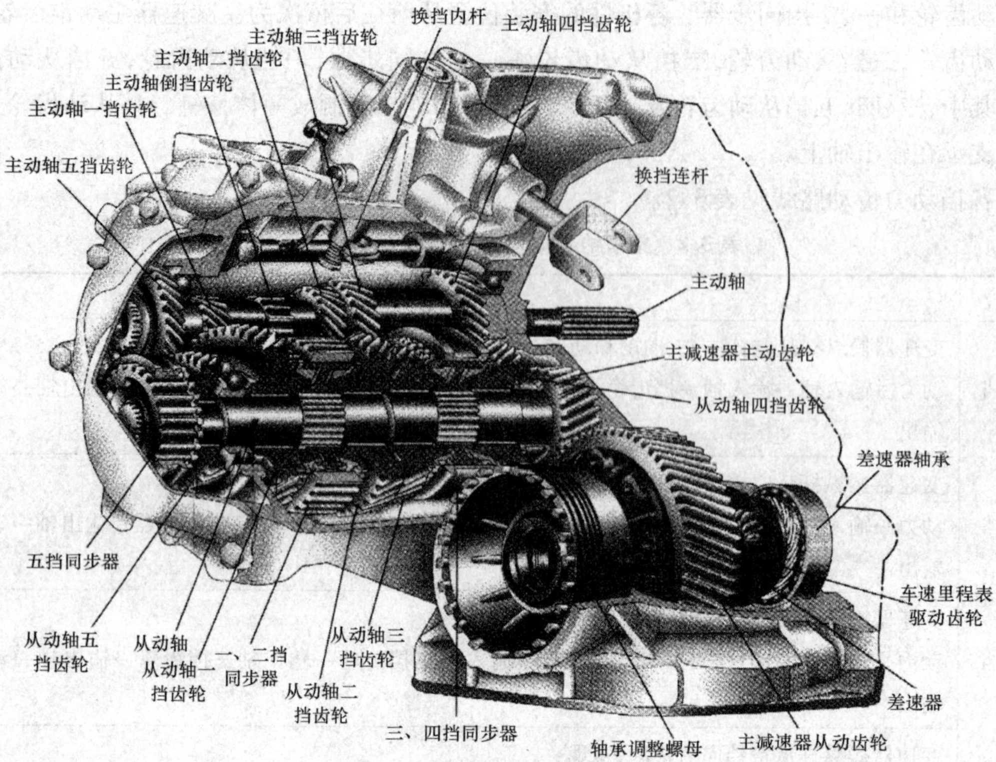

图3－6　手动变速器结构图

表3.3　别克凯越汽车变速器动力传动路线

挡位	动力传递路线
一档	变速器操纵杆从空挡向左、向前移动，实现： 动力→主动轴→主动轴一挡齿轮→从动轴一挡齿轮→从动轴一、二挡同步器→从动轴→动力输出
二挡	变速器操纵杆从空挡向左、向前移动，实现： 动力→主动轴→主动轴二挡齿轮→从动轴二挡齿轮→从动轴一、二挡同步器→从动轴→动力输出
三挡	变速器操纵杆从空挡向前移动，实现： 动力→主动轴→主动轴三挡齿轮→从动轴三挡齿轮→从动轴三、四挡同步器→从动轴→动力输出
四挡	变速器操纵杆从空挡向后移动，实现： 动力→主动轴→主动轴四挡齿轮→从动轴四挡齿轮→从动轴三、四挡同步器→从动轴→动力输出
五挡	变速器操纵杆从空挡向右、向前移动，实现： 动力→主动轴→主动轴五挡齿轮→从动轴五挡齿轮→从动轴五挡同步器→从动轴→动力输出
倒挡	变速器操纵杆从空挡向右、向后移动，实现： 动力→主动轴→主动轴倒挡齿轮→倒挡惰轮→倒挡从动齿轮（一、二挡同步器）→从动轴→动力反向输出

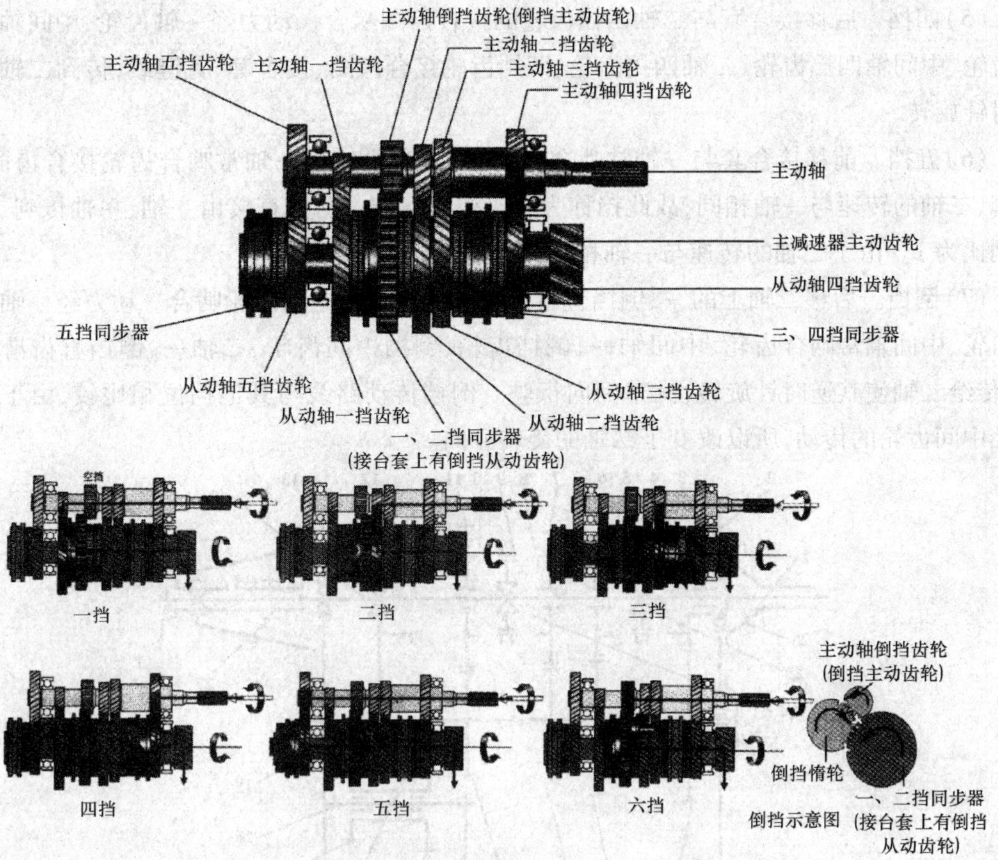

图 3-7　手动变速器(倒挡主动齿轮)动力传递示意图

3.2.3　三轴式手动变速器

三轴式手动变速器用于发动机前置后轮驱动的汽车。下面以东风 EQ1092 中型货车的变速器为例进行介绍,其结构简图如图 3-8 所示。该变速器有 3 根主要的传动轴:一轴、二轴和中间轴,所以称为三轴式手动变速器,另外还有倒挡轴。

该变速器为五挡变速器,各挡传动情况如下。

(1)空挡。二轴上的各接合套、传动齿轮均处于中间空转的位置,动力不传给第二轴。

(2)一挡。前移一、倒挡直齿滑动齿轮与中间轴一挡齿轮啮合。动力经一轴齿轮、中间轴常啮合齿轮、中间轴齿轮、二轴一倒挡齿轮,传到第二轴,使其顺时针旋转(与第一轴同向)。

(3)二挡。后移接合套与二轴二挡齿轮的接合齿圈啮合。动力经一轴齿轮、中间轴常啮合齿轮、中间轴二轴齿轮、二轴二挡齿轮、二挡齿轮接合齿圈、接合套、花键毂,传到第二轴,使其顺时针旋转。

(4)三挡。前移接合套与二轴三挡齿轮的接合齿圈啮合。动力经一轴齿轮、中间轴常啮合齿轮、中间轴三轴齿轮、二轴三挡齿轮、三挡齿轮接合齿圈、接合套、花键毂,传到二轴使其顺时针旋转。

(5)四挡。后移接合套与二轴四挡齿轮的接合齿圈啮合。动力经一轴齿轮、中间轴常啮合齿轮、中间轴四挡齿轮、二轴四挡齿轮、四挡齿轮接合齿圈、接合套、花键毂,传到二轴使其顺时针旋转。

(6)五挡。前移接合套与一轴常啮合齿轮的常啮合齿轮、一轴常啮合齿轮接合齿圈、接合套、二轴的转速与一轴相同,故此挡称为直接挡。啮合。动力直接由一轴、一轴传到二轴,传动比为1。由于二轴的转速与一轴相同,故称此档为直接挡。

(7)倒挡。后移二轴上的一、倒挡直齿滑动齿轮与倒挡中间齿轮啮合。动力经一轴常啮合齿轮、中间轴常啮合齿轮、中间轴一、倒挡齿轮、倒挡中间齿轮、二轴一、倒挡直齿滑动齿轮,传给二轴使其逆时针旋转,汽车倒向行驶。倒挡传动路线与其他挡位相比较,由于多了倒挡中间齿轮的传动,所以改变了二轴的旋转方向。

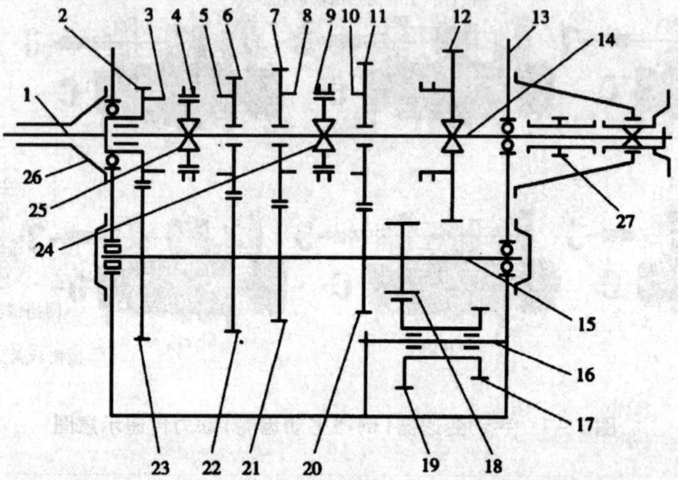

图3-8 东风EQ1092中型货车的三轴式手动变速器

1—一轴;2—一轴常啮合齿轮;3—一轴常啮合齿轮接合齿圈;4、9—接合套;5—四挡齿轮接合齿圈;6—二轴四挡齿轮;7—二轴三挡齿轮;8—三挡齿轮接合齿圈;10—二挡齿轮接合齿圈;11—二轴二挡齿轮;12—二轴一、倒挡直齿滑动齿轮;13—变速器壳体;14—二轴;15—中间轴;16—倒挡轴;17、19—倒挡中间齿轮;18—中间轴一、倒挡齿轮;20—中间轴二挡齿轮;21—中间轴三挡齿轮;22—中间轴四挡齿轮;23—中间轴常啮合齿轮;24、25—花键毂;26—轴轴承盖;27—回油螺纹

3.3 同 步 器

3.3.1 同步器简介

手动变速器的结构内部有一个非常重要的设备,那就是同步器。同步器的作用就是换挡时由于动力输出端齿轮转速快于马上要换入这个挡位的齿轮,如果没有同步器,把一个慢速旋转的齿轮强行塞入一个高速旋转的齿轮中,肯定会发生打齿的现象。同步器分解图如图3-9所示。

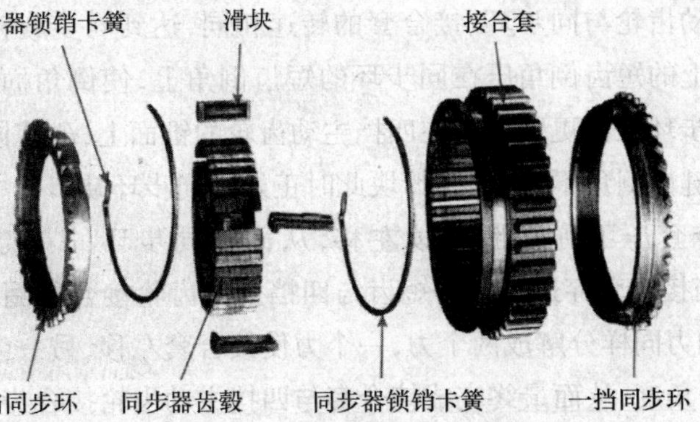

图3-9　同步器分解图

同步器有常压式、惯性式和自行增力式等。这里仅介绍目前广泛采用的惯性式同步器。

惯性式同步器是依靠摩擦作用实现同步的,在其上面设置有专设机构,以保证接合套与待接合的花键齿圈在达到同步之前不可能接触,从而避免了齿间冲击。

惯性式同步器按结构又分为锁环式和锁销式两种。锁环式同步器主要由同步器齿毂、接合套、滑块、同步环等零件组成,如图3-10所示。

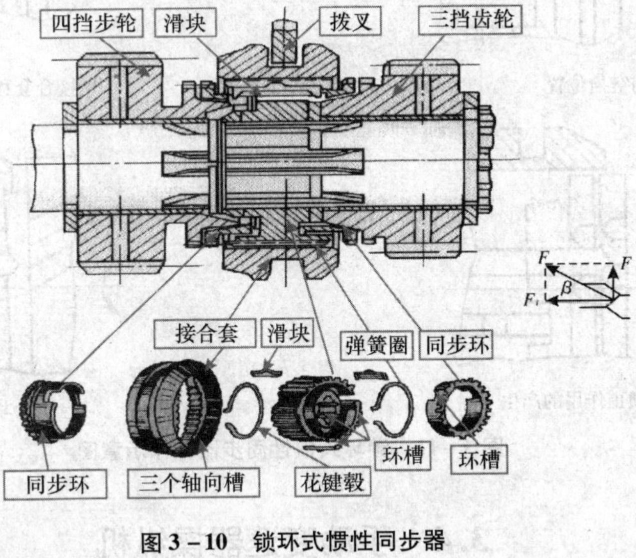

图3-10　锁环式惯性同步器

3.3.2　同步器工作原理

桑塔纳2000型乘用车三、四挡同步器工作原理示意图如图3-11所示。当三挡换入四挡时,接合套从三挡退出进入空挡,接合套与同步环在惯性作用下以不同的转速旋转。此时,四挡主动齿轮的转速大于接合套和同步环转速,如图3-11(a)所示。当要挂入四挡时,接合套在拨叉作用下带动滑块左移。当滑块推动同步环压向四挡主动齿轮时,同步环的内锥面与四挡主动齿轮接合齿圈的外锥面产生摩擦力矩,在此力矩作用下,四挡主动齿轮带动同步环旋转,相对接合套超前一个角度,超前角的大小,正好是同步环缺口的一侧靠在滑块一侧所留的间隙,即正好是半个短齿。此时,由于四挡主动齿轮相对于同步环和接合套做减速旋转，使四挡主动齿轮与同步环、接合套的转速相同，达到同步旋转。拨叉作用在接合套上的力，使接合套上的短齿倒角压在同步环的短齿倒角上，使倒角面上的力 F 分解出 F_1 和 F_2 两个力，F_1 使同步环锥面更紧地压在四挡主动齿轮的锥面上，F_2 使同步环相对接合套倒转一个角度，使两花键齿倒角不再抵触（滑块此时正好在同步环缺口的中间），同步环的锁止作用消除，于是接合套压下弹簧圈继续左移，从而与同步环的花键齿圈进入啮合，如图 3－11(c)所示。当接合套穿过同步环短齿与四挡主动齿轮接合齿圈的短齿倒角接触时，作用在短齿倒角上的力同样分解成两个力，一个力使接合套左移，另一个力使四挡主动齿轮相对接合套转过一个角度，从而最终完成接合套与四挡主动齿轮接合齿圈上短齿的顺利啮合，如图 3－11(d)所示。

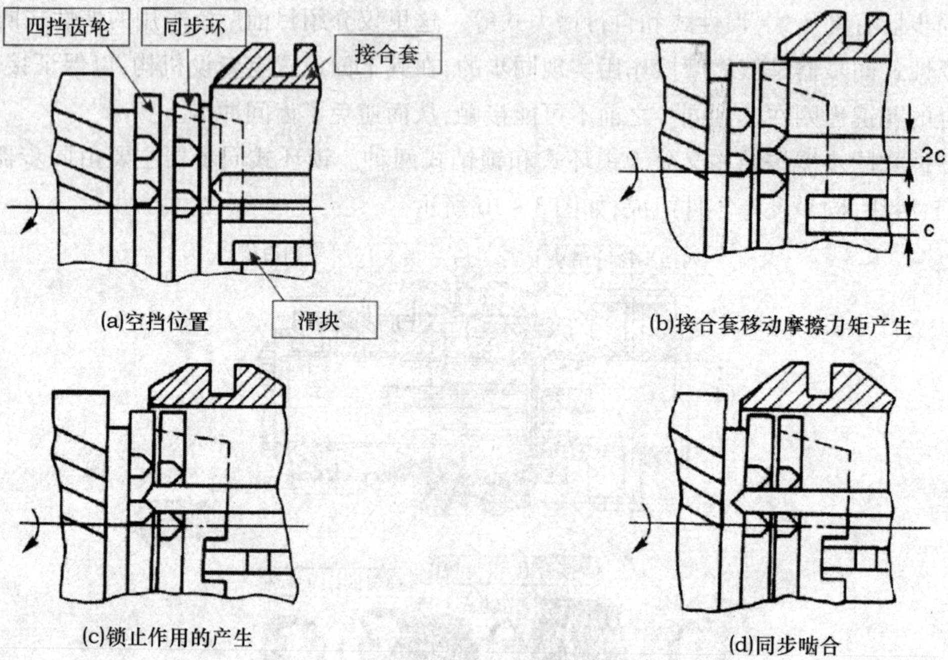

图 3－11　锁环式惯性同步器工作示意图

3.4　手动变速器操纵机

手动变速器操纵机构用于执行驾驶员的换挡操作，保证驾驶员能准确可靠地将变速器挂入所需要的挡位，并根据需要随时退至空挡。

变速器操纵机构按照变速操纵杆（变速杆）与变速器相对位置的不同，可分为直接操纵式和远距离操纵式两种类型。

3.4.1　直接操纵式操纵机构

直接操纵式变速器布置在驾驶员座椅旁，变速杆由驾驶室地板伸出，变速杆及所有操纵装置都设置在变速器壳体上，驾驶员可以直接操纵变速器进行换挡。如图 3－12 所示，解放

CA1091 中型货车六挡变速器操纵机构就采用这种形式。

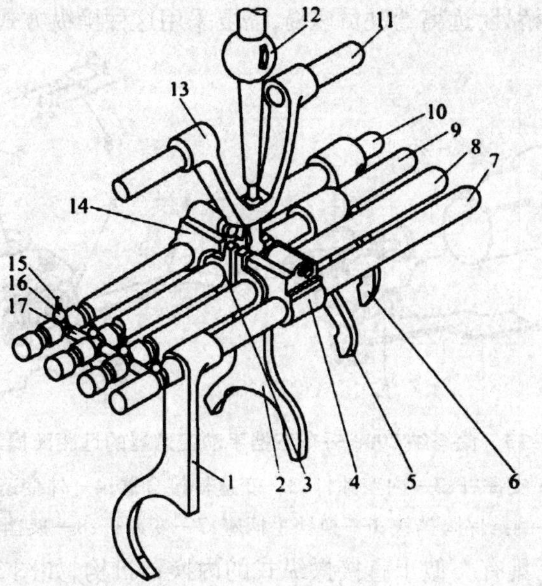

图 3 - 12　解放 CA1091 中型货车六档变速器直接操纵式操纵机构

1—五、六挡拔叉;2—三、四挡拔叉;3—一、二挡拨块;4—五、六挡拨块;5—一、二挡拔叉;6—倒挡拔叉;7—五、六挡拔叉轴;8—三、四挡拔叉轴;9—一、二挡拔叉轴;10—倒挡拔叉轴;11—换挡轴;12—变速杆;13—叉形拨杆;14—倒挡拨块;15—自锁弹簧;16—自锁钢球;17—互锁销

拔叉轴 7、8、9 和 10 的两端均支承于变速器盖的相应孔中,可以轴向滑动。所有的拔叉和拨块都以弹性销固定于相应的拔叉轴上。三、四挡拔叉 2 的上端具有拨块。拔叉 2 和拨块 3、4、14 的顶部制有凹槽。变速器处于空挡时,各凹槽在横向平面内对齐,叉形拨杆 13 下端的球头即伸入这些凹槽中。选挡时可使变速杆绕其中部球形支点横向摆动,则其下端推动叉形拨杆 13 绕换挡轴 11 的轴线摆动,从而使叉形拨杆下端球头对准与所选挡位对应的拨块凹槽,然后使变速杆纵向摆动,带动拔叉轴汽车底盘构造与维修及拔叉向前或向后移动,即可实现挂挡。例如,横向摆动变速杆使叉形拨杆下端球头深入拨块 3 顶部凹槽中,拨块 3 连同拔叉轴 9 和拔叉 5 即沿纵向向前移动一定距离,便可挂入二挡;若向后移动一段距离,则挂入一挡。当使叉形拨杆下端球头深入拨块 14 的凹槽中,并使其向前移动一段距离时,便挂入倒挡。

各种变速器由于挡位数及挡位排列位置不同,其拔叉和拔叉轴的数量及排列位置也不相同。例如,上述的六挡变速器的六个前进挡用了三根拔叉轴,倒挡独立使用了一根拔叉轴,共有四根拔叉轴;而东风 FQ1092 的五挡变速器具有三根拔叉轴,其二、三挡和四、五挡各占一根拔叉轴,一挡和倒挡共用一根拔叉轴。

3.4.2 远距离操纵式操纵机构

在有些汽车上,由于变速器离驾驶员座位较远,变速杆及其他操纵装置不能安装在变速器壳上,则需要在变速杆与拔叉之间加装一些辅助杠杆或一套传动机构,构成远距离操纵机构。

这种操纵机构多用于发动机前置前轮驱动的轿车，如桑塔纳2000轿车的五挡手动变速器，由于其变速器安装在前驱动桥处，远离驾驶员座椅，需要采用这种操纵方式，如图3－13所示。

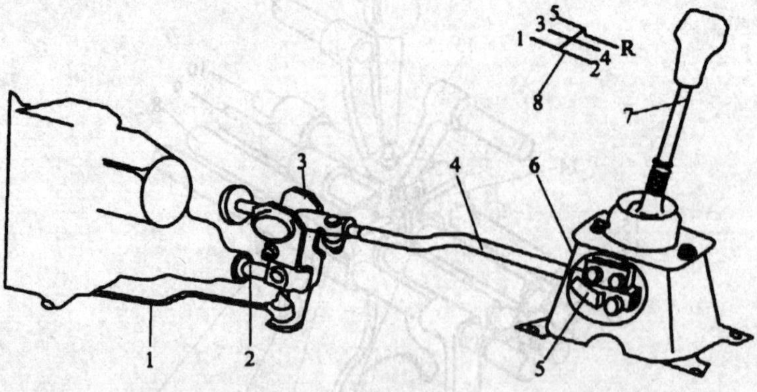

图3－13　桑塔纳2000轿车五挡手动变速器的远距离操纵机构

1—支撑杆；2—内变速杆；3—变速杆接合器；4—外变速杆；

5—倒挡保险挡块；6—换挡手柄座；7—变速杆；8—换挡标记

而在变速器壳体上具有类似于直接操纵式的内换挡机构，如图3－14所示。

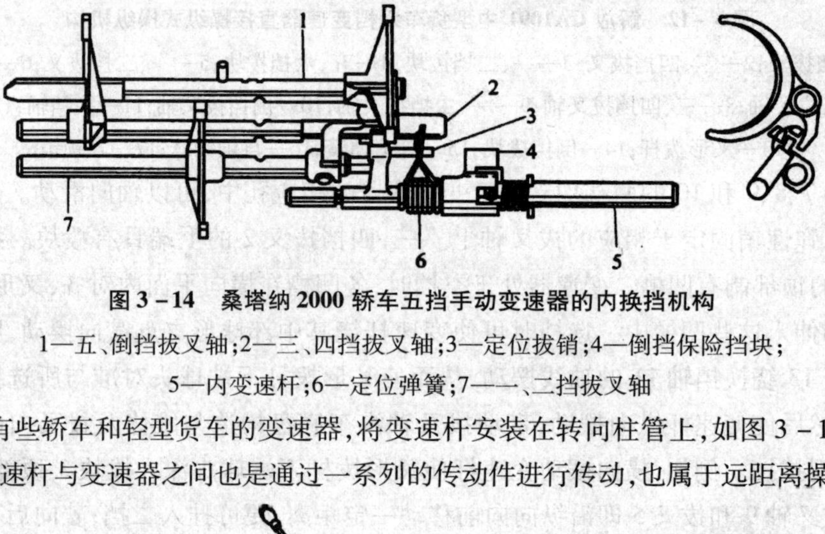

图3－14　桑塔纳2000轿车五挡手动变速器的内换挡机构

1—五、倒挡拔叉轴；2—三、四挡拔叉轴；3—定位拔销；4—倒挡保险挡块；

5—内变速杆；6—定位弹簧；7—一、二挡拔叉轴

另外，有些轿车和轻型货车的变速器，将变速杆安装在转向柱管上，如图3－15所示。这种形式在变速杆与变速器之间也是通过一系列的传动件进行传动，也属于远距离操纵方式。

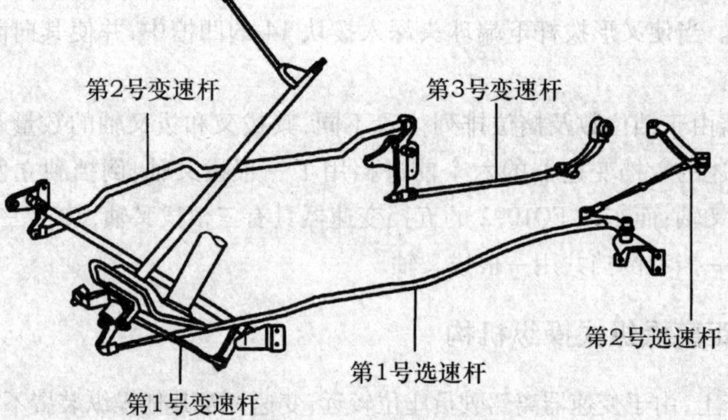

图3－15　柱式换挡操纵机构

3.4.3 换挡锁装置

为了保证变速器在任何情况下都能准确无误地换挡，并安全、可靠地工作，变速器操纵机构一般都具有换挡锁装置，包括自锁装置、互锁装置和倒挡锁装置。

1. 自锁装置

自锁装置用于防止变速器自动脱挡或挂挡，并保证轮齿以全齿宽啮合。大多数变速器的自锁装置都是采用自锁钢球对拔叉轴进行轴向定位锁止。如图 3－16 所示，在变速器盖中钻有三个深孔，孔中装入自锁钢球和自锁弹簧，其位置正处于拔叉轴的正上方，每根拔叉轴对着钢球的表面沿轴向设有三个凹槽，槽的深度小于钢球的半径。中间的凹槽对正钢球时为空挡位置，前边或后边的凹槽对正钢球时则处于某一工作挡位置，相邻凹槽之间的距离保证齿轮处于全齿长啮合或是完全退出啮合。凹槽对正钢球时，钢球便在自锁弹簧的压力作用下嵌入该凹槽内，拔叉轴的轴向位置便被固定，不能自行挂挡或自行脱挡。当需要换挡时，驾驶员通过变速杆对拔叉轴施加一定的轴向力，克服自锁弹簧的压力而将自锁钢球从拔叉轴凹槽中挤出，拔叉轴便可滑过钢球进行轴向移动，并通过拔叉带动相应的接合套或滑动齿轮轴向移动，当拔叉轴移至其另一凹槽与钢球相对正时，钢球又被压入凹槽，驾驶员具有很强的手感，此时拔叉所带动的接合套或滑动齿轮便被拨入空挡或被拨入另一挡位。

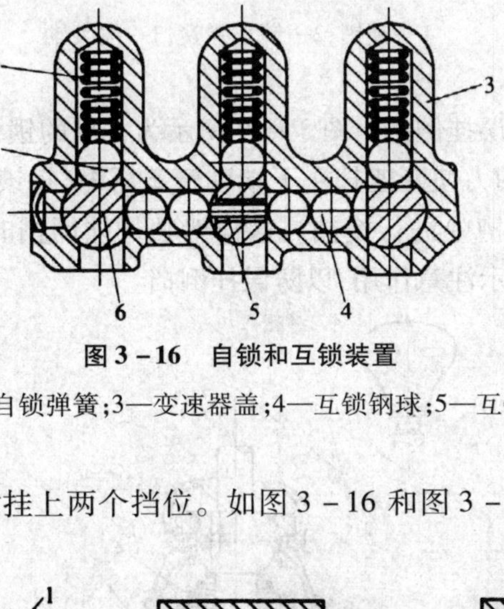

图 3－16　自锁和互锁装置

1—自锁钢球；2—自锁弹簧；3—变速器盖；4—互锁钢球；5—互锁销；6—拔叉轴

2. 互锁装置

互锁装置用于防止同时挂上两个挡位。如图 3－16 和图 3－17 所示，互锁装置由互锁钢球. 和互锁销组成。

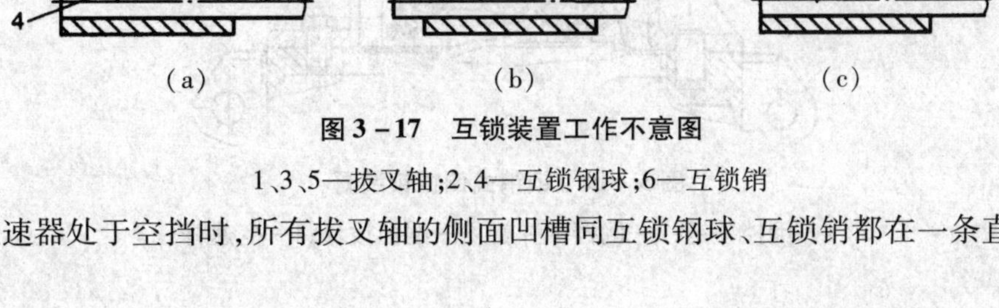

图 3－17　互锁装置工作不意图

1、3、5—拔叉轴；2、4—互锁钢球；6—互锁销

当变速器处于空挡时，所有拔叉轴的侧面凹槽同互锁钢球、互锁销都在一条直线上。当

移动中间拔叉轴 3 时，如图 3 - 17(a)所示，轴 3 两侧的内钢球从其侧凹槽中被挤出，而两外钢球 2 和 4 则分别嵌入拔叉轴 1 和轴 5 的侧面凹槽中，因而将轴 1 和轴 5 刚性地锁止在其空挡位置。若欲移动拔叉轴 5，则应先将拔叉轴 3 退回到空挡位置。于是在移动拔叉轴 5 时，钢球 4 便从轴 5 的凹槽中被挤出，同时通过互锁销 6 和其他钢球将轴 3 和轴 1 均锁止在空挡位置，如图 3 - 17(b)所示。同理，当移动拔叉轴 1 时，则轴 3 和轴 5 被锁止在空挡位置，如图 3 - 17(c)所示。由此可知，互锁装置工作的机理是当驾驶员用变速杆推动某一拔叉轴时，自动锁止其余拔叉轴，从而防止同时挂上两个挡位。

有的三挡变速器将自锁和互锁装置合二为一，如图 3 - 18 所示，其中 $a = b$，使同时只能移动一根拔叉轴，实现互锁。

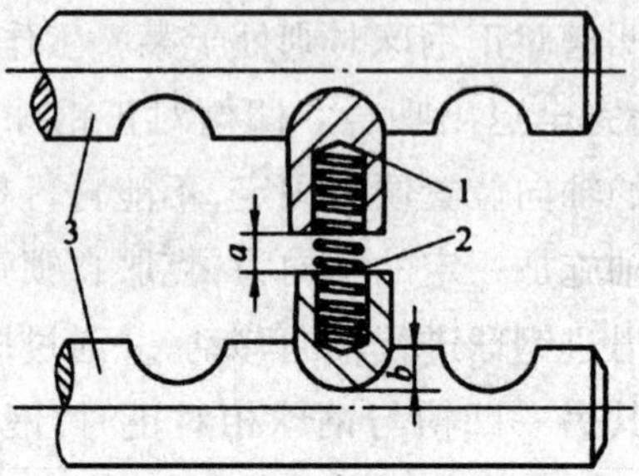

图 3 - 18　合二为一的自锁和互锁装置

1—锁销；2—锁止弹簧；3—拔叉轴

3. 倒挡锁装置

倒挡锁装置用于防止误挂倒挡。图 3 - 19 所示为常见的锁销式倒挡锁装置。当驾驶员想挂倒挡时，必须用较大的力使变速杆 4 下端弹簧 2 压缩，将锁销推入锁销孔内，才能使变速杆下端进入拨块 3 的凹槽中进行换挡。这样驾驶员挂倒挡时必须对变速杆施加更大的力，才能挂入倒挡，起到警示注意作用，以防误挂倒挡。

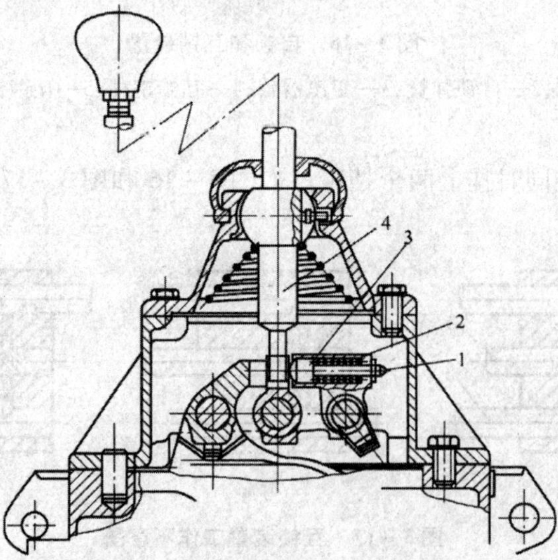

图 3 - 19　锁销式倒挡锁装置

1—倒挡锁销；2—倒挡锁弹簧；3—倒挡拔块；4—变速杆

3.5　手动变速器的故障诊断与检修

3.5.1　跳挡

1. 现象

汽车在加速、减速、爬坡或汽车剧烈振动时，变速杆自动跳回空挡位置。

2. 原因

(1)操纵机构磨损严重，导致齿轮啮合不能达到全齿长啮合。

(2)自锁装置的钢球或凹槽磨损严重，自锁弹簧疲劳过软或折断。

(3)齿轮沿齿长方向磨损成锥形。

(4)轴、轴承磨损松旷，使一、二轴不平行。

(5)二轴上的常啮合齿轮轴向或径向间隙过大。

(6)各轴轴向或径向间隙过大。

3. 故障诊断与排除方法

(1)进行路试，逐挡反复作挂挡、退挡动作，并体验手感。

(2)如果感觉阻力很小，甚至没有自锁钢球落入凹槽的感觉，说明故障是由自锁装置失效引起的，应进一步检查自锁装置。

(3)如果手感正常，继续进行路试，采用连续加、减速的方法逐挡查找跳挡挡位。

(4)将变速杆挂入跳挡挡位，发动机熄火，小心拆下变速器盖，观察跳挡齿轮的啮合情况。

(5)如果跳挡齿轮未达到全长啮合，则故障由此引起。

(6)如果达到全长啮合，检查啮合部位磨损情况，磨损成锥形，则故障可能由此引起。

(7)检查该挡齿轮和各轴的轴向和径向间隙，间隙过大，则故障可能由此引起；否则故障为离合器壳体和变速器壳体的接合平面与曲轴轴线不垂直而引起。

3.5.2　乱挡

1. 现象

在离合器技术状况正常的情况下，变速器挂不上所需要挡位或者同时挂上两个挡位。

2. 原因

(1)互锁装置失效，如拔叉轴、互锁销或互锁钢球磨损严重。

(2)变速杆下端长度不足、工作面磨损过大或拔叉轴上拨块的凹槽磨损过大。

(3)变速杆球头定位销折断或球孔、球头磨损过于松旷。

3. 故障诊断与排除方法

(1)挂某挡位时，结果挂入了别的挡位时，可用手摇动变速杆，检查其摆转角度。若超出正常范围,则故障由变速杆下端球头定位销与定位槽配合松旷或球头、球孔磨损过大引起。变速杆摆转 360°,则为定位销折断。

(2)如摆转角度正常,仍挂不上或摘不下挡,则故障由变速杆下端从拨块凹槽中脱出毛起,脱出的原因多为变速杆下端工作面磨损或导块凹槽磨损。

(3)如果同时挂入两个挡,则故障由互锁装置失效引起。

3.5.3 挂挡困难

1. 现象

离合器技术状况良好,但挂挡时不能顺利挂入挡位,常发生齿轮撞击声。

2. 原因

(1)同步器故障。

(2)拔叉轴弯曲、锁紧弹簧过硬、钢球损伤等。

(3)一轴花键损伤或一轴弯曲。

(4)齿轮油不足或过量、齿轮油不符合规格。

3. 故障诊断与排除方法

(1)检查同步器是否散架、锁环或锥环内锥面螺旋槽是否磨损、滑块是否磨损、弹簧弹力是否过软等。

(2)如果同步器正常,检查一轴是否弯曲、花键是否磨损严重。

(3)检查拔叉轴是否移动正常。

3.5.4 变速器异响

1. 现象

变速器异响是指变速器工作时发出的不正常的响声,如齿轮撞击声、轴承运转噪声等。

2. 原因

(1)齿轮异响:齿轮磨损过甚变薄,间隙过大,运转中有冲击;齿面啮合不良,如修理时没有成对更换齿轮,新、旧齿轮搭配,齿轮不能正确啮合;齿面有金属疲劳剥落或个别齿损坏折断;齿轮与轴上的花键配合松旷,或齿轮的轴向间隙过大;轴弯曲或轴承松旷引起齿轮啮合间隙改变。

(2)轴承响:轴承磨损严重;轴承内(外)座圈与轴颈(孔)配合松动;轴承滚珠碎裂或滚道表面烧蚀、剥落,出现麻点等异常。

(3)其他原因异响:如变速器内缺油,润滑油过稀、过稠或质量变坏;变速器内掉入异物;某些紧固螺栓松动;里程表软轴或里程表齿轮发响等。

3. 故障诊断与排除

(1)变速器发出金属干摩擦声,即为缺油和油的质量不好。应加油和检查油的质量,必要时更换。

(2)行驶时换入某挡若响声明显,即为该挡齿轮轮齿磨损;若发生周期性的响声,则为个别齿损坏。

(3)空挡时响,当踏下离合器踏板后响声消失,一般为一轴前、后轴承或常啮合齿轮响;若换入任何挡都响,多为二轴后轴承响。

(4)变速器工作时发生突然撞击声,多为轮齿断裂,应及时拆下变速器盖检查,以防机件损坏。

(5)行驶时,变速器只有在换入某挡时齿轮发响,在上述完好的前提下,应检查啮合齿轮是否搭配不当,必要时应重新装配一对新齿轮。此外,也可能是同步器齿轮磨损或损坏,应视情况修复或更换。

(6)换挡时齿轮相撞击而发响,则可能是离合器不能分离或离合器踏板行程不正确、步器损坏、怠速过大、变速杆调整不当或导向衬套紧等。遇到这种情况,先检查离合器能否分离,再分别调整怠速或变速杆位置,检查导向衬套与分离轴承配合的松紧度。

(7)如经上述检查排除后,变速器仍发响,应检查各轴承与轴孔配合情况、轴承本身的技术状态等;若完好,再查看里程表软轴及齿轮是否发响,必要时予以修理或更换。

3.5.5　变速器漏油

1. 现象

变速器盖、侧盖、轴承盖、油封等处出现齿轮润滑油,变速器齿轮箱的油量减少。

2. 原因及排除方法

(1)润滑油选用不当,或润滑油量太多,产生过多泡沫,此时需更换润滑油或调节滑油。

(2)侧盖太松、密封垫损坏、油封损坏、密封损坏等,此时应更换新件。

(3)各处固定螺栓松动,应按规定力矩拧紧。

(4)变速器壳体破裂,此时应更换。

(5)里程表齿轮限位器松脱破损,必须锁紧或更换;变速杆油封漏油应更换油封。

第4章　自动变速器

4.1　概　述

自动变速器是指汽车驾驶中离合器和变速器的操纵都实现了自动换挡，简称 AT。自动变速器的自动换挡过程都是由自动变速器的电子控制单元（英文缩写为 ECU）控制的，因此自动变速器又可简称为 EAT、ECAT、ECT 等。

4.1.1　自动变速器的分类

1. 按自动变速器前进挡的挡位数分类

按照自动变速器前进挡的挡位数，可以分为四挡、五挡、六挡等，目前比较常见的是四挡和五挡自动变速器，在某些高级轿车如丰田皇冠、宝马 7 系、奥迪 A8 等轿车采用六挡自动变速器。

2. 按车辆的驱动方式分类

按车辆的驱动方式不同可以分为自动变速器（Automatic Transmission）和自动变速驱动桥（Automatic Transaxle），如图 4－1 所示。

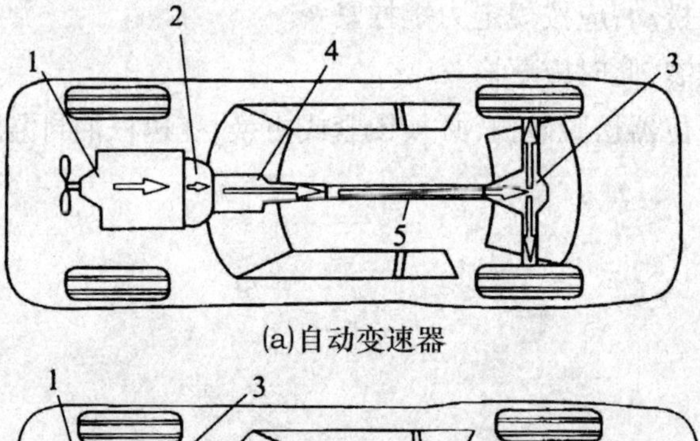

(a)自动变速器

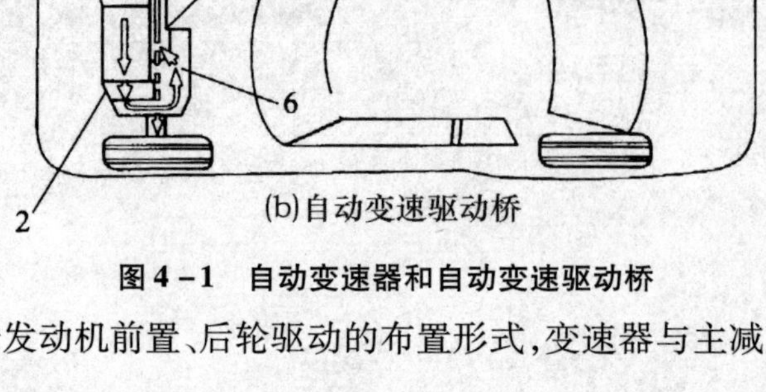

(b)自动变速驱动桥

图 4－1　自动变速器和自动变速驱动桥

自动变速器用于发动机前置、后轮驱动的布置形式，变速器与主减速器、差速器分开，而自动变速驱动桥用于发动机前置、前轮驱动的布置形式，变速器与主减速器、差速器制成一个总成。

3. 按结构和控制方式分类

按结构和控制方式的不同可分为液力式自动变速器、无级自动变速器和机械式自动变速器。

(1)机械式自动变速器，简称 AMT，是英文 Automated MechanicalTransmission 的缩写，它是在原有手动、有级、普通齿轮变速器的基础上增加了电子控制系统，自动控制离合器的接合、分离和变速器挡位的变换。

(2)无级自动变速器，简称 CVT，是英文 Continuously Variable Transmission 的缩写，它是采用传动带和工作直径可变的主、从动轮相配合来传递动力，可以实现传动比的连续改变。本章主要介绍行星齿轮式和非行星齿轮式的液控和电控的液力自动变速器，以全电控行星齿轮自动变速器为重点。

(3)液力式自动变速器，按控制方式的不同，又可分为液控液力自动变速器和电控液力自动变速器，目前轿车上普遍采用电控液力自动变速器；按照变速机构(机械变速器)的不同，液力自动变速器又可分为行星齿轮自动变速器和非行星齿轮自动变速器。行星齿轮自动变速器应用最广泛，非行星自动齿轮变速器只在本田等个别车系使用。行星齿轮自动变速器又可以分为辛普森式和拉威挪式，是目前应用最广泛、技术最成熟的自动变速器。

4.1.2　液力式自动变速器的基本组成和工作原理

1. 基本组成

液力式自动变速器主要由液力变矩器、行星齿轮变速器、液压控制系统、冷却滤油装置等组成。电控液力式自动变速器除上述四部分外还有电子控制系统。

(1)液力变矩器。

液力变矩器是一个通过液压油(ATF)传递动力的装置，其功用一方面是在一定范围内自动、连续地改变转矩比，以适应不同行驶阻力的要求；另一方面是实现自动离合器的功用。在发动机不熄火、自动变速器位于行驶挡的情况下，汽车可以处于停车状态。驾驶员可通过控制节气门开度控制液力变矩器的输出转矩，逐步加大输出转矩，实现动力的柔和传递。

(2)行星齿轮变速器。

行星齿轮变速器由 2 ~ 3 排行星齿轮机构组成，不同的运动状态组合可得到 2 ~ 5 种速比，其功用主要是在液力变矩器的基础上再将转矩增大 2 ~ 4 倍，以提高汽车的行驶适应能力，并实现倒挡传动。

(3)液压控制系统。

液压控制系统是由油泵、各种控制阀及与之相连通的液压换挡执行元件，如离合器、制动器油缸等组成液压控制回路。汽车行驶中根据驾驶员的要求和行驶条件的需要，控制液压离合器和制动器的工作状况来实现行星齿轮变速器的自动换挡。

(4)冷却滤油装置。

自动变速器油(ATF)在自动变速器工作过程中会因冲击、摩擦产生热量,还要吸收齿轮传动过程中产生的热量,温度会升高。因此必须对ATF进行冷却,保持油温在80℃~90℃。ATF是通过油冷却器与冷却水或空气进行热量交换的。自动变速器工作中各部件磨损产生的机械杂质,由滤油器从油中过滤分离出去,以减小机械的磨损、堵塞液压油路和控制阀卡滞。

(5)电子控制系统。

电子控制系统将自动变速器的各种控制信号输入电子控制单元(ECU),经ECU处理后发出控制指令,控制液压系统中的各种电磁阀实现自动换挡,并改善使用性能。

2. 工作原理

如图4-2所示为液控液力式自动变速器的组成和原理示意图。液控液力式自动变速器是通过机械传动方式,将汽车行驶时的车速和节气门开度这两个主控制参数转变为液压控制信号的;液压控制系统的阀板总成中的各控制阀根据这些液压控制信号的变化,按照设定的换挡规律,操纵换挡执行元件的动作实现自动换挡。

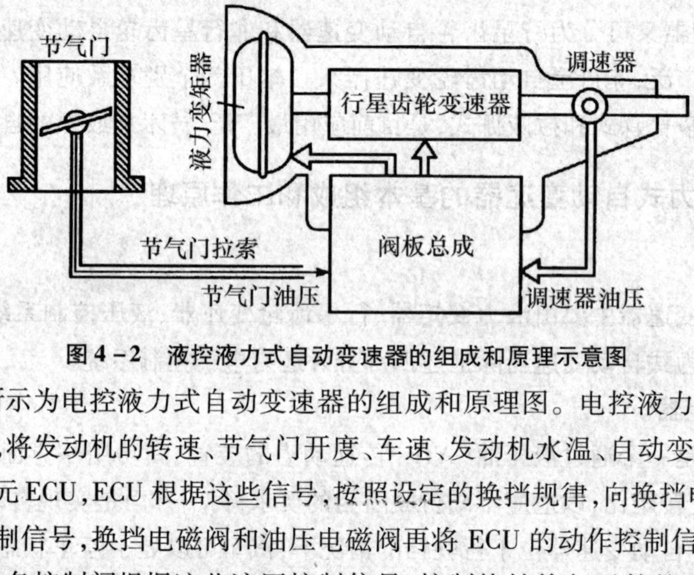

图4-2 液控液力式自动变速器的组成和原理示意图

如图4-2所示为电控液力式自动变速器的组成和原理图。电控液力式自动变速器是通过各种传感器,将发动机的转速、节气门开度、车速、发动机水温、自动变速器油温等参数信号输入电控单元ECU,ECU根据这些信号,按照设定的换挡规律,向换挡电磁阀、油压电磁阀等发出动作控制信号,换挡电磁阀和油压电磁阀再将ECU的动作控制信号转变为液压控制信号,阀板中的各控制阀根据这些液压控制信号,控制换挡执行元件的动作,从而实现自动换挡过程。

4.1.3 自动变速器的正确使用

1. 正确驾驶注意事项

(1)发动机启动。

发动机启动时应注意如下事项。

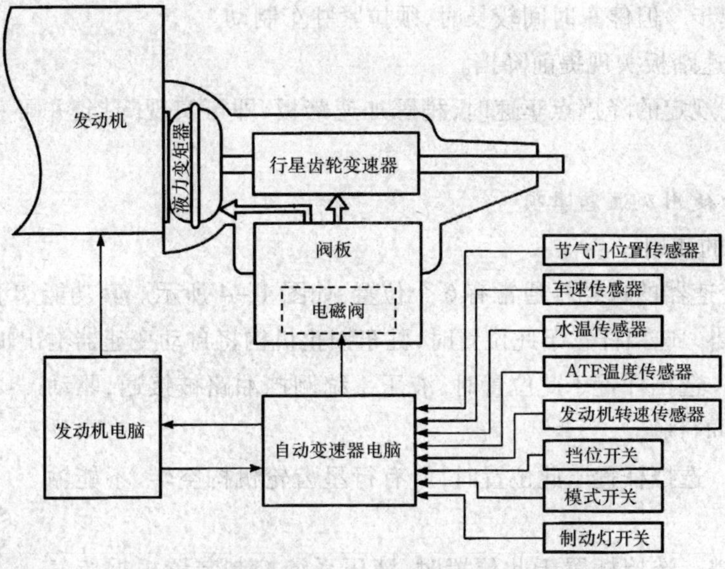

图4-3 电控液力式自动变速器的组成和原理图

①启动时选挡操纵手柄必须停放在P位或N位。

②汽车在停放状态下启动，必须拉紧驻车制动，踩下制动踏板，然后旋转点火开关启动发动机。在没有制动状态下启动发动机，有时会出现瞬间起步现象，容易发生意外。

(2)汽车起步。

车辆启动后(从停放状态下启动)须停留几秒钟再挂挡行车。换挡时必须查看选挡杆的位置或仪表板上挡位指示是否准确无误。选定挡位后，放松驻车制动再缓慢放松制动踏板，利用蠕动现象使汽车缓慢起步。

起步时要注意以下问题：

①不允许边踩加速踏板边挂挡；

②不允许先踩加速踏板后挂挡；

③不允许踩着制动，或者还未松开驻车制动就狠踩加速踏板；

④除必要时，接通行驶挡后不应立即一脚把加速踏板踩到底。

(3)拖车。

使用自动变速器的汽车，拖车时必须低速行驶(不得超过30~50km/h)，每次被牵引距离不得超过50km。高速长距离牵引时，自动变速器内的旋转件，会因缺乏润滑而烧蚀，并发生卡滞。自动变速器自身有故障需要牵引时，后轮驱动的车型应拆去传动轴，前轮驱动的车型应支起驱动轮。

(4)倒车。

汽车完全停止行驶后，把换挡杆由D位换至R位。没有停稳时不允许从前进挡换入倒挡，也不允许从倒挡换入前进挡，否则会引起多片离合器和制动器损坏。

(5)临时停车。

在等交通信号临时停车时，换挡杆停在D位，只需用脚制动防止汽车蠕动，这样放松制动就可以重新起步。但停车时间较长时，须拉紧驻车制动。

(6)踩下加速踏板实现提前降挡。

在汽车达到规定的降挡点车速时，稍踩加速踏板，即可实现降挡，并可获得和收油门升挡时一样的好处。

2. 选挡杆的使用及注意事项

(1)选挡杆的使用。

轿车自动变速器的选挡杆通常有6个位置，如图4－4所示。其功能如下。

P位：驻车挡。选挡杆置于此位置时，驻车锁止机构将自动变速器输出轴锁止。

R位：倒挡。选挡杆置于此位置时，液压系统倒挡油路被接通，驱动轮反转，实现反向行驶。

N位：空挡。选挡杆置于此位置时，所有行星齿轮机构空转，不能输出动力。

D位：前进挡。选挡杆置于此位置时，液压系统控制装置根据节气门开度信号和车速信号自动接通相应的前进挡油路，行星齿轮变速器在换挡执行元件的控制下得到相应的传动比。随着行驶条件的变化，在前进挡中自动升降挡，实现自动变速功能。

图4－4　自动变速器选挡杆位置示意图

2位：高速发动机制动挡。选挡杆置于此位置时，液压控制系统只能接通前进挡中的1、2挡油路，自动变速器只能在这两个挡位间自动换挡，无法升入更高的挡位，从而使汽车获得发动机制动效果。

L位(也称1位)：低速发动机制动挡。选挡杆置于此位置时，汽车被锁定在前进挡的1挡，只能在该挡位行驶而无法升入高挡，发动机制动效果更强。

1位和2位这两个挡位多用于山区等路况的行驶，可避免频繁换挡，提高变速器的使用寿命。

发动机只有在选挡杆置于N或P位时，汽车才能启动，此功能靠空挡启动开关来实现。

(2)使用选挡杆的注意事项。

①不要在N位上行驶。装用手动变速器的汽车为了节油，在下坡和高速行驶时可以使用空挡滑行。装用自动变速器的汽车却不许在N位上行驶。高速滑行时车速高，发动机怠速运转，油泵出油量减小，输出轴上所有的零件却在高速运转，会因润滑油不足而烧坏。

②低速挡属于发动机强制制动挡，L位或1位通常只在泥泞道路和上长坡时使用，不宜长期使用；2位通常在不太好的路面或下坡时使用，也不宜长期使用。

4.2　自动变速器的基本组成及工作原理

4.2.1　基本组成

自动变速器主要由液力变矩器、齿轮变速机构、换挡执行元件、液压控制系统、电子控制系统等组成，如图 4－5 所示。

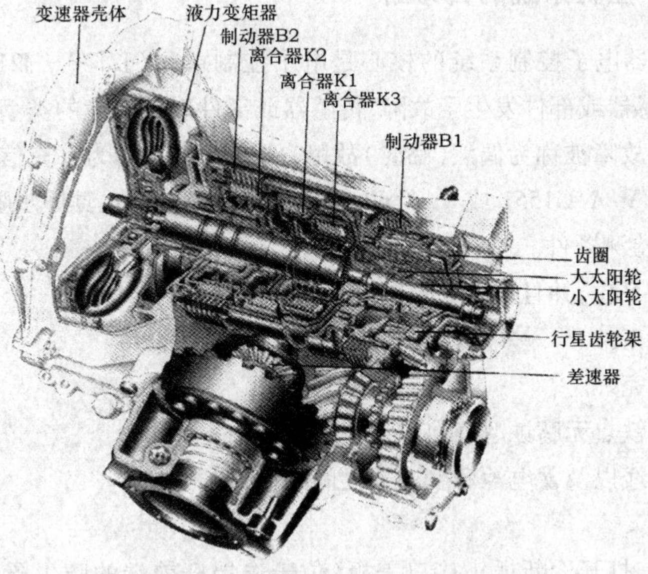

图 4－5　液力自动变速器的结构

4.2.2　基本原理

图 4－6 为电控自动变速器原理图。电控自动变速器是通过各种传感器，将发动机的转速、节气门开度、车速、发动机水温、自动变速器油（ATF）温等参数信号输入电子控制单元 ECU。根据这些信号，按照设定的换挡规律，向换挡电磁阀、油压电磁阀等发出动作控制信号，换挡电磁阀和油压电磁阀再将 ECU 的动作控制信号转变为液压控制信号，阀板中的各控制阀根据这些液压控制信号，控制换挡执行元件的动作，从而实现自动换挡过程。

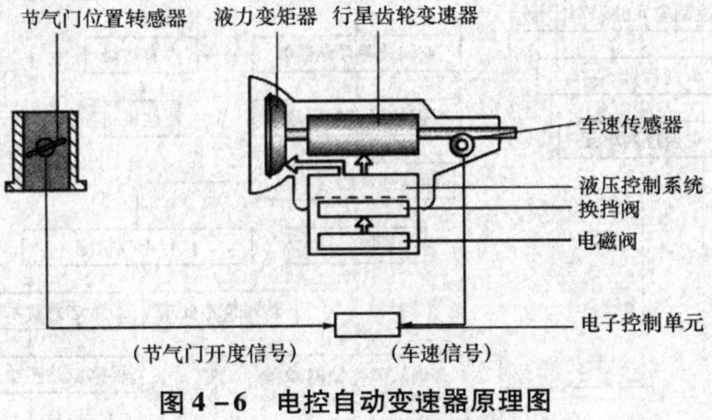

图 4－6　电控自动变速器原理图

4.3　自动变速器的电子控制系统

自动变速器的电子控制系统包括传感器、电子控制单元（ECU，俗称电脑）和执行器三部分。本部分内容以桑塔纳 2000GSi 的 01N 自动变速器为例进行电子控制系统的自诊断及主要元件化检修。

4.3.1 电子控制系统的自诊断

01N 自动变速器电子控制系统的核心是电子控制单元(J217)。J217 中装有故障存储器,如被监测的传感器或部件发生了故障,传感器或部件以及故障的类型被存储在故障存储器内。发生一次的故障被称为偶然(临时)故障,偶然故障是作为补充信号加以识别的。可以利用故障诊断仪 V. A. G1551 或 V. A. G1552 对故障进行查找,具体步骤如图 4 -7 所示。

(1)查询故障检测条件。

①选挡杆置于 P 位,并且拉上驻车制动手柄。

②蓄电池电压正常。

③有关的熔丝完好。

④变速器的搭铁点无腐蚀、接触良好。

⑤蓄电池搭铁线以及蓄电池和变速器之间的搭铁线完好。

(2)连接仪器。

关闭点火开关,打开诊断插头接口盖板(位于选挡杆前端的防尘罩下)。将诊断线 V. A. 1551/3 的 5 针插头与 V. A. G1551. 或 V. A. G1552 连接,另一端的 16 针插头与诊断插头接口连接。

(3)查询故障存储器。

(4)分析故障表。

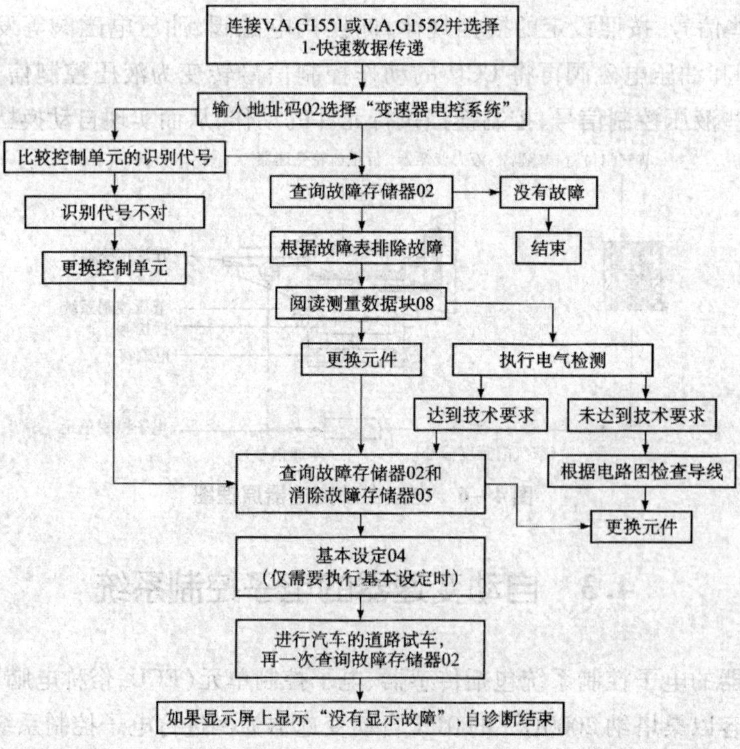

图 4 -7 自诊断框图

自动变速器的故障码见相关维修手册。具体说明如下：

①查询故障存储器时，如果打印机的电源已接通，所有那些被自动变速器电子控制单元(J217)识别到的和显示在 V. A. G1551 上的故障会被按照故障码进行分类并且被打印出来。

②如果故障仅仅是偶然发生或者排除故障之后没有清除故障存储器，那么这些故障将会在规定的时段内被显示为"偶然故障"。

③如果在查询故障存储器的过程中，某些部件被判断有故障，应当根据电路图对这些零件的导线进行短路或断路检测。

④只有当 V. A. G1551 上打印机的电源接通时，才能够用"Rapid DataTransfer"(快速数据传递)功能打印出故障码。

在可能引起故障的原因未被确定和下列故障未排除之前，不应当更换电子控制单元 J217 和对系统进行基础设定。在确定可能的故障后，按照如下顺序排除故障：

①机械故障；

②液压故障；

③电气/电子零件及线路连接的故障。

(5)清除故障存储器。

查询故障存储器并排除故障后，应清除故障存储器。

4.3.2 电子控制系统主要元件的检查

1. 节气门位置传感器的检修

(1)检查传感器电阻。

关闭点火开关，拔下传感器插头，用数字万用表的电阻挡检测各端子之间的电阻值，如阻值不正常，应更换节气门位置传感器。

(2)检查传感器电压。

打开点火开关，但不启动发动机。用数字万用表的电压挡检测各端子之间的电压值，如电压不正常，应更换节气门位置传感器。

2. 车速传感器的检查

以常见的电磁式车速传感器为例介绍其检修。

(1)外观检查。

检查转子是否有断齿、脏污等情况。

(2)检查转子齿顶与传感器之间的间隙。

方法是用标准间隙厚度的厚薄规插入转子齿顶与传感器之间，如果感觉阻力合适表明间隙符合标准，如果阻力大说明间隙过小，如果没有阻力说明间隙大。

(3)检查电磁线圈电阻。

方法是关闭点火开关，拔下传感器插头，用欧姆表测量电磁线圈的电阻，一般为 300 ~ 1500Ω。

(4)模拟检查。

方法是用交流电压表 2V 挡测量输出电压;启动时应高于 0.1V,运转时应为 0.4 ~ 0.8V;也可用示波器检测输出信号波形是否完整、连续、光滑等。

如果检查结果不符合要求,则应更换车速传感器。

3. 电磁阀的检查

(1)检查电磁阀电阻。

如图 4 -8 所示,脱开电磁阀连接器,测量电磁阀端子与车身搭铁之间的电阻,应为 11 ~15Ω。

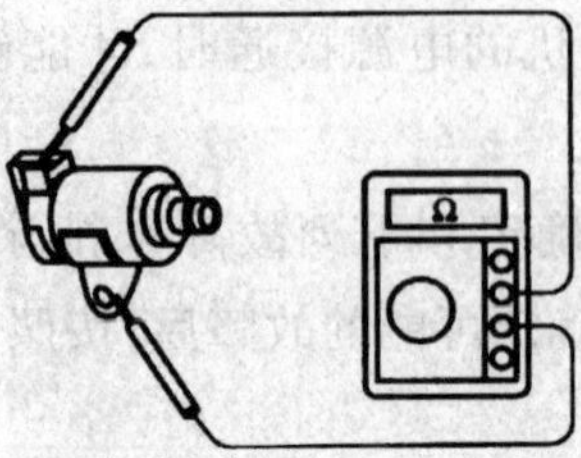

图 4 -8　检查电磁阀电阻

(2)检查电磁阀的工作。

如图 4 -9 所示,用蓄电池给电磁阀通电,检查是否有工作响声。

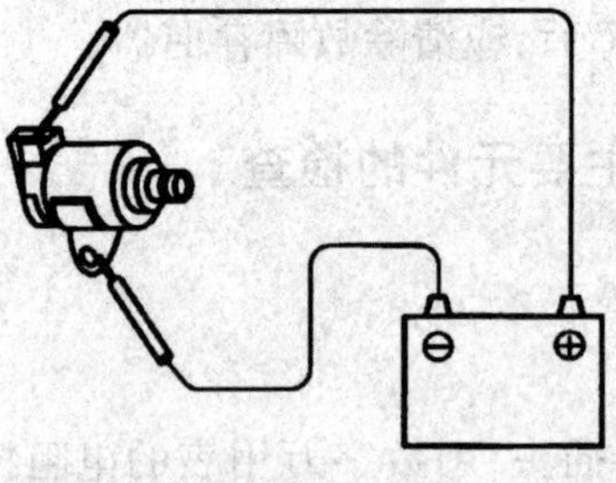

图 4 -9　通电检查电磁阀的工作

(3)检查电磁阀的漏气。

如图 4 -10 所示,拆下电磁阀,施加 5kg/cm^2 的压缩空气,检查电磁阀是否漏气。

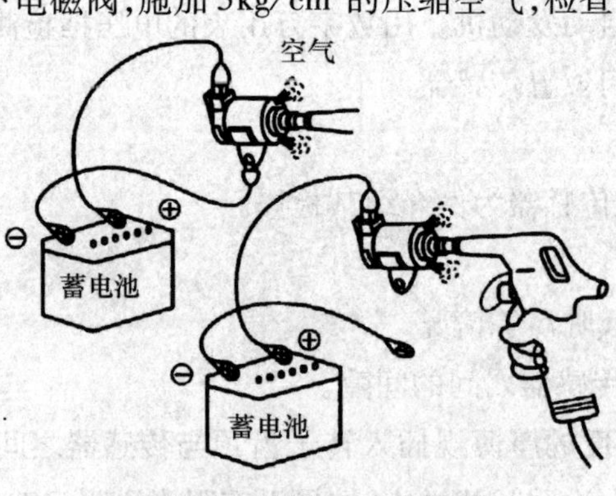

图 4 -10　检查电磁阀漏气

4.4　典型自动变速器

4.4.1　丰田 U341E 自动变速器

丰田卡罗拉汽车配备的 U341E 自动变速器,其齿轮变速机构采用了 CR - CR 式行星齿轮机构,即将两组单行星排的行星架 C(planet carrier)和齿圈 R(gear ring)分别组配。该行星齿轮机构仅有 4 个独立元件(前太阳轮、后太阳轮、前行星架和后齿圈组件、前齿圈和后行星架组件),其特点是变速比大、效率高、元件轴转速低。

U341E 型自动变速器行星齿轮变速机构的结构如图 4 - 11 所示,主要部件的功能见表 4.1,各换挡执行元件的工作情况见表 4.2。

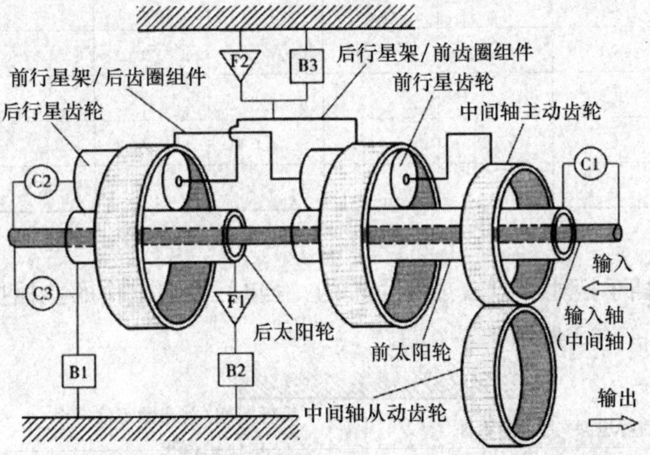

图 4 - 11　U341E 型自动变速器行星齿轮机构的结构

表 4.1　主要部件功能

部件		功能
C1	前进挡离合器	连接输入轴和前排太阳轮
C2	直接离合器	连接输入轴和后排行星架
C3	倒挡离合器	连接输入轴和后太阳轮
B1	OD 档和二挡制动器	固定后排太阳轮
B2	二挡制动器	固定 F1 的外圈
B3	一挡和倒挡制动器	固定后行星架/前齿圈组件
F1	1 号单向离合器	与 B2 配合,阻止后太阳轮逆时针转动
F2	2 号单向离合器	阻止后行星架/前齿圈组件逆时针转动
前行星齿轮组		根据各换挡执行元件的工作情况,改变齿轮动力传递路线,以升高或降低输出转速
后行星齿轮组		
中间轴齿轮组		将动力传递给差速器,并改变传动方向,降低输出转速

表 4.2　各换挡执行元件的工作情况

换挡手柄位置	挡位	离合器			制动器			单向离合器	
		C1	C2	C3	B1	B2	B3	F1	F2
P	驻车挡								
R	倒挡			○			○		
N	空挡								
D	一档	○							○
	二挡	○				○		○	
	三挡	○	○			○			
	四挡		○		○	○			
3	一档	○							○
	二挡	○				○		○	
	三挡	○	○			○			
2	一档	○							○
	二挡	○			○	○		○	
L	一档	○					○		○

注:□表示工作。

(1)一档。换挡手柄处于 D、3 或 2 位置的一档时,参与工作的换挡执行元件有 C1、F2,动力传递路线如图 4－12 所示。

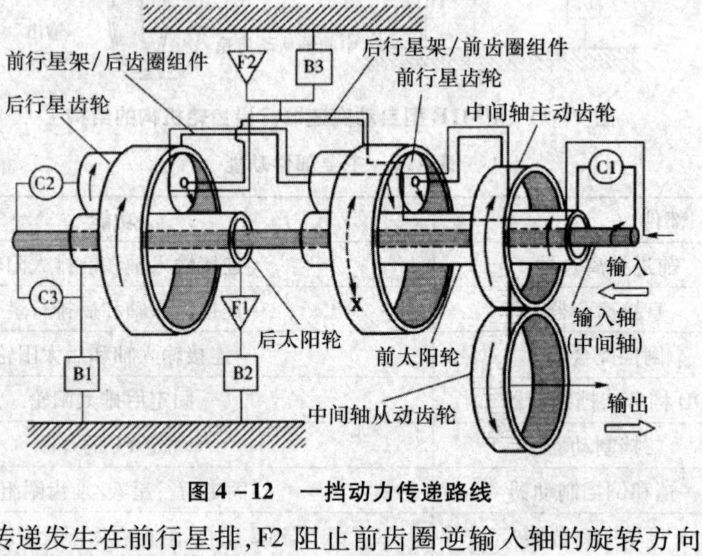

图 4－12　一挡动力传递路线

一挡时动力传递发生在前行星排,F2 阻止前齿圈逆输入轴的旋转方向转动,此时后排行星齿轮组处于空转状态,动力传递路线如下:

输入轴→C1→前太阳轮→前行星轮→前行星架→中间轴主从动齿轮→输出轴

放松加速踏板时,前行星架转速高(接驱动轮),前太阳轮转速低(接发动机),使前齿圈试图被带动加速顺着前行星架(前太阳轮)的旋转方向转动。由于一挡单向离合器 F2 不阻止前齿圈顺着行星架的旋转方向转动，整个行星排不能反向传递动力，所以无发动机制动效果。

为了提供有发动机制动的一挡，在换挡手柄处于 L 位置的一挡时，除了使上述的一挡换挡执行元件工作外，还使 B3 也工作，使得车辆行驶时，不论是踩下还是放松加速踏板，行星排都有动力传递能力，从而获得发动机制动效果。

（2）二挡。换挡手柄处于 D 和 3 位置的二挡时，参与工作的换挡执行元件有 C1、B2、F1，动力传递路线如图 4－13 所示。

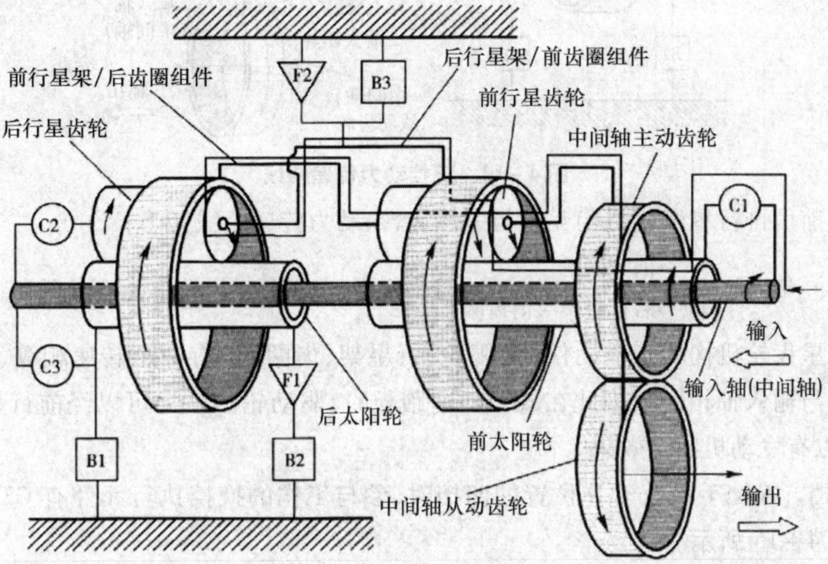

图 4－13　二挡动力传递路线

二挡时动力传递发生在前、后两个行星排，B2、F1 联合作用，阻止后太阳轮逆输入轴的旋转方向转动，动力传递路线如下：

$$\text{输入轴→C1→前太阳轮→前行星轮}\left\{\begin{array}{l}\text{前行星架}\\ \text{前齿圈→后行星架→后行星轮→后齿圈}\end{array}\right\}\text{中间轴主从动齿轮→输出轴}$$

放松加速踏板时，前行星架和后齿圈组件转速高（接驱动轮），前太阳轮转速低（接发动机），使前齿圈和后行星架组件加速转动，进而使后太阳轮试图被带动加速顺着前行星架（前太阳轮）的旋转方向转动。由于一挡单向离合器不阻止后太阳轮顺着行星架的旋转方向转动，整个行星排不能反向传递动力，所以无发动机制动效果。为了提供有发动机制动的二挡，在换挡手柄处于 2 位置的二挡时，除了使上述的二挡换挡执行元件工作外，还使 B1 也工作，使得车辆获得发动机制动效果。

（3）三挡。换挡手柄处于 D 或 3 位置的三挡时，参与工作的换挡执行元件有 C1、C2、B2，动力传递路线如图 4－14 所示。

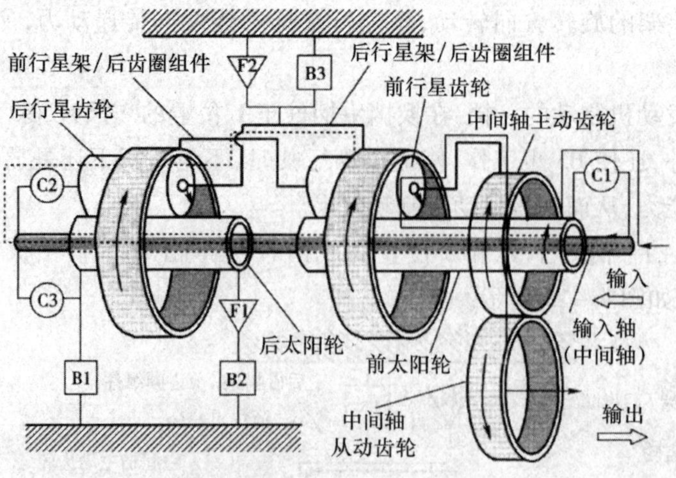

图 4－14　三挡动力传递路线

三挡时前后排行星齿轮机构互锁与一体旋转，动力传递路线如下：

输入轴 { C1→前太阳轮 ; C2→后行星架→前齿圈 } 前行星架→中间轴主从动齿轮→输出轴

由于行星齿轮机构的三个元件（太阳轮、行星架、齿圈）中有两个转速相等（前太阳轮、前行星架都与输入轴相连），因此在放松加速踏板时，驱动轮的动力可以经前行星架传给前太阳轮，所以有发动机制动效果。

(4)四挡。换挡手柄处于 D 位置的四挡时，参与工作的换挡执行元件有 C2、B1、B2，动力传递如图 4－15 所示。

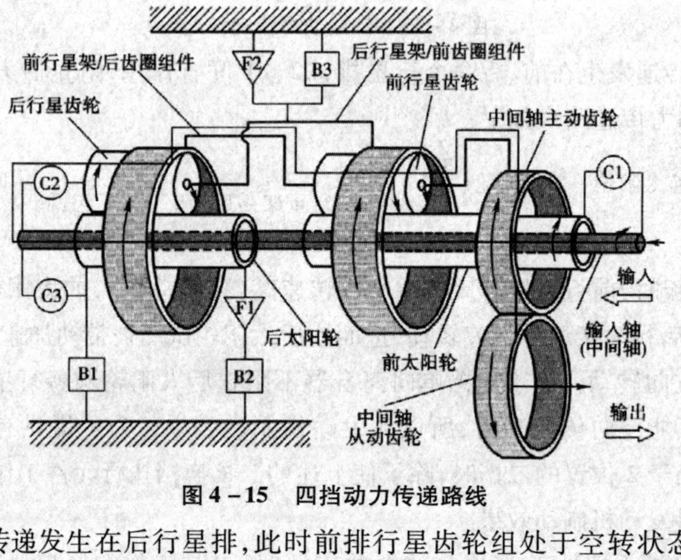

图 4－15　四挡动力传递路线

四挡时动力传递发生在后行星排，此时前排行星齿轮组处于空转状态，动力传递路线如下：

输入轴→C2→后行星架→后行星轮→后齿圈→中间轴主从动齿轮→输出轴

由于行星齿轮机构的 3 个元件（太阳轮、行星架、齿圈）中有 1 个固定（后太阳轮被固定），因此在放松加速踏板时，驱动轮的动力可以经后齿圈传给后行星架，所以有发动机制动效果。

(5)R 位。换挡手柄处于 R 位时,参与工作的换挡执行元件有 C3、B3,动力传递路线如图 4－16 所示。

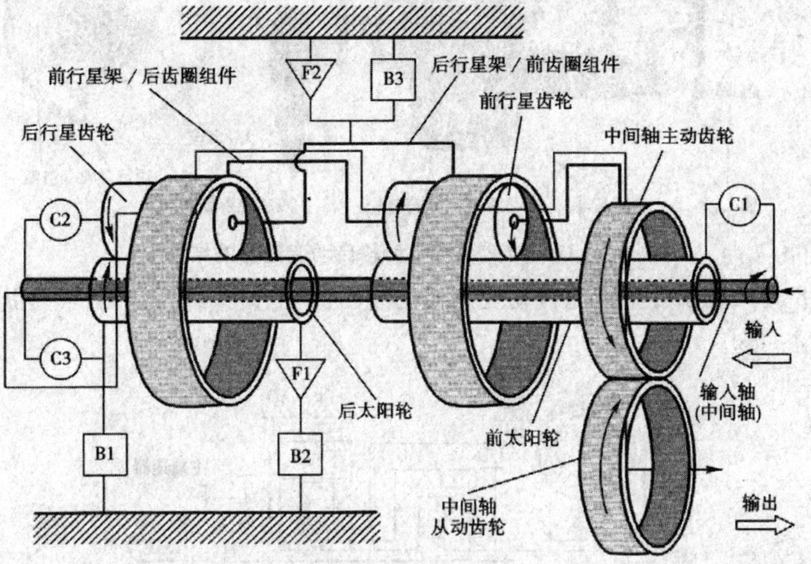

图 4－16　倒挡动力传递路线

R 位时动力传递发生在后行星排,此时前排行星齿轮组处于空转状态,动力传递路线如下:

输入轴→C3→后太阳轮→后行星轮→后齿圈→中间轴主、从动齿轮→输出轴

由于行星齿轮机构的 3 个元件(太阳轮、行星架、齿圈)中有 1 个固定(后行星架被固定),因此在放松加速踏板时,驱动轮的动力可以经后太阳轮传给后齿圈,所以有发动机制动效果。

4.4.2　大众 01N 型自动变速器

桑塔纳 2000 汽车配备的自动变速器为 01 N 型拉威挪行星齿轮自动变速器,其结构如图 4－17 所示。行星齿轮系由大、小太阳轮各 1 个,长、短行星齿轮各三个,行星齿轮架和齿圈组成。短行星轮与长行星齿轮及小太阳轮啮合;长行星齿轮同时与大太阳轮、短行星齿轮及齿圈啮合,动力通过齿圈输出。离合器 K1 用于驱动小太阳轮;离合器 K2 用于驱动大太阳轮;离合器 K3 用于驱动行星齿轮架;制动器 B1 用于制动行星齿轮架;制动器 B2 用于制动大太阳轮;单向离合器 F 防止行星架逆时针转动。

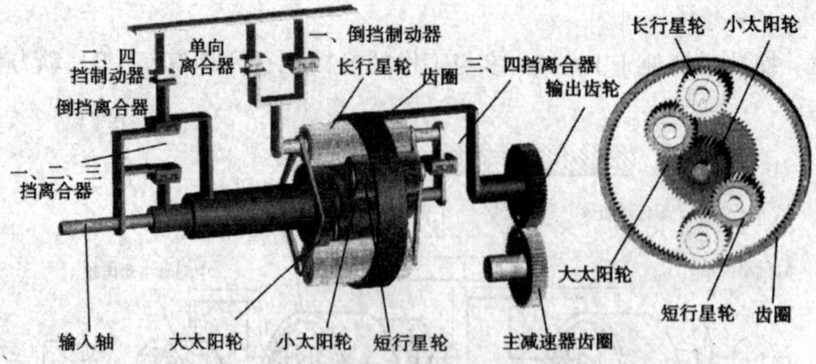

图 4－17　拉威挪行星齿轮自动变速器的结构

图 4－18 为拉威挪行星齿轮自动变速器的简图,其中锁止离合器 LC 将变矩器的泵轮和涡轮刚性连在一起。

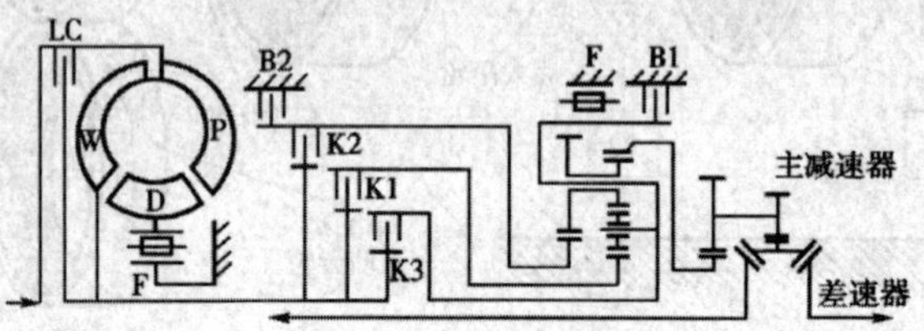

图 4－18　拉威挪行星齿轮自动变速器

各挡位换挡元件的工作情况见表 4.3。

表 4.3　各挡位换挡元件的工作情况

挡位	B1	B2	K1	K2	K3	F
R	○			○		○
一档			○			○
二挡		○	○			
三挡			○		○	
四挡		○			○	

注:□表示离合器、制动器或单向离合器工作。

4.4.3　本田 MAXA 型自动变速器

广州本田雅阁汽车 MAXA 自动变速器采用了定轴式齿轮变速传动机构,可以提供 4 个前进挡和一个倒车挡,其内部结构如图 4－19 所示。图 4－20 所示为 MAXA 自动变速器的齿轮机构。定轴式齿轮变速传动机构主要由平行轴、各挡齿轮和湿式多片离合器等组成。平行轴有 3 根,即主轴(输入轴)、中间轴和副轴(输出轴)。

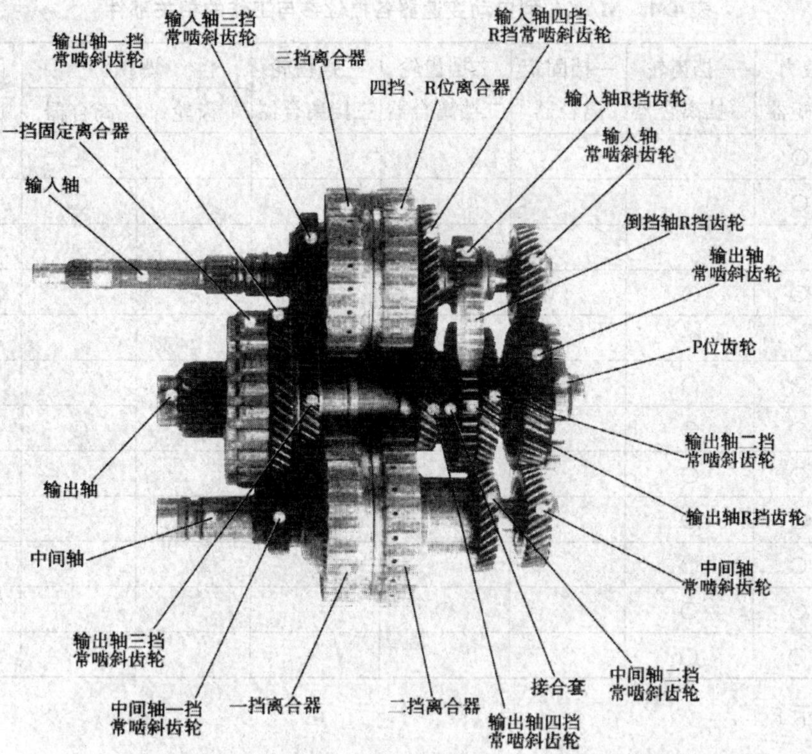

图4-19 广州本田雅阁汽车自动变速器的内部结构

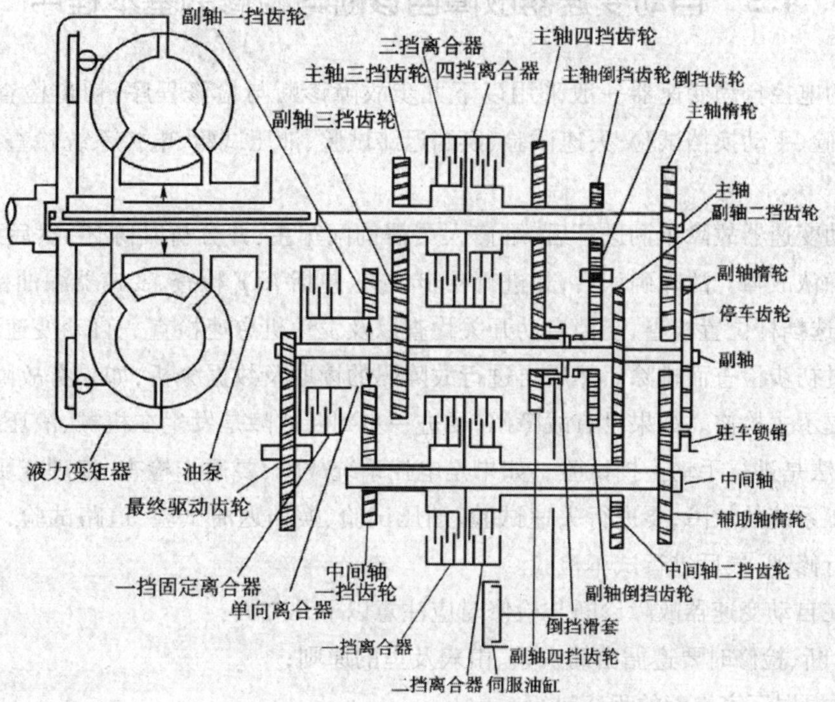

图4-20 MAXA自动变速器的齿轮机构

MAXA型自动变速器各挡位参与工作的相关部件见表4.4。

表 4.4　MAXA 型自动变速器各挡位参与工作的相关部件

换挡手柄位置		液力变矩器	一挡齿轮一挡离合器	一挡固定离合器	二挡齿轮二挡离合器	三挡齿轮三挡离合器	四挡		倒挡齿轮	驻车挡齿轮
							齿轮	离合器		
P		○								○
R		○						○	○	
N		○								
D4	一档	○	○							
	二挡	○	○		○					
	三挡	○	○			○				
	四挡	○	○				○	○		
D3	一档	○	○							
	二挡	○	○		○					
	三挡	○	○			○				
2		○	○		○					
1		○	○	○						

注：○表示工作。

4.5　自动变速器故障自诊断与检修的基本程序

常见的电控自动变速器一般采用以下九步故障诊断与检修程序：初步检查、读取故障码、道路试验、手动换挡试验、失速试验、换挡迟滞试验、油压试验、电控系统检查与车上和车下修理。

当自动变速器故障车辆进厂后，维修人员需询问车主，并分析其陈述，然后通过道路试验等方法确认故障。故障确认后，先进行初步检查，包括 ATF 检查、变速器漏油检查、节气门拉线检查、选挡杆位置检查、空挡启动开关检查以及发动机怠速检查。自动变速器的很多故障可以通过初步检查而排除。然后再进行故障码的读取及数据分析，如果有故障码，可以按故障码的提示去检修。如果没有故障码，要进一步判断故障是发生在机械、液压部分还是电控系统，方法是进行手动换挡试验。如果是电控系统故障，要逐步检查、修理或更换；如果是机械和液压系统的故障，要进行失速试验、油压试验、换挡迟滞试验、道路试验，以判断故障部位并进行修理，最后进行试车检验。

一般在自动变速器故障诊断与检修时应注意以下几方面：

(1)诊断、检修时要遵循由简入繁、由表及里的原则；

(2)要根据厂家推荐的程序进行；

(3)拆卸自动变速器时应先清洗外部；

(4)分解时应将零部件按原顺序放好；

(5)液压件及油路应用同型号的 ATF 清洗，油路用压缩空气吹通，不能用抹布擦拭；

(6)零部件装配时应涂抹 ATF；

(7)更换新的离合器片或制动器片等时应在装配前放入 ATF 中浸泡 15min 以上。

4.5.1 自动变速器的初步检查

自动变速器的很多常见故障是由于发动机怠速不正常、ATF 液面高度不正确、油质不良、选挡杆位置不准确等原因造成的，对这些方面的检查就是自动变速器的初步检查。初步检查是自动变速器检修中要首先进行的，具体来说包括：ATF 检查和更换、变速器漏油检查、节气门拉线检查和调整、选挡杆位置检查和调整、空挡启动开关检查和调整以及发动机怠速检查。

1. ATF 检查和更换

(1)ATF 液面高度的检查。

ATF 液面高度过高会导致主油压过高，还会导致空气进入 ATF；如果过低，则会出现换挡滞后、离合器和制动器打滑等换挡提前等故障。

ATF 液面高度检查的具体方法、步骤是：

①行驶车辆，使发动机冷却液温度和自动变速器 ATF、温度达到正常工作温度；

②将车辆停在水平地面，并可靠驻车；

③发动机怠速运转，将选挡杆由 P 位换至 L 位，再退回 P 位；

④拉出变速器油尺，并将其擦拭干净；

⑤将油尺全部插回套管；

⑥再将油尺拉出，检查油面是否在 HOT 范围，如图 4－21 所示，如果不在，应加油。

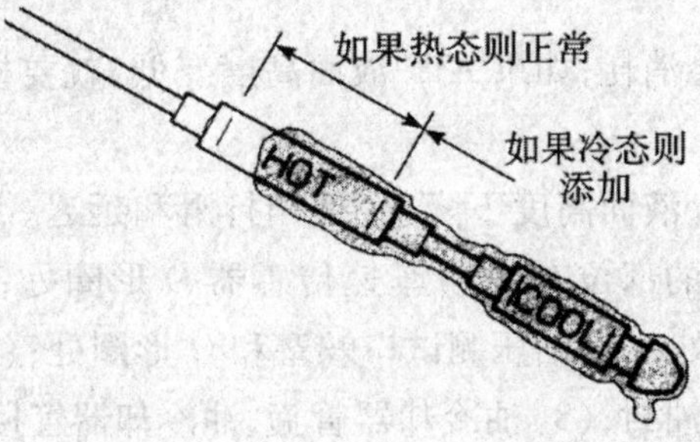

图 4－21 ATF 液面高度的检查

(2)ATF 油质的检查。

从油质中可以了解自动变速器具体的损坏情况。油质的好坏主要从以下几个方面去判断。

①ATF 的颜色：正常颜色为鲜亮、透明的红色，如果发黑则说明已经变质或有杂质，如果呈粉红色或白色则说明油冷却器进水。

②ATF 的气味：正常的 ATF 没有气味，如果有焦煳味，说明 ATF 过热，有摩擦材料烧蚀。

③ATF 的杂质：如果 ATF 中有金属切屑，说明有元件严重磨损或损伤；如果 ATF 中有胶

质状油,说明 ATF 因油温过高或使用时间过长而变质。

(3)ATF 的更换。

ATF 的更换间隔一般为(2~4)万 km 或 24 个月。其具体方法、步骤如下:

①拆下放油塞,将 ATF 排放到容器中;

②再将放油塞紧固上;

③发动机熄火,通过加油管加入新油;

④启动发动机,将选挡杆由 P 位换至 L 位,再退回 P 位;

⑤检查油位,应在"COOL"范围内;

⑥在正常温度(70℃~80℃)时检查油位,必要时加油。

需要说明的是,有些自动变速器不采用上述的方式。如丰田新皇冠的 A761E,加注或更换 ATF 时,先拆下注液塞和溢流塞,从注液孔处注入 ATF 直到油液从溢流孔流出即可。要按厂家的推荐选择 ATF。如图 4-22 所示,在放油塞上标明所使用的 ATF 为 TⅡ型。

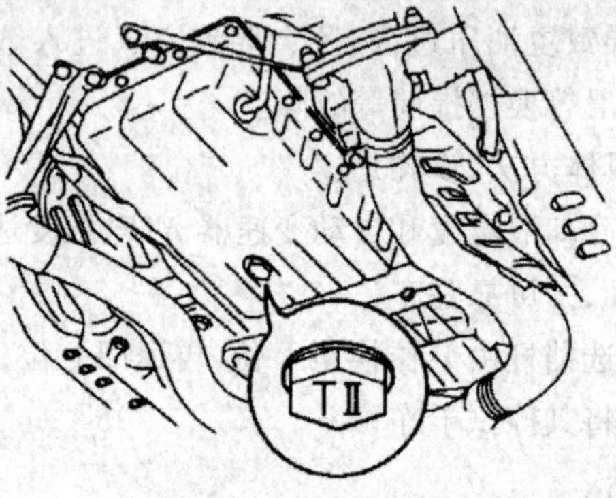

图 4-22　更换 ATF

2. 变速器漏油检查

一般情况下,ATF 不会消耗,如果 ATF 液面高度变低,就要检查自动变速器是否有漏油的地方。

漏油会导致油压下降、液面高度下降,使换挡打滑和延迟。目视检查油封、管接头等部位。常见自动变速器漏油的部位有:(1)车速传感器 O 形圈处;(2)转速传感器 O 形圈处;(3)电磁线圈配线 O 形圈处;(4)油压测试口螺塞和 O 形圈处;(5)输入轴转速传感器油封;(6)油泵 O 形圈;(7)油泵油封;(8)油冷却器管箍、油冷却器管接头和 O 形圈;(9)蓄能器背压测试口螺塞和 O 形圈;(10)油底壳和变速器之间的垫片;(11)加长壳体与变速器之间的垫片;(12)加长壳体后油封。

3. 节气门拉线检查和调整

节气门拉线调整不当会导致自动变速器工作不正常。如果节气门拉线过松,节气门油压会过低,主油压偏低,使换挡滞后、换挡打滑;如果节气门拉线过紧,节气门油压会过高,主油压偏高,使换挡提前、换挡冲击。

常见的节气门拉线检查和调整如图 4-23 所示。即检查轧头和索套之间的距离,标准距离为 0~1mm。如果距离不合适可以通过旋转调整螺母进行调整。

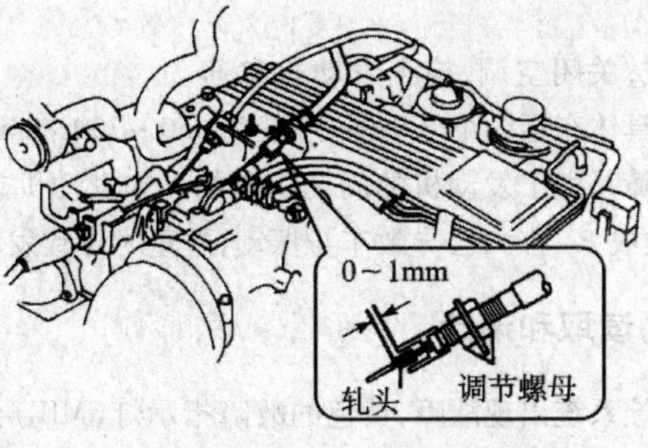

图 4 - 23 节气门拉线检查和调整

4. 选挡杆位置检查和调整

将选挡杆自 N 挡位换到其他挡位，检查选挡杆是否能平稳而又精确地换到其他挡位。同时检查挡位指示器是否正确地指示挡位。

如果挡位指示器与正确挡位不一致，进行下述调整：

(1) 松开选挡杆上的螺母，如图 4 - 24 所示；

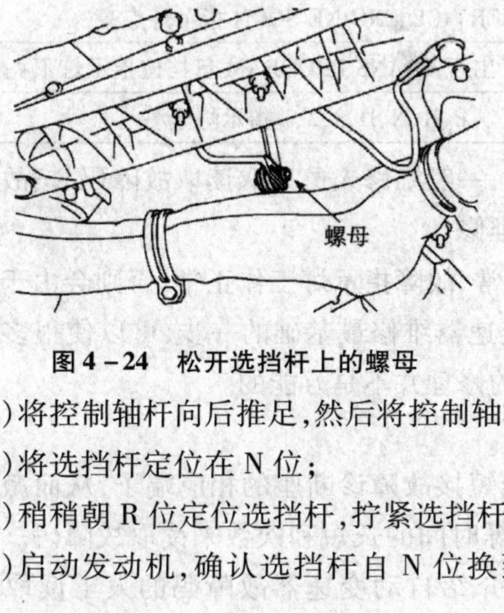

图 4 - 24 松开选挡杆上的螺母

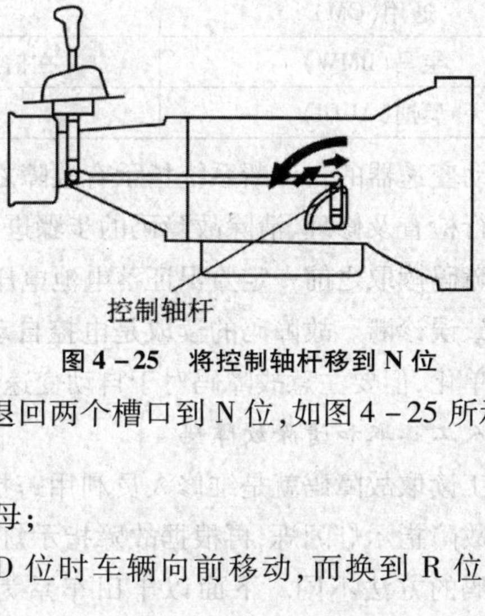

图 4 - 25 将控制轴杆移到 N 位

(2) 将控制轴杆向后推足，然后将控制轴杆退回两个槽口到 N 位，如图 4 - 25 所示；

(3) 将选挡杆定位在 N 位；

(4) 稍稍朝 R 位定位选挡杆，拧紧选挡杆螺母；

(5) 启动发动机，确认选挡杆自 N 位换到 D 位时车辆向前移动，而换到 R 位时车辆后退。

5. 空挡启动开关检查和调整

检查发动机是否仅能在选挡杆位于 N 位或 P 位时启动，在其他挡位不能启动。如果不符合要求，则应进行如下的调整，如图 4 - 26 所示：

(1) 松开空挡启动开关螺栓，将选挡杆置于 N 位；

(2) 将槽口对准空挡基准线；

(3) 定位并按规定力矩拧紧螺栓。

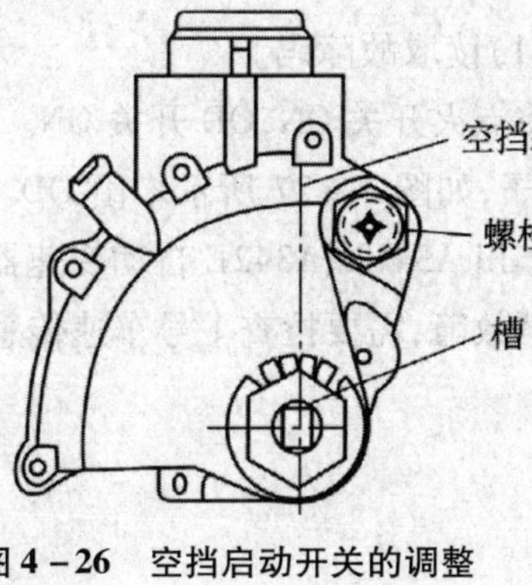

图 4 - 26 空挡启动开关的调整

6. 发动机怠速检查

将选挡杆置于 N 位,关闭空调,检查发动机怠速转速。具体数值应查看具体车型的维修手册,一般为 650 ~ 750r/min。

自动变速器很多故障是由于发动机的问题引起的。如发动机怠速转速过低,当选挡杆由 P 位或 N 位换至 D 位或 R 位时,会导致车身振动,严重时导致发动机熄火。

4.5.2 故障码的读取和清除

如果自动变速器电控系统出现故障,黄色的故障指示灯(MIL)会点亮,但不同车系点亮的方式不同,具体情况如表 4.5 所示。

表 4.5 自动变速器故障指示灯的点亮

车系	故障指示灯点亮方式
丰田(TOYOTA)	OD OFF 指示灯点亮
本田(HONDA)	D4 指示灯点亮
日产(NISSAN)	POWER 指示灯点亮
通用(GM)	SERVICE ENGINE SOON 指示灯点亮
宝马(BMW)	在信息区出现 TRANS PROGRAM 且挡位指示灯不亮
奥迪(AUDI)	P、R、N、D、3、2、1 指示灯全亮

自动变速器的自诊断系统指示有故障之后,一般维修人员采取读取故障码,按故障码的提示进行检查及修理、清除故障码的步骤进行维修。

故障码读取之前一定要保证蓄电池电压正常、故障指示灯工作正常,否则会由于电压异常而导致误诊断。故障码的读取是电控自动变速器维修最基础的一步,可以使很多故障的诊断简单化,但要注意故障码对于自动变速器的修理并不是万能的。

1. 人工读取和清除故障码

人工读取故障码就是维修人员利用跨接线短接故障诊断座的相应端子,从而激发仪表盘上的故障指示灯闪烁,再根据故障指示灯闪烁时间的长短和次数来读取故障码。不同的车型读码的方法不同。下面以丰田车系为例介绍自动变速器故障码的人工读取和清除方法。

(1)读取故障码。

将点火开关 ON,OD 开关 ON。跨接驾驶室内 TDCL 或发动机舱内检查连接器的 TE 和 E1 端子,如图 4 - 27 所示。由 OD OFF 指示灯的闪烁读取,如图 4 - 28(b)所示,故障码为 42。丰田 A341E、A342E 自动变速器故障码表如表 4.6 所示,故障码 42 的含义是 1 号车速传感器故障,需要检查 1 号车速传感器本身、1 号车速传感器的线束或连接器和 ECU。

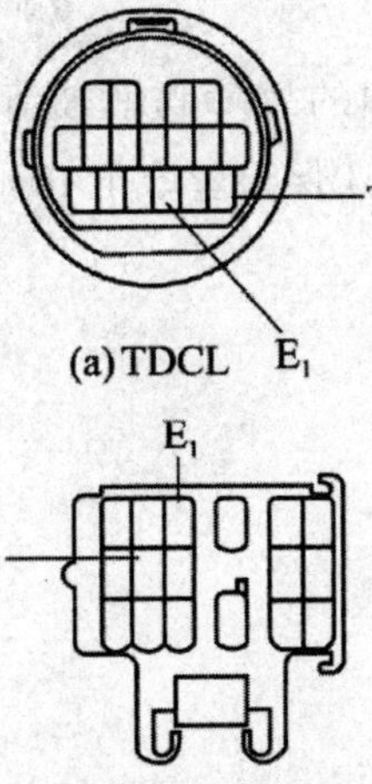

图 4－27　丰田车系故障诊断座

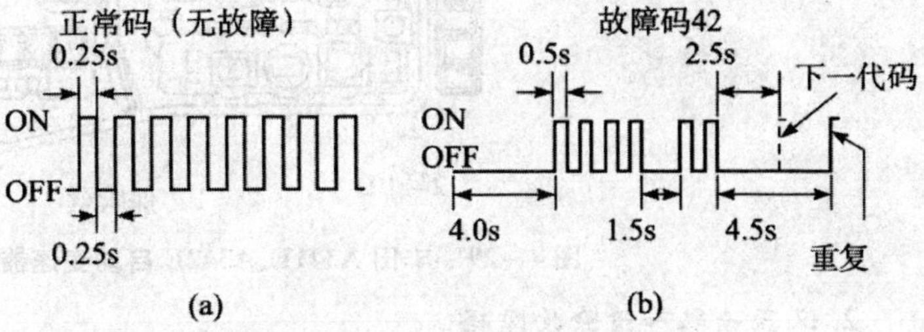

图 4－28　OD OFF 指示灯的闪烁

表 4.6　丰田 A341E、A342E 自动变速器故障码表

故障码	含义	故障部位
42	1 号车速传感器故障	(1)1 号车速传感器 (2)1 号车速传感器线束或连接器 (3)ECU
46	4 号电磁阀短路或短路	(1)4 号电磁阀 (2)4 号电磁阀线束或连接器 (3)ECU
61	2 号车速传感器故障	(1)2 号车速传感器 (2)2 号车速传感器线束或连接器 (3)ECU
62	1 号电磁阀短路或断路	(1)1 号或 2 号电磁阀 (2)1 号或 2 号电磁阀线束或连接器 (3)ECU
63	2 号电磁阀短路或断路	
64	3 号电磁阀短路或断路	(1)3 号车速传感器 (2)3 号车速传感器线束或连接器 (3)ECU
67	OD 挡转速传感器故障	(1)OD 挡转速传感器 (2)OD 挡转速传感器线束或连接器 (3)ECU
68	KD 开关短路	(1)KD 开关 (2)KD 开关线束或连接器 (3)ECU

(2)清除故障码。

清除故障码的基本思路是将 ECT 的 ECU 断电,则存储在存储器中的故障码就被清除掉。以丰田 A341E、A342E 自动变速器为例,将点火开关 OFF,然后将 EFI 保险丝取下 10s 以上即可,如图 4-29 所示。

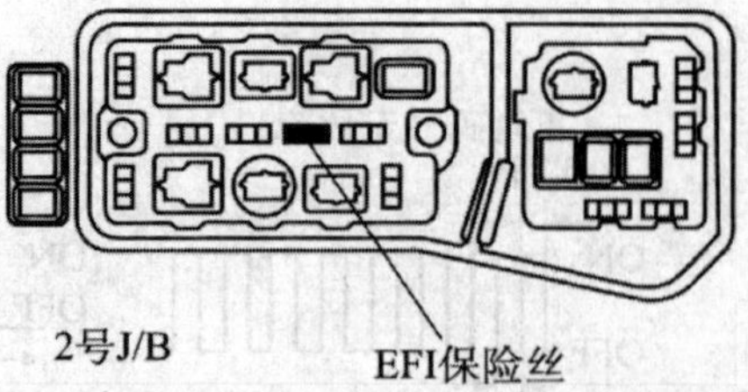

图 4-29 丰田 A341E、A342E 自动变速器清除故障码

2. 仪器读取和清除故障码

目前很少采用人工方法读取故障码,各车系都有自己的专用电脑检测仪来读取和清除故障码,如大众/奥迪车系采用 VAG1551/1552、VAS5051/5052 检测仪,丰田车系采用 INTELLIGENT 高智能检测仪,日产车系采用 CONSULT Ⅱ 检测仪,通用车系采用 TECH Ⅱ 检测仪,宝马车系采用 GT1 检测仪等。

采用仪器读取和清除故障码只需按照仪器屏幕的提示操作即可。

4.5.3 道路试验

道路试验是诊断、分析自动变速器故障最有效的手段之一。此外,自动变速器在修复之后,也应进行道路试验,以检查其工作性能,检验修理质量。自动变速器的道路试验内容主要有:检查换挡车速、换挡质量以及检查换挡执行元件有无打滑等。在道路试验之前,应先让汽车以中低速行驶 5~10min,让发动机和自动变速器都达到正常工作温度。在试验中,通常应将 OD 开关置于 ON 的位置(即 OD OFF 熄灭),并将模式选择开关置于常规模式或经济模式。

1. 升挡检查

将选挡杆置于"D"位,踩下加速踏板,使节气门保持在 50% 开度左右,让汽车起步加速,检查自动变速器的升挡情况。自动变速器在升挡时发动机会有瞬时的转速下降,同时车身有轻微的闯动感。正常情况下,汽车起步后随着车速的升高,试车者应能感觉到自动变速器顺利地由 1 挡升入 2 挡,随后再由 2 挡升入 3 挡,最后升入超速挡。若自动变速器不能升入高挡(3 挡或超速挡),说明控制系统或换挡执行元件有故障。

2. 升挡车速的检查

在上述升挡检查的过程中,当察觉到自动变速器升挡时,记下升挡车速。一般 4 挡自动变速器在节气门开度 50% 时由 1 挡升至 2 挡的车速为 25~35km/h,由 2 挡升至 3 挡的车速为 55~70km/h,由 3 挡升至 4 挡(超速挡)的车速为 90~120km/h。由于升挡车速和节气门开度有很大的关系,即节气门开度不同时,升挡车速也不同,而且不同车型的自动变速器各挡位传动比的大小都不相同,其升挡车速也不完全一样。因此,只要升挡车速基本保持在上述范围内，而且汽车行驶中加速良好，无明显的换挡冲击，都可认为其升挡车速基本正常。若汽车行驶中加速无力，升挡车速明显低于上述范围，说明升挡车速过低(即升挡提前)；若汽车行驶中有明显的换挡冲击，升挡车速明显高于上述范围，说明升挡车速过高(即升挡滞后)。升挡车速太低一般是控制系统的故障所致；升挡车速太高则可能是控制系统的故障所致，也可能是换挡执行元件的故障所致。

3. 换挡质量的检查

换挡质量的检查内容主要是检查有无换挡冲击。正常的自动变速器只能有不太明显的换挡冲击，特别是电控自动变速器的换挡冲击应十分微弱。若换挡冲击太大，说明自动变速器的控制系统或换挡执行元件有故障，其原因可能是主油压高或换挡执行元件打滑，应做进一步的检查。

4. 锁止离合器工作状况的检查

自动变速器液力变矩器中锁止离合器的工作是否正常也可以采用道路试验的方法进行检查。试验中，让汽车加速至超速挡，以高于80km/h的车速行驶，并让节气门开度保持在低于50%的位置，使变矩器进入锁止状态。此时，快速将加速踏板踩下使节气门开度超过85%，同时检查发动机转速的变化情况。若发动机转速没有太大的变化，说明锁止离合器处于接合状态；反之，若发动机转速升高很多，则表明锁止离合器没有接合，其原因通常是锁止控制系统有故障。

5. 发动机制动作用的检查

检查自动变速器有无发动机制动作用时，应将选挡杆置于2位或L位。在汽车以2挡或1挡行驶时，突然松开加速踏板，检查是否有发动机制动作用。若松开加速踏板后车速立即下降，说明有发动机制动作用；否则说明控制系统或换挡执行元件有故障。

6. 强制降挡功能的检查

检查自动变速器强制降挡功能时，应将选挡杆置于“D”位，保持节气门开度为30%左右，在以2挡、3挡或超速挡行驶时突然将加速踏板完全踩到底，检查自动变速器是否被强制降低一个挡位。在强制降挡时，发动机转速会突然升至4000r/min左右，并随着加速升挡，转速逐渐下降。若踩下加速踏板后没有出现强制降挡，说明强制降挡功能失效。若在强制降挡时发动机转速升高反常，达5000r/min，并在升挡时出现换挡冲击，则说明换挡执行元件打滑，应拆修自动变速器。

4.5.4 手动换挡试验

1. 目的

手动换挡试验用于判断故障是来自电控系统还是机械系统。

2. 试验方法及步骤

(1)脱开换挡电磁阀连接器。

(2)将选挡杆置于各个位置，检查挡位是否与表4.7所列情况相同；如果出现异常，说明故障在机械系统。

(3)插上换挡电磁阀连接器,清除故障码。

表 4.7 手动换挡试验

选挡杆位置	D	2	L	R	P
挡位	4 挡	3 挡	1 挡	倒挡	锁定棘轮

(4)如果 L、2 和 D 位换挡位置难以区别,则进行下列道路试验:车辆行驶时,经过从 L 位至 2 位、2 位至 D 位的换挡,检查相应挡位的换挡变化。如果在上述试验中发现异常,则是变速器机械系统的故障。

4.5.5 失速试验

1. 目的

失速试验通过测量在 D 位、R 位时的失速转速来检查发动机及变速器的总体性能。

2. 注意事项

(1)在正常工作温度下进行该试验(50℃ ~80℃/122℉ ~176℉)。

(2)该试验连续进行不得超过 5s。

(3)为保证安全,请在宽阔水平地面上进行,并确保试验用车前后无人。

(4)失速试验应两人共同完成。一人观察车轮情况或车轮塞木情况,另二人进行试验。

3. 试验方法及步骤

失速试验的方法和步骤如图 4-30 所示。

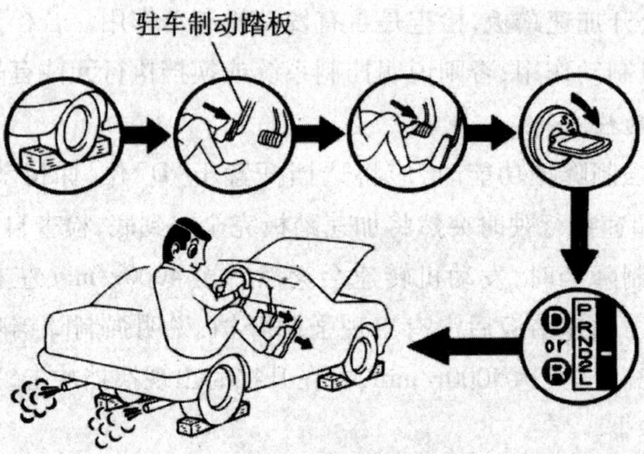

图 4-30 失速试验

(1)塞住前后车轮。

(2)在发动机上安装转速表(如果仪表盘上有转速表可省略此步)。

(3)拉紧驻车制动手柄或踩下驻车制动踏板。

(4)左脚踩下制动踏板。

(5)启动发动机。

(6)将选挡杆置于 D 位。用右脚把加速踏板踩到底,同时迅速读发动机转速,此转速即为失速转速。

注意:如果在发动机转速未达到规定失速转速之前,后轮开始转动,应放松加速踏板停止试验。

(7)在R位重复试验。

常见车型自动变速器的失速转速一般为2200r/min左右,但也有的自动变速器的失速转速低于1800r/min,或高于2800r/min。

4. 试验结果分析

不同的车型,由于结构不同,试验结果体现的故障不同。下面仅以常见丰田4挡自动变速器为例进行说明。

(1)两个位置失速转速都相同,但均低于规定值:可能发动机功率不足、导轮(变矩器)单向离合器工作不正常。

提示:如果低于规定转速值600r/min以上,液力变矩器可能损坏。

(2)在D位失速转速高于规定值:主油压太低、前进挡离合器工作不良、O/D单向离合器工作不良。

(3)在R位失速转速高于规定值:主油压太低、直接挡离合器打滑、1挡及倒挡离合器打滑、O/D单向离合器工作不良。

(4)在D和R位失速转速均高于规定值:主油压太低、油液液面位置不正常、O/D单向离合器工作不良。

4.5.6 换挡迟滞试验

1. 目的

发动机怠速转动时拨动选挡杆,在感觉振动前会有一段时间的迟滞或延迟,这用于检查O/D挡、前进挡、直接挡离合器及1、倒挡制动器的工作情况。

2. 注意事项

(1)在正常工作油温下进行该试验(50℃~80℃/122℉~176℉)。

(2)在各试验中保证有1min间隔。

(3)进行三次试验并取平均值。

3. 试验方法及步骤

换挡迟滞试验的方法及步骤如图4-31所示。

(1)拉紧驻车手柄。

(2)启动发动机并检查怠速。

(3)将选挡杆从N位拨向D位。用秒表测量拨动选挡杆到感觉振动的时间。延迟时间应小于1.2s。

(4)从N→R用同样方法测量。延迟时间应小于1.5s。

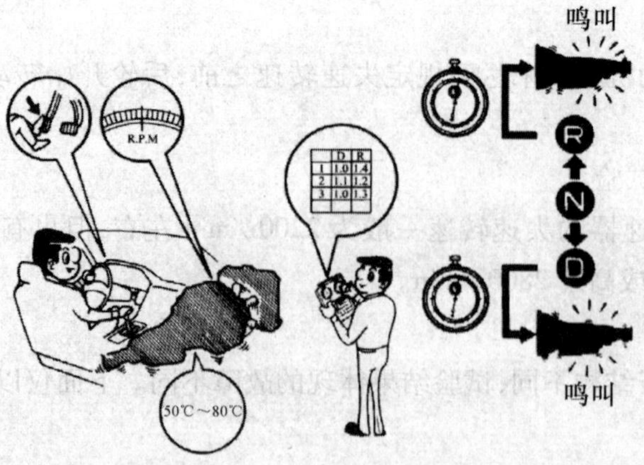

图 4－31　换挡迟滞试验

4. 试验结果分析

(1)N→D 延迟时间大于规定值:主油压太低、前进挡离合器磨损、O/D 单向离合器工作不良。

(2)N→R 延迟时间大于规定值:主油压太低,直接挡离合器磨损,倒挡制动器磨损,O/D 单向离合器工作不良。

4.5.7　油压试验

油压试验一般是做主油压测试,也可做进气门油压、速控油压、蓄能器背压测试。

1. 注意事项

(1)运转发动机,让发动机和变速器温度正常。

(2)拔去变速器壳体上的检查接头塞,连接压力表。

(3)在正常工作油温时进行该试验(50℃～80℃/122℉～176℉)。

(4)油压试验应两人完成。其中一人观察车轮及车轮塞木状况,同时另一人进行试验。

2. 试验方法及步骤

油压试验的方法及步骤如图 4－32 所示。

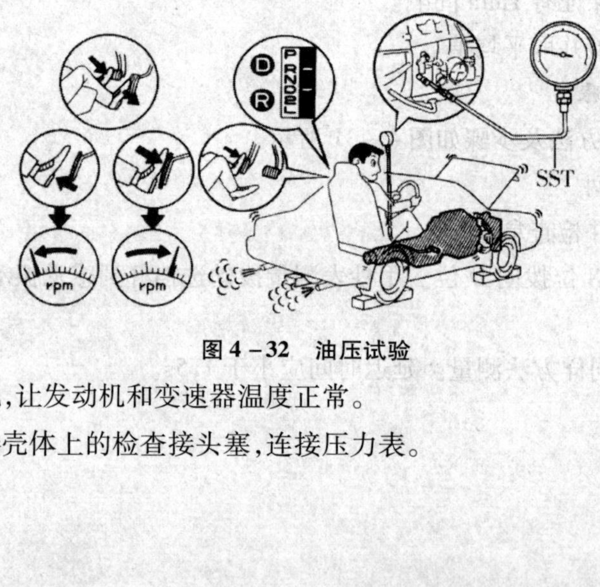

图 4－32　油压试验

(1)运转发动机,让发动机和变速器温度正常。

(2)拔去变速器壳体上的检查接头塞,连接压力表。

(3)拉紧驻车制动手柄,塞住四个车轮。

(4)启动发动机,检查怠速转速。

(5)左脚踩下制动踏板,将选挡杆换入 D 位。

(6)发动机怠速时测量主油压。

(7)将加速踏板踩到底。在发动机达到失速转速时迅速读下油路最高压力。

注意:如果在发动机转速未达到失速转速之前,后轮开始转动,则松开加速踏板停止试验。

(8)在 R 位重复试验。

丰田 A341E 自动变速器的主油压值见表 4.8。

表 4.8　丰田 A341E 自动变速器的主油压值 kPa(kgf/cm^2)

D 位		R 位	
怠速	失速	怠速	失速
363 ~ 422 (3.7 ~ 4.3,53 ~ 61)	902 ~ 1147 (9.2 ~ 11.7,131 ~ 166)	500 ~ 598 (5.1 ~ 6,73 ~ 87)	1236 ~ 1589 (12.6 ~ 12.2,179 ~ 230)

如果测得的油压未达到规定值,重新检查油门拉线的调整情况并重复做油压测试。

3. 试验结果分析

(1)在任何范围油压均高于规定值:节气门拉线调整不当、节气门阀失效、调压阀失效、油泵失效、O/D 挡离合器损坏。

(2)只在 D 位油压低:D 位油路泄漏、前进挡离合器故障。

(3)只在 R 位油压低:R 位油路泄漏、直接挡离合器故障、倒挡制动器故障。

第5章　万向传动装置

5.1　概　　述

5.1.1　万向传动装置基本介绍

万向传动装置一般由万向节和传动轴等组成。由于发动机与驱动装置之间的位置关系,有时需要将传动轴分成两端,在中部加装中间支承。汽车上任何一对轴线相交,并且相对位置经常发生变化的转轴之间进行动力传递,均需要使用万向传动装置。其主要部件有主传动轴、中间传动轴、中间支承、万向节、凸缘叉、滑动叉、花键轴,如图5－1所示。

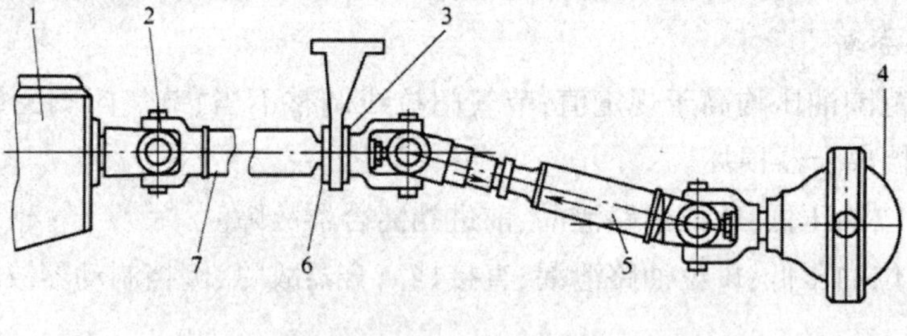

图5－1　变速器与驱动桥之间的万向传动装置

1—变速器;2—万向节;3—中间支承;4—驱动桥;5、7—传动轴;6—球轴承

5.1.2 功用

万向传动装置的功用是在变速器和主减速器之间能适应轴线夹角变化和有轴向伸缩的前提下,可靠地传递动力。

在发动机前置、后轮驱动的汽车上,变速器常与发动机、离合器连在一体支承在车架上,而驱动桥则通过弹性悬架与车架连接(见图5－1),变速器输出轴轴线与驱动桥输入轴轴线很难布置得重合;并且在行驶过程中,弹性悬架受路面冲击而产生振动,使两轴相对位置经常发生变化。故变速器的输出轴与驱动桥的输入轴不能刚性连接,而必须采用由两个万向节和一根传动轴组成的万向传动装置。在变速器与驱动桥距离较远的情况下,应将传动轴分为两段,即主传动轴5及中间传动轴7,防止传动轴过长使自频率降低而发生共振。同时采用三个万向节,并且在中间传动轴上还设置了中间支承。载货汽车的传动系一般采用此种结构。

对于转向驱动桥,前轮既是转向轮又是驱动轮。作为转向轮,要求它能在最大转角范围内任意偏转一个角度；作为驱动轮，则要求半轴在偏转过程中把动力从主减速器传到驱动轮。因此，转向驱动桥的半轴不能制成一个整体，而要分成两段，中间有万向节相连，以适应汽车行驶时，半轴两端夹角不断变化的需要（见图5-2）。若采用非独立悬架，只需在转向轮附近装一个万向节；若采用独立悬架，则在靠近主减速器处也需要用万向节。轿车均采用这种结构。

万向传动装置除了用于汽车的传动系外，还可用于动力输出装置、转向操纵机构等。

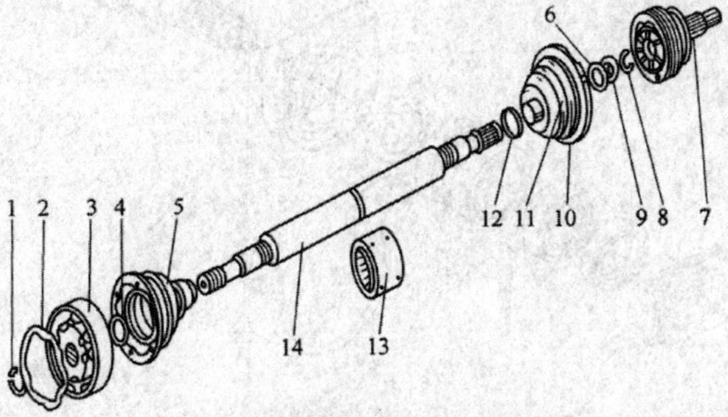

图5-2 断开式驱动桥的万向传动装置

1—弹性挡圈；2—垫片；3—内等角速万向节；4、6—碟形垫圈；5、11—万向节防尘套；7—外等角速万向节；8—挡圈；9—推力垫圈；10、12—卡箍；13—振动缓冲器；14—传动轴

5.1.3 万向传动装置的拆卸技巧

1. 前置后驱汽车万向传动装置的拆卸

(1)把车辆停放在水平路面上，用挡块固定住前后车轮，在每个万向节的凸缘上做好标记。

(2)将最后一个万向节凸缘叉与其所连接的凸缘分开，并把传动轴拉向后侧(见图5-3)。

(3)拆开前万向节凸缘叉与驻车制动鼓之间的连接(见图5-4)。

(4)拆下图5-4中的中间支承支架9，将整个万向传动装置从汽车上取下。

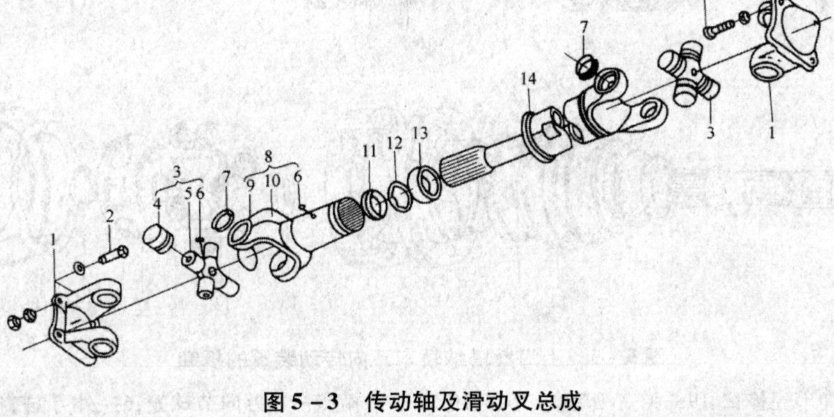

图5-3 传动轴及滑动叉总成

1—凸缘叉；2—螺栓；3—十字轴及滚针轴承总成；4—滚针轴承总成；5—十字轴；6—润滑脂嘴；7—弹性挡圈；8—套管叉总成；9、10—套管叉；11—油封；12—油封垫片；13—油封盖；14—传动轴

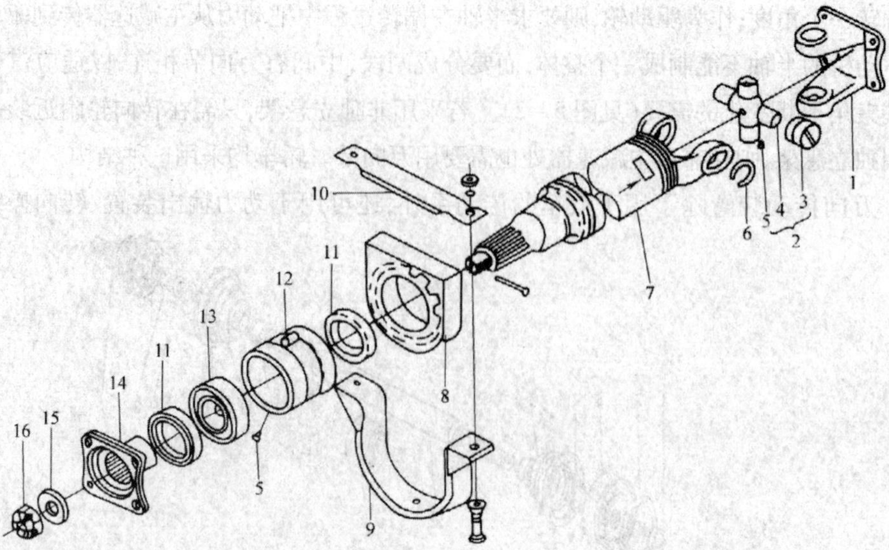

图 5－4　中间传动轴及中间支承

1—凸缘叉;2—十字轴及滚针轴承总成;3—滚针轴承;4—十字轴;5—润滑脂嘴;
6—弹性挡圈;7—中间传动轴;8—中间支承橡胶垫环;9—中间支承支架;
10—上盖板;11—油封;12—轴承座;13—中间支承轴承;14—凸缘;15—垫圈;16—槽形螺母

2. 桑塔纳轿车的万向传动装置的拆卸

上海桑塔纳轿车的万向传动装置的拆卸如图 5－5 所示。

(1)在车轮着地的情况下,拆下传动轴与轮毂的紧固螺母。

(2)旋下传动轴与半轴凸缘上的紧固螺栓,将传动轴与凸缘分开。

(3)从车轮轴承壳内拉出传动轴,或者利用专用的拉出器将传动轴拉出。

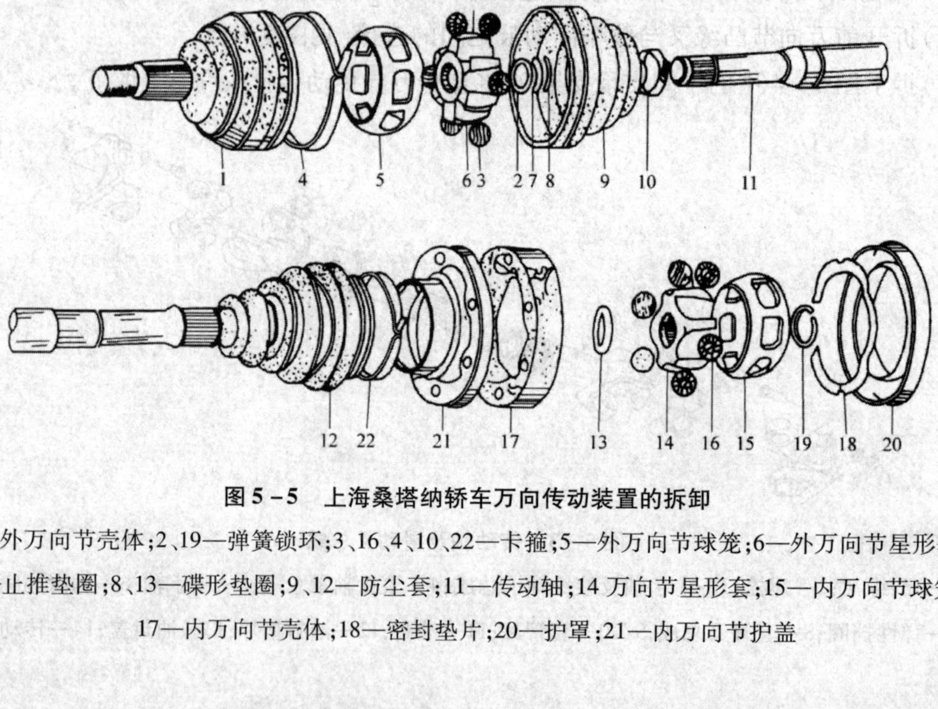

图 5－5　上海桑塔纳轿车万向传动装置的拆卸

1—外万向节壳体;2、19—弹簧锁环;3、16、4、10、22—卡箍;5—外万向节球笼;6—外万向节星形套;
7—止推垫圈;8、13—碟形垫圈;9、12—防尘套;11—传动轴;14 万向节星形套;15—内万向节球笼;
17—内万向节壳体;18—密封垫片;20—护罩;21—内万向节护盖

5.2　万向节与万向传动装置的拆卸

5.2.1　万向节

万向传动装置一般由万向节、传动轴和中间轴承组成。其功用是实现汽车上任何一对轴线相交且相对位置经常变化的转轴之间的动力传递。

按万向节在扭转方向上是否有明显的弹性，可分为刚性万向节和挠性万向节。刚性万向节分为不等速万向节、准等速万向节和等速万向节。

不等速万向节主要有十字轴式万向节；常见的准等速万向节有双联式和三销轴式两种，它们的工作原理与双十字轴式万向节实现等速传动的原理是一样的；等速万向节常用的为球笼式万向节，也有采用球叉式万向节或自由三枢轴万向节。

1. 十字轴万向节

十字轴式刚性万向节为汽车上广泛使用的不等速万向节，允许相邻两轴的最大交角为 15°～20°。

图 5－6 所示的十字轴式万向节由一个十字轴、两个万向节叉和四个滚针轴承等组成。两个万向节叉孔分别套在十字轴的两对轴颈上。这样当主动轴转动时，从动轴既可随之转动，又可绕十字轴中心在任意方向摆动，这样就适应了夹角和距离同时变化的需要。在十字轴轴颈和万向节叉孔间装有轴承座圈，轴承座圈外圈靠卡环轴向定位。为了润滑轴承，十字轴上一般装有注油嘴，并有油路通向轴颈。润滑油可从注油嘴注入十字轴轴颈的轴承座圈处。十字轴式刚性万向节具有结构简单、传动效率高的优点，但在两轴夹角仪不为零的情况下，不能传递等角速转动。

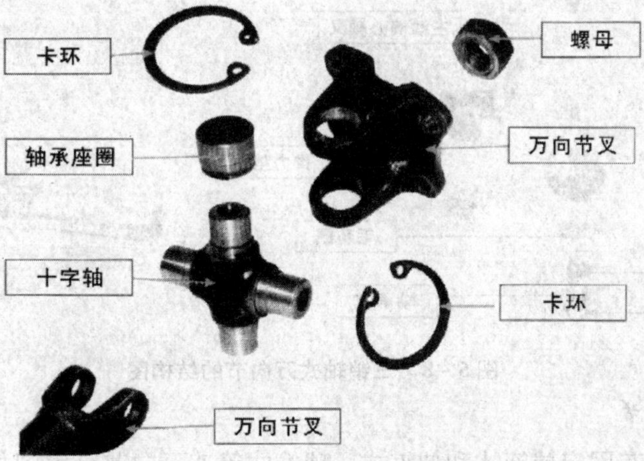

图 5－6　十字轴万向节结构图

2. 双联式万向节

双联式万向节实际上是一套将传动轴长度减缩至最小的双十字轴式万向节等速传动装

置，双联叉相当于传动轴及两端处在同一平面上的万向节叉。当输出轴与输入轴的交角较小时，处在圆弧上的两轴轴线交点离上述中垂线很近，能使两轴角度接近相等，所以称双联式万向节为准等速万向节，如图 5－7 所示。

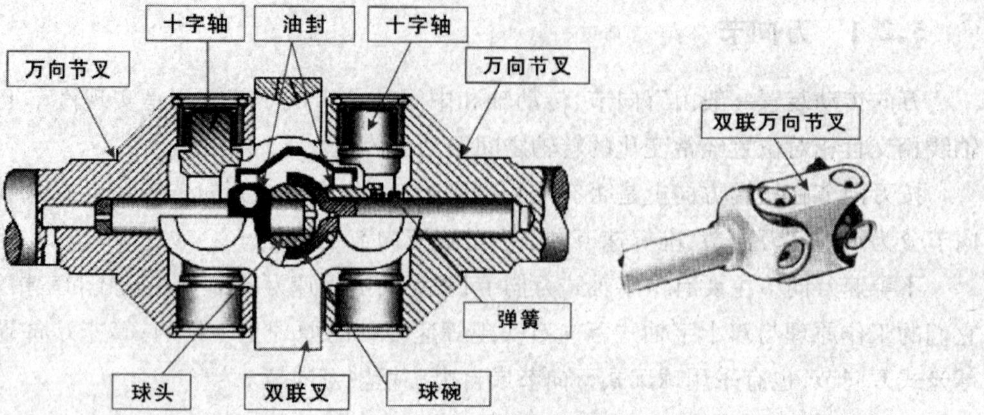

图 5－7　双联式万向节的结构图

3. 三销轴式等速万向节

三销轴式等速万向节主要由主、从动偏心轴叉、三销轴、密封件等组成。主、从动偏心轴叉分别与转向驱动桥的内、外半轴制成一体，其上的叉孔中心线与叉轴中心线垂直不相交。主、从动叉由两个三销轴连接，如图 5－8 所示。

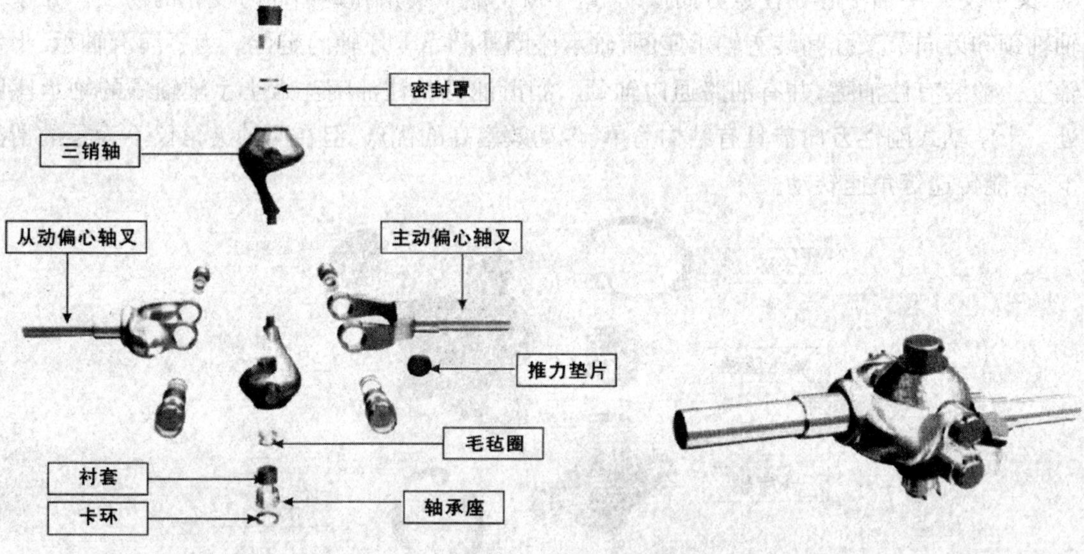

图 5－8　三销轴式万向节的结构图

4. 球笼式万向节

球笼式万向节有固定球笼式和伸缩式。球笼式等速万向节分解图如图 5－9 所示，伸缩型球笼式万向节结构图如图 5－10 所示。

球笼式万向节由球形壳、保持架、星形套、钢球等组成。星形套以内花键与主动轴相连，外表面由六条凹槽形成内滚道。球形壳内表面有相应凹槽形成外滚道，六个钢球分别装于各条凹槽中,并由保持架保持在一个平面内。

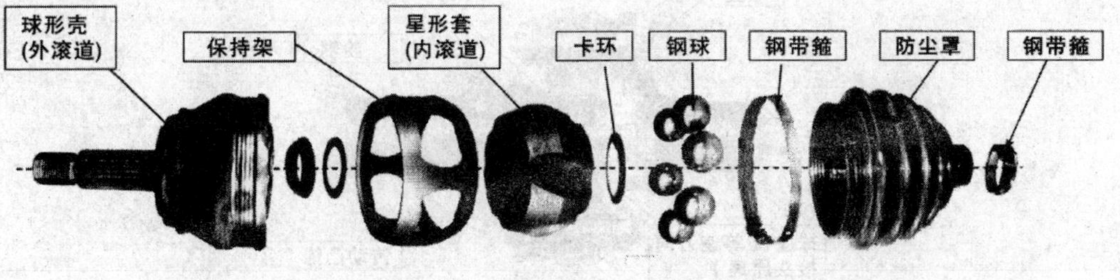

图 5 -9　球笼式等速万向节分解图

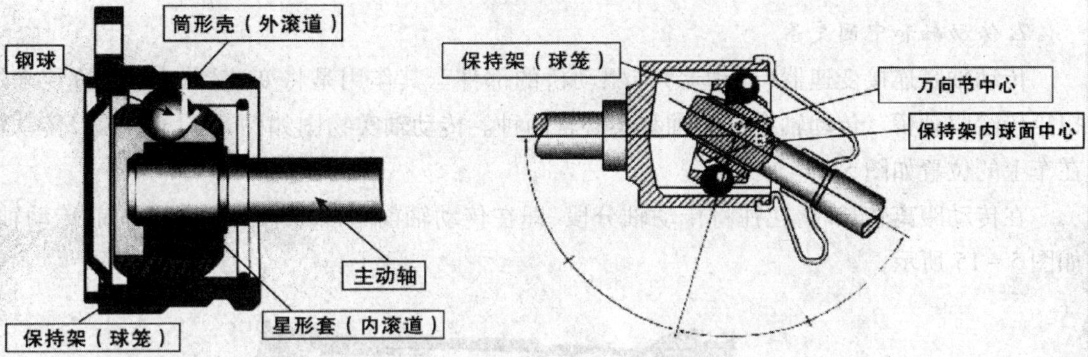

图 5 -10　伸缩型球笼式万向节结构图

5. 自由三枢轴等速万向节

自由三枢轴等速万向节包括三个位于同一平面内互成 120°的枢,它们的轴线交于输入轴上一点,并且垂直于驱动轴。如图 5 -11 所示。富康、现代伊兰特、本田雅阁轿车均采用此种万向节。

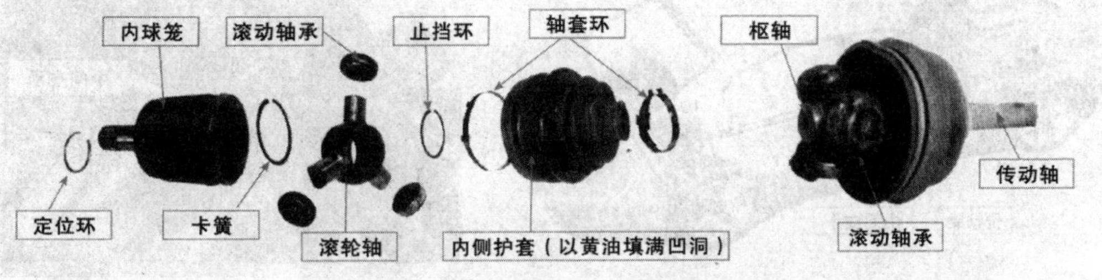

图 5 -11　自由三枢轴等速万向节

6. 挠性万向节

挠性万向节依靠弹性元件的弹性变形来适应变交角两轴间的传动。因为弹性元件的弹性变形量有限,一般挠性万向节用于两轴交角不大于 3° ~5°的万向传动中,通常用于连接安装在车架和车身上的两个部件,以消除安装误差和变形的影响。一般用在转向系统中。挠性万向节结构图如图 5 -12 所示。

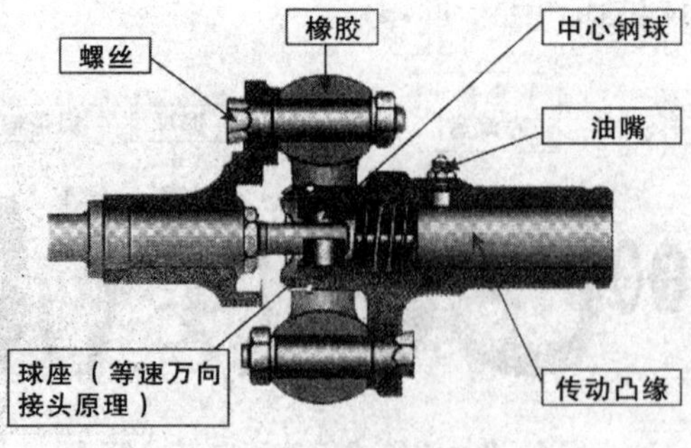

图 5－12　挠性万向节

7. 传动轴和中间支承

传动轴是连接变速器（分动器）与驱动桥的部件。其作用是将变速器（分动器）传来的扭矩传给驱动桥。传动轴有空心轴和实心轴两种。传动轴实物图如图 5－13 所示。传动轴在车上的位置如图 5－14 所示。

在传动距离较长时，往往将传动轴分段，即在传动轴前增加带有中间支承的前传动轴，如图 5－15 所示。

图 5－13　传动轴实物图

图 5－14　传动轴在车上位置图

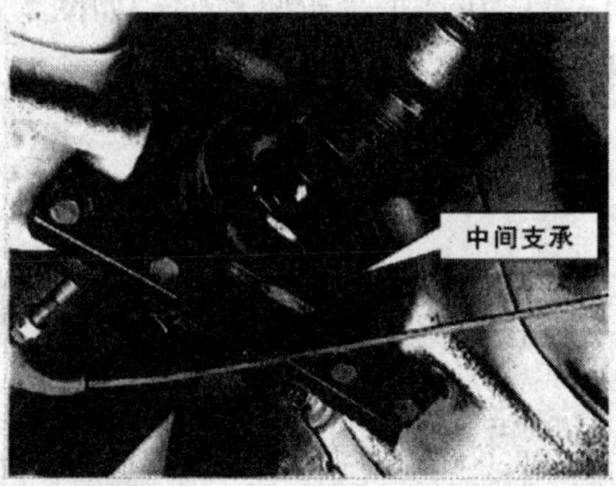

图 5－15　中间支承位置图

5.2.2　万向传动装置的拆卸

下面以捷达轿车为例，讲讲传动半轴的拆装过程。万向传动装置的结构如图 5－16 所示。

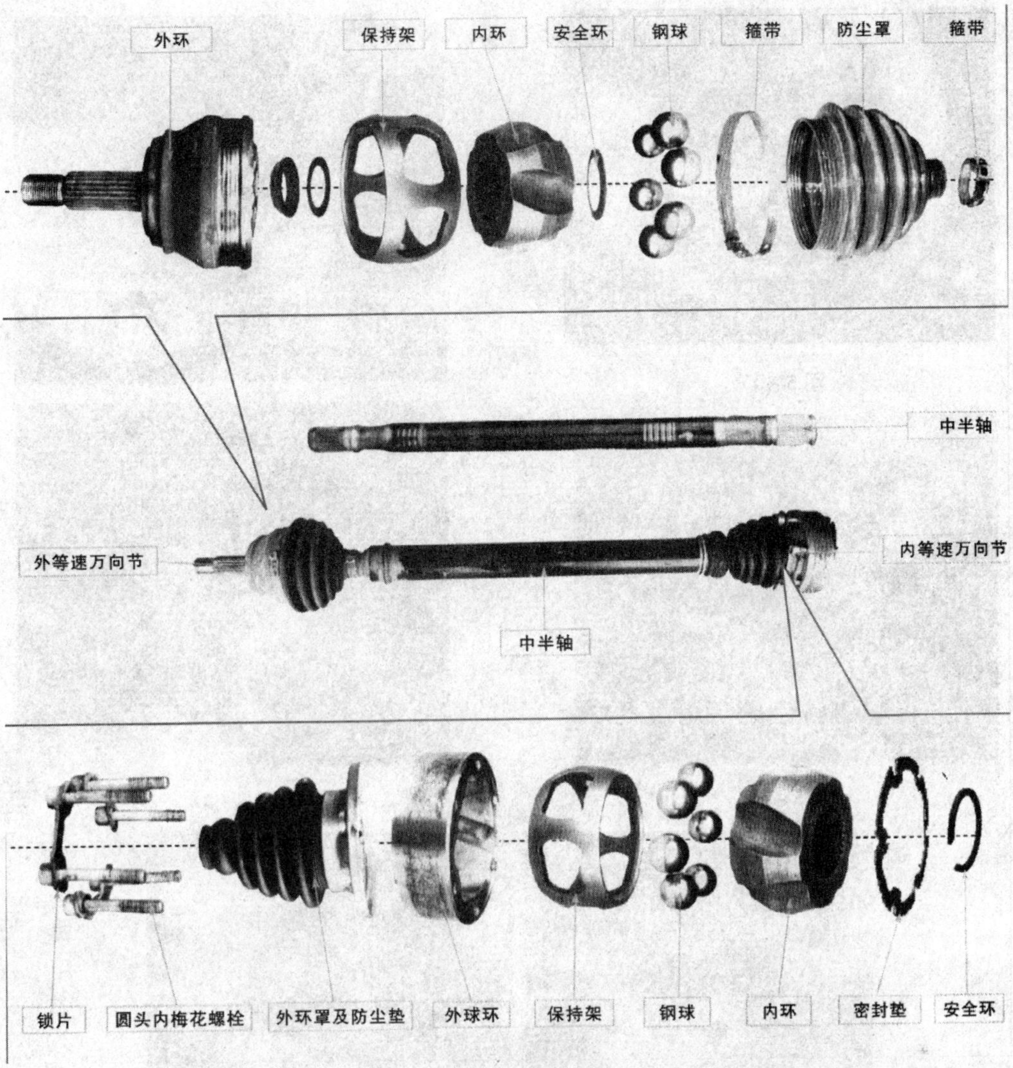

图5－16 传动半轴结构图

1. 万向传动装置的安装

将内等速万向节清洗干净，并检查滚珠、防尘套及零部件有无损坏，如有损坏，需更换。

(1)外等速万向节的安装。

①将滚珠逐个装入内等速万向节座内，并上下推动，应运动自如，如图5－17所示。

②将传动轴两端及防护套口涂上润滑油，并装上防护套，如图5－18所示。

③先向外等速万向节内压入适量润滑脂，如图5－19所示。

④上碟形弹簧，再装上外等速万向节，并将压入的润滑脂用力摆动外等速万向节，应运动自如，如图5－20所示。

⑤用卡环钳将夹箍夹紧，夹箍应换新件，如图5－21所示。

图 5－17

图 5－19

图 5－18

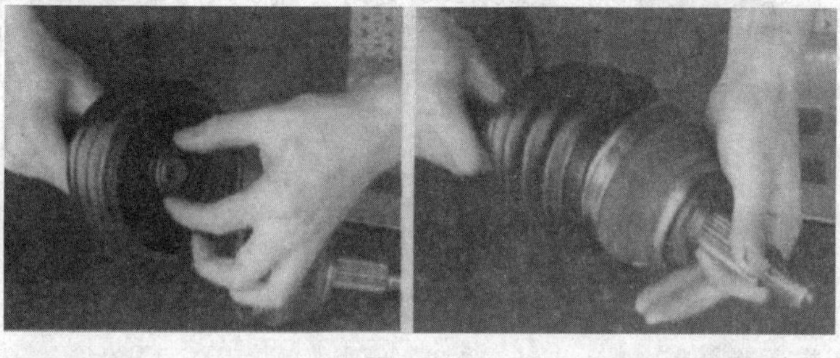

图 5－20

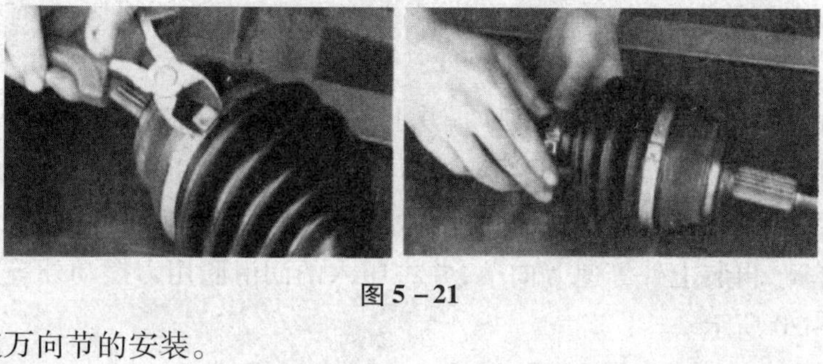

图 5－21

(2)内等速万向节的安装。

①将内等速万向节的防护套安装复位,如图 5－22 所示。

②装上蝶形弹簧,如图 5－23 所示。

③向内等速万向节内压入适量润滑剂,并搅拌均匀,如图 5－24 所示。

④再装上内等速万向节，上下应运动自如，然后压入适量润滑脂，并装上新的密封垫如图5－25所示。

⑤将剩余的润滑脂压入内等速万向节内，并装上连接紧固螺栓，如图5－26所示。

⑥注意：将传动轴的两万向节连接复位，先将内等速万向节与变速器万向法兰连接，同时将外等速万向节与轮毂轴承连接，如图5－27所示。

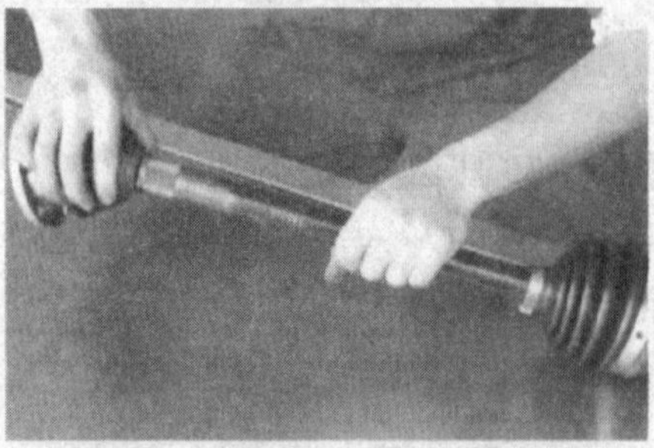

图5－22

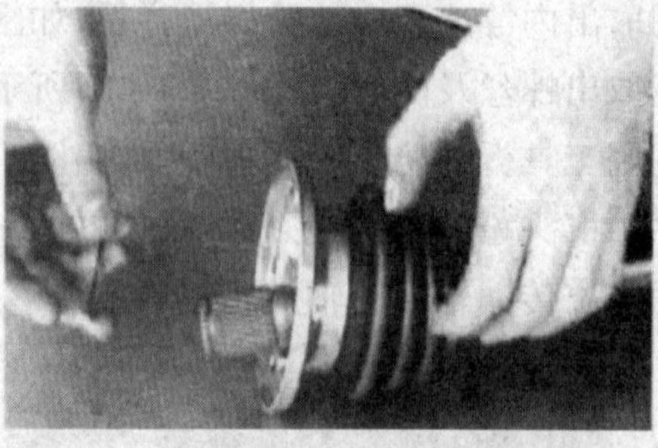

图5－23

图5－24

图5－25

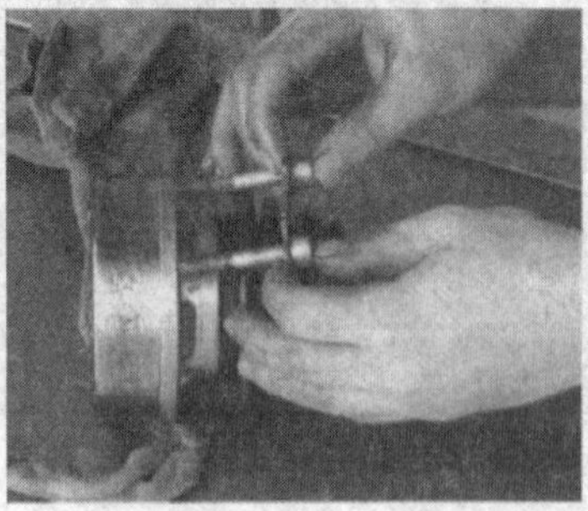

图5－26

图5－27

2. 万向传动装置的拆卸

①用工具拆卸内等速万向节与变速器万向法兰固定螺丝，从车上取出传动半轴，如图5－28所示。

②用卡环钳将卡环取出，如图5－29所示。

③将防尘套与内等速万向节分离，如图5－30所示。

④取出内等速万向节及蝶形弹簧，如图5－31所示。

⑤取出螺丝及防尘套，如图5－32所示。

⑥用工具拆卸防尘套夹箍，并取出防尘套，如图5－33所示。

⑦用榔头敲出外等速万向节，如图5－34所示。

⑧取出传动轴上的轴向止推环及蝶形弹簧，如图5－35所示。

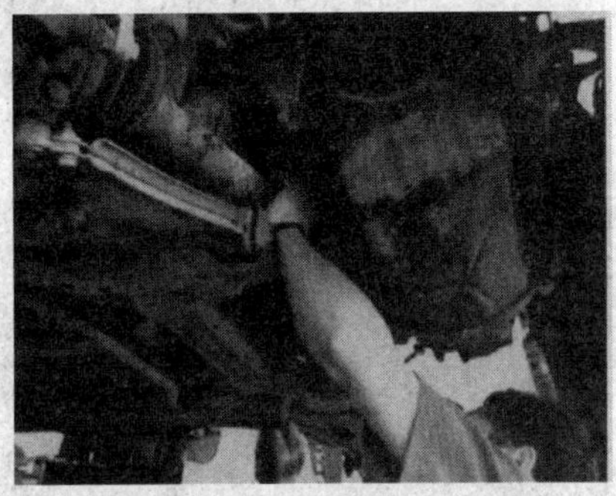

图5－28

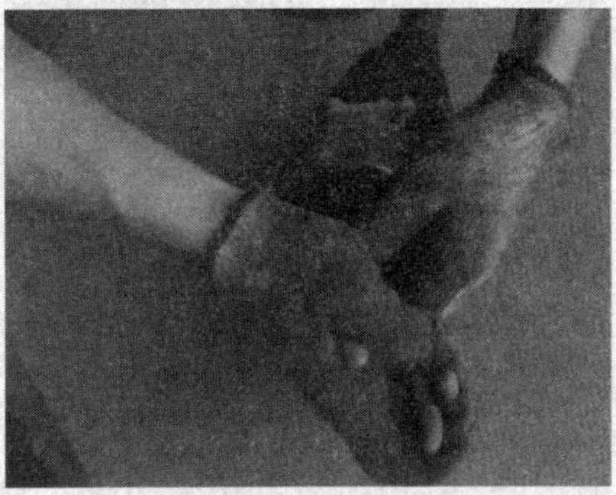

图5－29

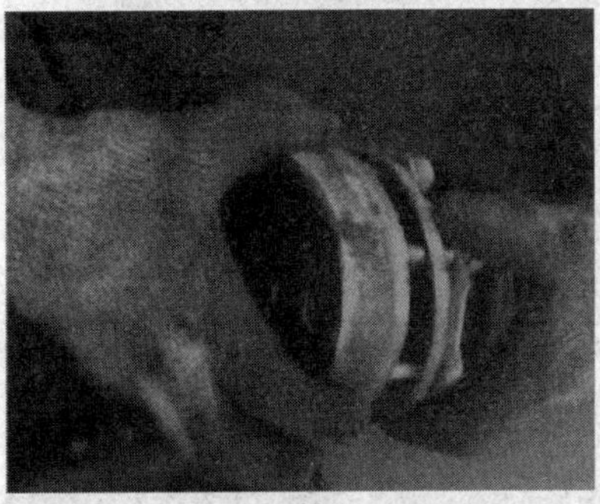

图5－30

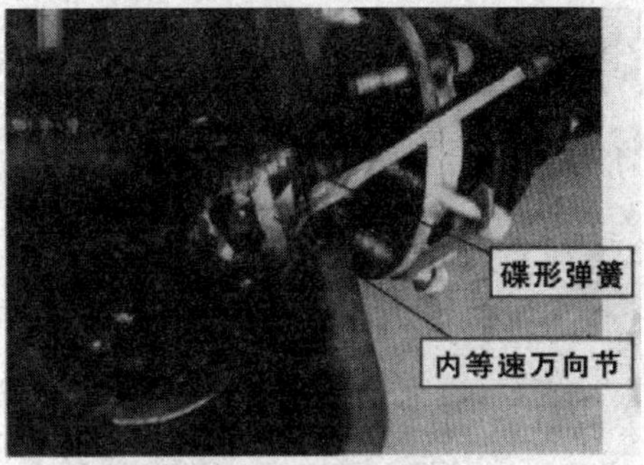

图5－31

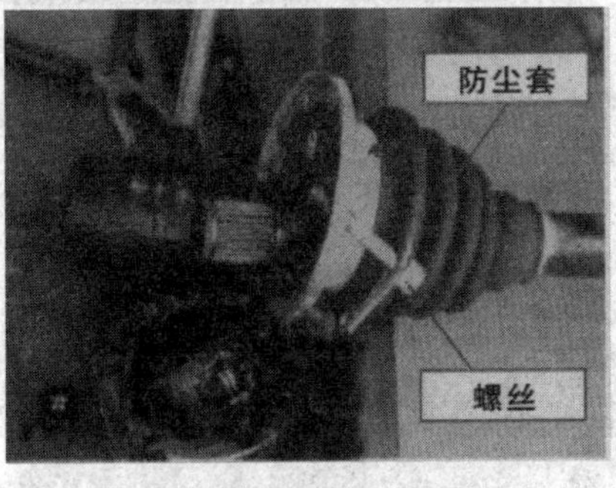

图5－32

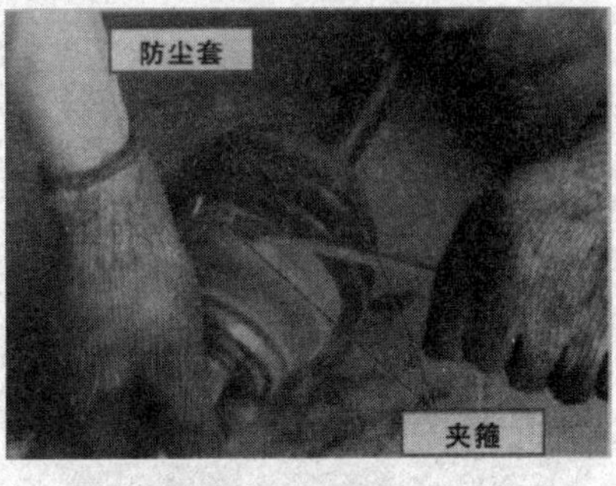

图5－33

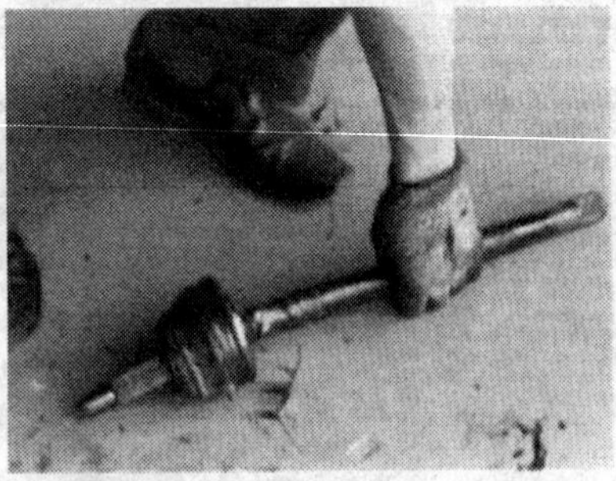

图 5 - 34

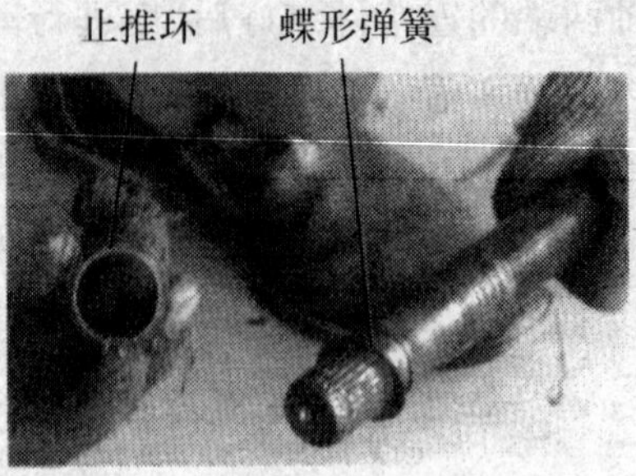

图 5 - 35

5.3　传动轴与中间支承

5.3.1　传动轴

传动轴有实心轴和空心轴之分。转向驱动桥、断开式驱动桥或微型汽车的传动轴通常制成实心轴。超重型货车为了减轻传动轴的质量，节省材料，提高轴的强度、刚度，传动轴多为空心轴，一般用厚度为 1.5 ~ 3.0mm 的薄钢板卷焊而成，或直接采用无缝钢管。

如图 5 - 36 所示为解放 CA1091 汽车的万向传动装置。由于传动轴过长，容易产生共振，故将其分成两段并加中间支承。中间传动轴前端焊有万向节叉，后端焊有花键轴，其上套装带内花键的凸缘盘；主传动轴前端焊有花键轴，其上套装滑动叉并可在花键轴上轴向滑动，以适应变速器与驱动桥相对位置的变化。滑动部位用润滑脂润滑，并用橡胶伸缩套防漏、防水、防尘，滑动叉前端装有带小孔的堵盖，保证花键部位伸缩自由。

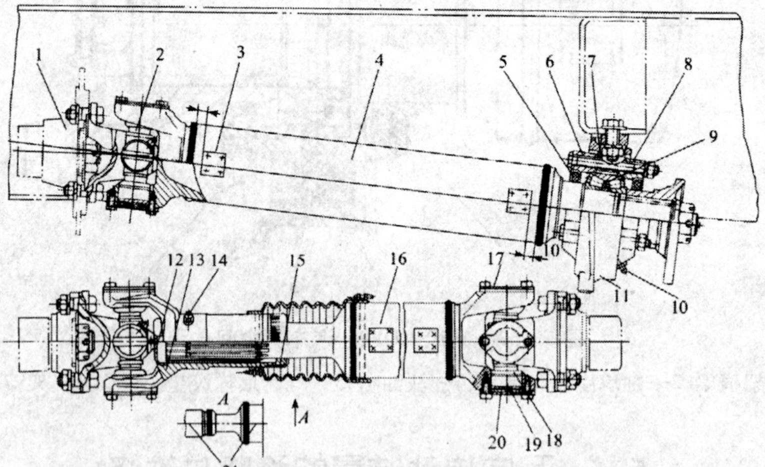

图 5 - 36　解放 CA1091 汽车的万向传动装置

1—凸缘叉；2—万向节十字轴；3—平衡片；4—中间传动轴；5，15—中间支承油封；6—中间支承前盖；7—橡胶垫片；8—中间支承后盖；9—双列圆锥滚子轴承；10，14—润滑油脂嘴；11—支架；12—堵盖；13—滑动叉；16—主传动轴；17—锁片；18—滚针轴承油封；19—万向节滚针轴承；20—滚针轴承轴承盖；21—装配位置标记

传动轴两端的连接件装好后，应进行动平衡试验。在质量轻的一侧补焊平衡片，使其不平衡量不超过规定值。为防止装错位置和破坏平衡，滑动叉、轴管上都应刻有带箭头的记号，为保持平衡。中间支承油封15上的两个带箍的开口销应装在间隔180°位置上，万向节的螺钉、垫片等零件不应随意改换规格。为加注润滑脂方便，万向传动装置的润滑油脂嘴应在一条直线上，且万向节上的润滑油脂嘴应朝向传动轴。

5.3.2 中间支承

解放CA1091汽车的中间支承如图5-36所示，主要由支架和轴承等组成，双列圆锥轴承固定在中间传动轴后部的轴颈上。带油封的支承盖之间装有弹性元件橡胶垫环，用三个螺栓紧固。紧固时，橡胶垫环会径向扩张，其外圆被挤紧于支架的内孔。

东风EQ1090汽车的中间支承如图5-37所示。采用的是蜂窝软垫式的中间支承，轴承可在轴承座内轴向滑动，轴承座装在蜂窝形橡胶垫内，通过U形支架固定在车架横梁上。由于采用弹性支承，传动轴壳可在一定范围内任意方向摆动，并可随轴承一起做适当的轴向移动。另外这种装置可以吸振、减少噪声传播，因此应用较广泛。

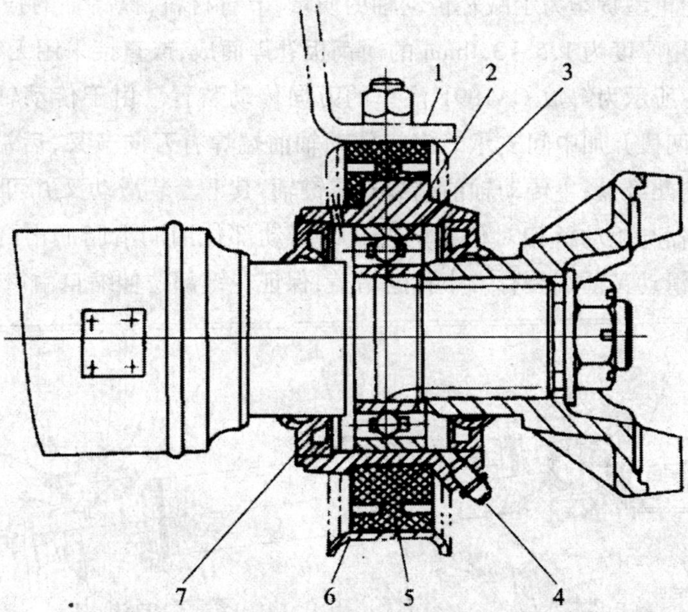

图5-37 东风EQ1090汽车的中间支承

1—车架横梁；2—轴承座；3—轴承；4—注油嘴；5—蜂窝形橡胶垫；6—U形支架；7—油封

5.4 万向传动装置的诊断与维修

5.4.1 万向传动装置的故障诊断

传动轴在万向节轴承和各连接部位的磨损、松旷、传动轴弯曲、动不平衡等会引起万向

传动装置出现故障。常见的有传动轴摆振和噪声,启动撞击和滑行异响等。

1. 传动轴的摆振

(1)故障现象。

汽车起步时,有响声,行驶过程中伴有车身振动,人体产生发麻的感觉,变换车速时,响声明显。

(2)诊断方法。

将汽车后轮架起,启动发动机并使传动轴高速旋转。如果汽车在起步和行驶时都有响声、传动轴和车身产生振动,中间轴承可能松动;如中间轴承无异常,应检查传动轴花键轴与伸缩管的花键齿配合,用百分表检查其间隙是否因磨损过度而松旷;改变发动机转速,查看传动轴振摆情况,若摆振明显,检查传动轴是否弯曲或平衡片是否脱落;踩制动踏板,如产生沉闷的金属敲击声,可能是后桥骑马螺栓松动;提高车轮转速,如果响声随车速增高而增大,脱挡滑行时声音清晰,多为中间轴承损坏或歪斜。

(3)故障原因和排除。

①传动轴不平衡量偏大。平衡片脱落,使传动轴质心偏离其旋转中心线而产生震抖。应检查传动轴的静平衡和动平衡,焊补平衡片。

②传动轴弯曲、径向圆跳动过大。当传动轴出现振动时,可将汽车顶起,转动传动轴,用百分表检查传动轴的径向圆跳动,其值超过极限值时,应对传动轴进行校正或更换。校正方法有冷压校正和热压校正两种。

③万向节凸缘叉与花键发卡,更换万向节。

④如中间轴承松动歪斜或损坏,应拆下中间轴承检查;如中间轴承损坏,应更换,如歪斜,应进行调整。

2. 传动轴发响

(1)故障现象。

汽车行驶时,在汽车中底部发出不正常响声。

(2)诊断方法。

传动轴发响,主要是因为万向节十字轴及滚针轴承、传动轴中间轴承松旷发响;传动轴花键轴与花键套、变速器输出轴花键与突缘花键磨损过大,产生间隙,工作时产生冲击,发响;连接螺栓松动,零件撞击,发响。应检查传动轴是否弯曲或平衡片脱落,如正常,拉紧驻车制动器,用手摇动传动轴。如晃动量大,检查传动叉花键齿是否磨损松旷或万向节轴承是否磨损松旷。如不晃动,放松驻车制动器,再用手摇传动轴,如驻车制动毂晃动,可能是变速器输出轴花键与凸缘花键槽磨损过甚。

(3)故障原因和排除。

拆解传动轴,检查各轴承、各配合间隙和螺栓螺母连接情况。

①如万向节十字轴及滚针轴承磨损或滚针裂碎,更换滚针轴承。

②如传动轴中间支承轴的轴承磨损过大发响,应更换中间轴承。

③如传动轴花键轴与花键套的花键及花键槽磨损,应校正或更换。

④变速器输出轴花键与突缘花键槽磨损过甚,应更换新件。

⑤万向节突缘叉紧固螺母松动,中间轴承支架螺栓或中间突缘螺栓松动,减速器主动齿轮的锁紧螺母松动,均予以紧固。

3. 启动撞击和滑行异响

(1)故障现象。

万向传动装置在汽车起步时产生异响。

(2)主要原因及排除方法。

①万向节产生磨损或损伤,应更换零件。

②变速器输出轴花键磨损,酌情修理或更换相关零件。

③滑动叉花键磨损或损伤,应更换零件。

④传动轴连接部位松动,拧紧螺栓即可消除故障。

5.4.2 万向传动装置的维修

1. 万向传动装置的维护

(1)刚性十字轴万向节使用中应注意的问题。

①检查传动轴十字轴轴承及中间支承有无松旷,如轴承磨损松旷应及时更换。

②检查各叉形凸缘螺母的紧固情况,并紧固螺栓或螺母及凸缘连接螺栓。

③定期向万向传动装置的轴承加注润滑脂浸润。

(2)球笼式等角速万向节使用中应注意的问题。

①应经常检查球笼式万向节的防尘罩,因一旦进入灰尘,将引起万向节磨损失效,发现防尘罩破损应立即更换。

②保养中应检查球笼式万向节的钢球和滚道有无磨损松旷、卡滞、生锈或损坏。如有应予更换新件。

③装配球笼式万向节时,应加注润滑脂,并更换防尘罩。

2. 万向传动装置的检修

(1)万向节的检修。

①万向节的分解。解放 CA1091 汽车万向节分解时,首先拧下轴承锁片盖板螺栓,取下盖板,再用手推出十字轴滚针轴承壳,取下十字轴,然后从十字轴上取下轴承滚针、油封等。有些车型的万向节十字轴滚针轴承壳用手推不出来,分解时,当盖板拆下后,用手握住传动轴或伸缩套,再用锤子轻敲万向节边缘(图 5 - 38),使十字轴撞击其轴承壳,即可把轴承壳撞击下来。

②万向节的检修。万向节分解后要清洗干净,对所有零件必须进行外观检查,然后分清可修零件和报废零件。万向节十字轴不得有裂纹,十字轴各轴颈表面严重拉伤、金属剥落、压痕、滚针碎裂、轴承外圈与万向节叉的轴承配合过松、十字轴颈与滚针轴承配合间隙超过

0.25mm、轴承外圈有裂纹及有明显凹陷应更换。

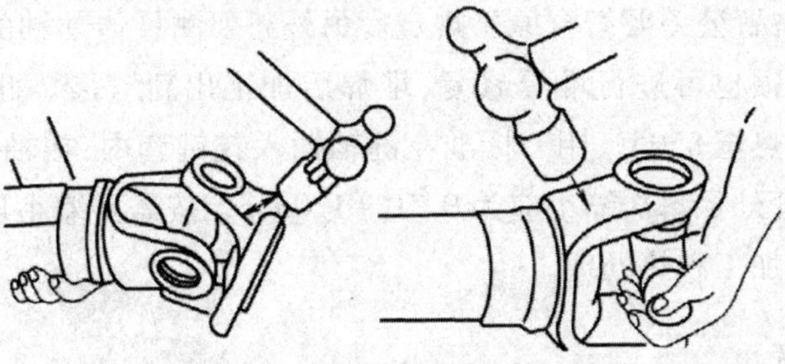

图 5－38　锤击拆卸十字轴示意图

万向节轴承与轴颈的配合间隙应符合原厂规定，检查时把十字轴夹在台虎钳上，滚针轴承套在十字轴轴颈上，用百分表抵住轴承壳外表最高点，用手上下推动滚针轴承壳，百分表指针读数的变化值，就是其径向间隙值，检测方法如图 5－39 所示。

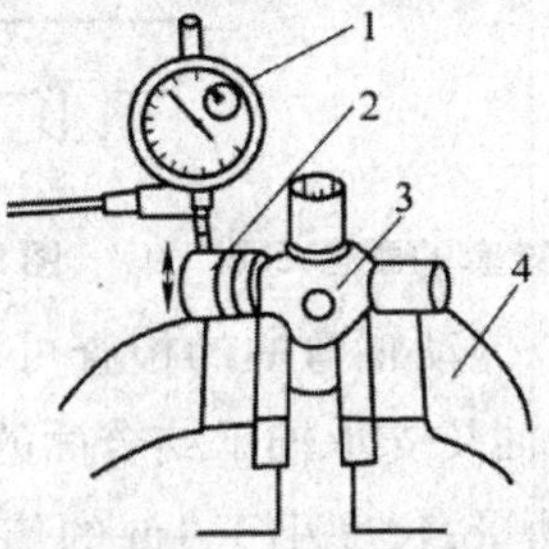

图 5－39　检查万向节轴承与十字轴的配合间隙

1—百分表；2—万向节轴承；3—十字轴；4—台虎钳

万向节十字轴轴颈有轻微剥落，可用油石打光、修磨后继续使用。轴颈磨损起槽，深度大于规定值时，应进行修复。其修理方法可采用电镀、镶套或堆焊等。比较广泛采用的方法是电脉冲堆焊（振动堆焊）。

十字轴轴承壳破裂或磨损严重、有沟槽等损伤应予更换。十字轴轴承滚柱若磨损严重、疲劳剥落、划痕凹槽及断裂等，一律更换。更换时，滚针规格应相同。

万向节轴承盖板，轴承盖上的止动突起部分应完整无损，螺纹损伤不能多于两牙，否则应予修复或更换。

（2）传动轴的检修。

①传动轴花键套与花键轴头的检修。传动轴花键套与花键轴头的主要损伤有花键磨损、花键轴头键齿磨损或有横向裂纹。花键套与花键轴头的磨损造成配合侧隙增大，其检查方法如图 5－40 所示。配合侧隙一般不大于 0.30mm。若超过规定值，要根据具体情况进行修复。

花键轴磨损比较严重或键齿有横向裂纹时，可采用局部更换法修复。修复时，首先在车床上车去焊缝，并加工花键轴、万向节叉及轴管上的焊接坡口（花键轴、万向节的坡口为450，轴管的坡口为600），做好原配合位置的记号，冲去花键轴头或万向节叉，然后对准旧件的记号，压入新件进行焊接6 这里应注意两点，一是压入的新件与轴管是过盈配合，过盈量一般为0.25～0.50mm；二是安装伸缩套后，要保证同一传动轴两端的万向节叉轴承孔轴心线位于同一平面内，位置公差要符合原厂规定。另外还要测量传动轴的全长，其长度应符合原厂规定。花键轴磨损也可进行堆焊修复，堆焊后加工出新键齿。此外，还可用收缩修复法。首先把伸缩套加热至850℃，用一标准花键轴插入花键套内，在轴套外面压入缩小的压模，压模的内径较轴套外径每次缩小应为0.50～1.0mm。按需要缩小量来决定缩小的次数。压模缩小后进行机械加工和热处理。

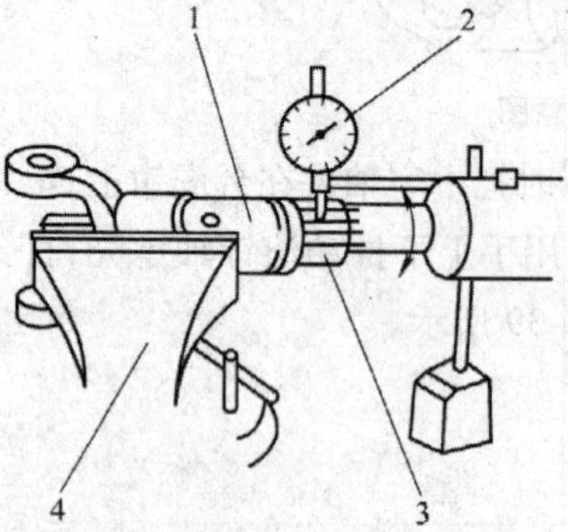

图5－40　检查传动轴花键轴与花键套的配合间隙

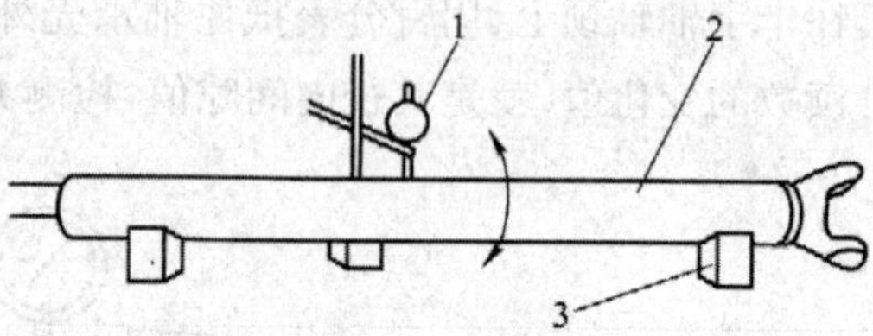

图5－41　检查传动轴的弯曲度

②传动轴弯曲和凹陷的检修。传动轴弯曲的检查可用V形架把传动轴两端支起来（图5－41），用百分表测传动轴上花键轴及支承轴承结合面的径向跳动量，一般不大于0.15mm。

并测量在键轴管上的径向跳动量，长度小于1m的传动轴，径向跳动量不大于0.80mm；长度大于1m的传动轴，径向跳动量不大于1mm。

传动轴弯曲变形5mm以内，可在压床上进行冷压校正。传动轴若弯曲变形5mm以上，应采用加热校直法校正。加热校正时，先把花键轴头和万向节叉切下来（切割时要做记号，装复时应对正），再在轴管内穿上一根比轴管内径略细而较长的钢棒，用支架架起钢棒的两端，然后沿轴管弯曲处加热。当温度达到600℃～850℃时，再垫上型锤敲击校正。修复后将花键轴头及万向节叉按原记号对正焊好。

③传动轴万向节叉、突缘叉的检修。万向节叉、突缘叉主要损伤是平面磨损、螺纹孔损伤、轴承壳座孔磨损、花键槽磨损等。万向节叉平面磨损可用锉削的方法予以修复；轴承盖及螺纹孔损伤可采用扩大螺纹尺寸法修复；轴承座孔与轴承盖外径配合间隙超标，可用反极电弧焊或铜焊堆焊轴承座孔，然后加工至公称尺寸。若磨损严重，应更换新件。

(3)传动轴中间轴承及支架的检修。

①中间轴承支架的检修。中间轴承支架若有裂损，应及时焊修；油封盖磨损严重，装上油封后松动，应予更换；橡胶环老化、腐蚀等，一律更换。

②中间轴承的检修。首先对中间轴承进行外观检查，如发现轴承滚珠、滚道及外滚道上有烧蚀、裂纹、刻痕、金属剥落，或发现隔离环圈裂损、螺钉松动等现象，予以更换。

中间轴承通过外观检查合格后，还要进行空载试验检查和轴承内部磨损间隙的测量。空载试验检查是把轴承拿在手上，让其进行空转，观察轴承旋转是否灵活，有无噪声、停滞和卡住等现象。

中间轴承(球轴承)径向间隙的测定如图 5－42 所示,把轴承放在平板上,用百分表的触头抵住轴承外座圈,一手把轴承内圈压紧,另一只手往返推动轴承外座圈,指针所摆动的数值,即为轴承的径向间隙。轴向间隙的测定,如图 5－43 所示,把轴承的外圈搭在两金属垫块上,并使内圈悬空,在内座圈中放一块平铁板(平铁板的两端要抵住内座圈),把百分表触头抵住平铁板的中央,用手上下推动轴承的内座圈,百分表指针所指的最大数值和最小数值之差,即为轴承的轴向间隙。

中间轴承经测定,径向间隙和轴向间隙若超过使用限度,应更换新轴承。

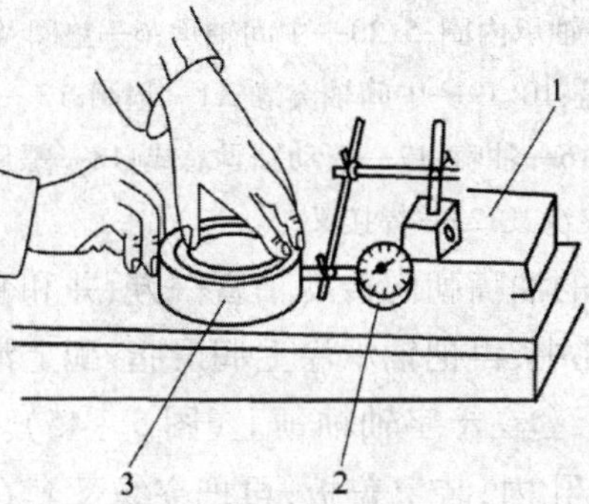

图 5－42　测量轴承径向间隙示意图

1—检验平板;2—百分表;3—轴承

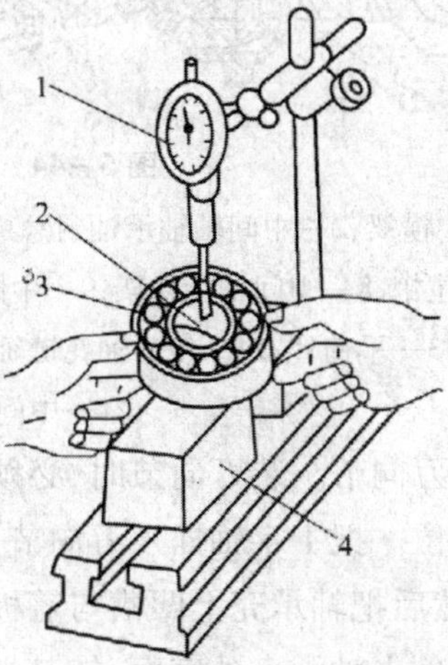

图 5－43　测量轴承轴向间隙示意图

1—百分表;2—平铁板;3—轴承;4—垫铁

5.4.3　万向传动装置的装配

1. 传动轴的组装工艺

解放 CA1091 型汽车传动轴的组装工艺如下。

(1)清洗。把检修合格的传动轴零部件清洗干净,并用压缩空气疏通十字轴等油道和空气孔。

(2)装传动轴中间支承轴承。把中间支承轴承内注满润滑脂,再装入橡胶垫圈,然后连同橡胶圈一同装进轴承支架内。把毛毡油封压入前后轴承盖上,再把轴承盖装在支架的两端(有油嘴的轴承盖必须装在后侧),插入螺栓并紧固。然后把它装到前传动轴上,再装上突缘,用槽形螺母锁紧,最后穿上开口销锁住。在橡胶垫环装入中间支承架前,应检查支架上的垫环及键是否完好,以防止垫环装上后在支架内转动,如图 5－44 所示。

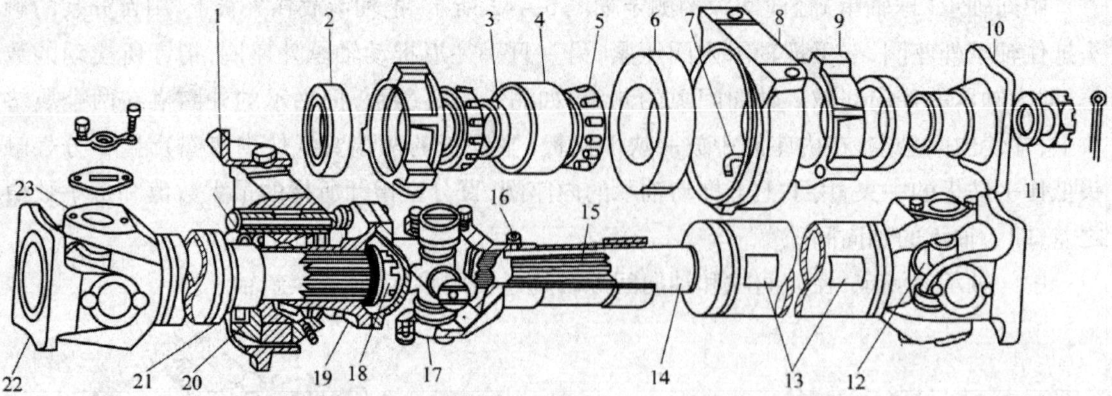

图 5-44 解放 CA1091 型汽车万向传动装置

1—车架中横梁;2—中间轴轴承油封总成;3—隔圈;4—轴承内圈;5、20—中间轴承;6—垫圈及隔套总成;7—定位销;8—中间轴承支架;9—中间轴承后轴承盖;10、19—中间轴突缘;11—垫圈;12—十字轴;13—平衡片;14—传动轴花键轴;15—滑动叉;16—油嘴;17—滚动轴承总成;18—螺母;21—中间轴套管;22—突缘叉;23—焊接叉

③装万向节。装万向节时,必须使十字轴上的油嘴朝向传动轴管一方,并和套管上的油嘴保持同位。把十字轴插入万向节叉的轴承座孔中,再把轴承涂上润滑脂,配上油封放入轴承座孔,然后把轴承壳上凹槽与盖板螺栓孔对正,套在十字轴轴颈上(图 5-45)。用铜棒和手锤轻轻敲击轴承壳外底面,使其慢慢进入轴承孔内,装上盖板,再把突缘叉套在十字轴的另一对轴颈上(图 5-46 所示)。最后紧固盖板的固定螺栓。

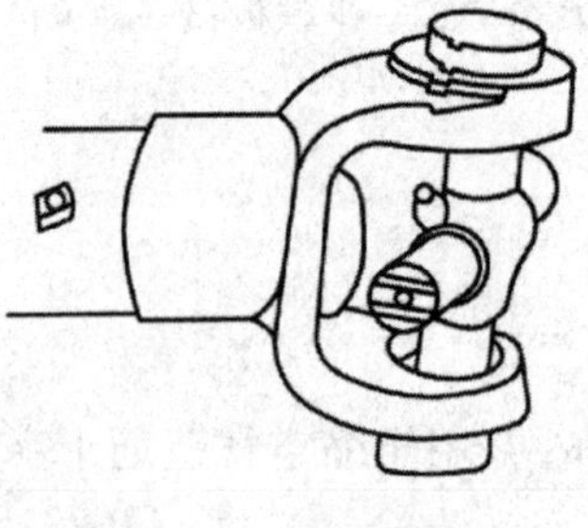

图 5-45 万向节装复(一)

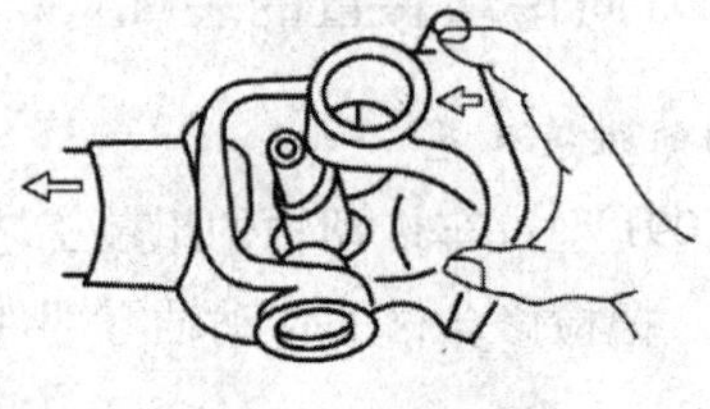

图 5-46 万向节装复(二)

万向节装复后,要检测十字轴、万向节轴承及万向节叉的轴向间隙是否符合技术标准。

④装伸缩花键套装伸缩花键套时,先在伸缩花键内均匀涂抹润滑脂,然后按着装配记号或规定的位置把它套到传动轴的花键轴上,最后旋紧油封盖。

⑤连接。把前传动轴与变速器第二轴突缘用螺栓连接,中间轴承支架用螺栓固定在车架中间横梁上,再用螺栓把伸缩套突缘与前传动轴中间支架后部突缘连接,后突缘与主减速器主动齿轮轴的突缘相连接。

2. 传动轴总成总装配时应注意的事项

(1)安装传动轴时,两端万向节叉应位于同一平面内,防止由于万向传动机构不等速传动而造成传动轴抖动、发响。

(2)传动轴和伸缩花键套有装配记号,装配时必须按原记号对正组装。若修理中更换了部件,要经动平衡检验重新做上装配记号。

(3)传动轴的装配要齐全完好,使用可靠。如伸缩套处的油封,不但能防花键齿内润滑脂外流,而且还能防止外界潮湿空气和灰尘的浸入。防尘套必须齐全完整,并用卡子紧固。为保持传动轴的动平衡,两只卡子的锁扣要错开180°。

(4)为保养传动轴,便于加注润滑脂,十字轴切不可反装。油嘴必须朝向传动轴并成一条直线,中间支承轴承盖上的油嘴应装在支架的后面且油嘴朝下。

(5)中间支承轴承支架安装时有方向,支架与车架横梁接触面有角度的或支架厚的一面均应朝向前方。

(6)十字轴轴承盖板的紧固螺栓或U形螺栓,突缘连接的紧固螺栓、螺母等,紧固时必须达到规定的扭力并锁止可靠。

(7)传动轴出厂前,厂家进行过动平衡试验,修理或组装时,传动轴上的平衡片,切不可随意增减或去掉。

(8)传动轴组装后必须进行动平衡试验。其动不平衡量应符合原厂规定。

第6章 驱 动 桥

6.1 概 述

6.1.1 驱动桥的基本知识

1. 组成与功用

驱动桥是传动系的最后一个总成。整体式驱动桥结构示意图如图6－1所示。它由主减速器7、差速器5、半轴4和桥壳6等组成。万向传动装置传来的动力依次经主减速器、差速器和半轴最后传给驱动轮。

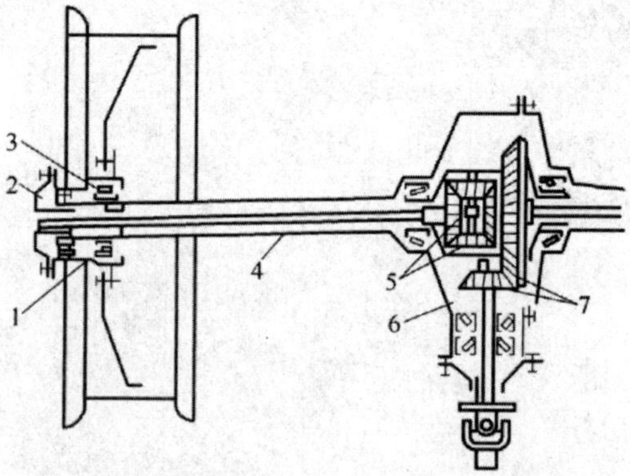

图6－1 整体式驱动桥结构示意图

1—轮毂;2—凸缘;3—轴承;4—半轴;5—差速器;6—桥壳;7—主减速器

驱动桥的功用是将万向传动装置输入的动力经降速增矩、改变动力传递方向后,分配到左右驱动轮,并允许左右驱动轮以不同的转速旋转而驱动汽车行驶。

2. 结构类型

按结构不同,驱动桥分为整体式驱动桥和断开式驱动桥两种。

整体式驱动桥(见图6－2)采用非独立悬架,其驱动桥壳为一刚性的整体,驱动桥两端通过悬架与车架连接,左右半轴始终在一条直线上,即左右驱动桥不能相互独立地跳动。当某一侧车轮因地面升高或下降时,整个驱动桥及车身都要随之发生倾斜。

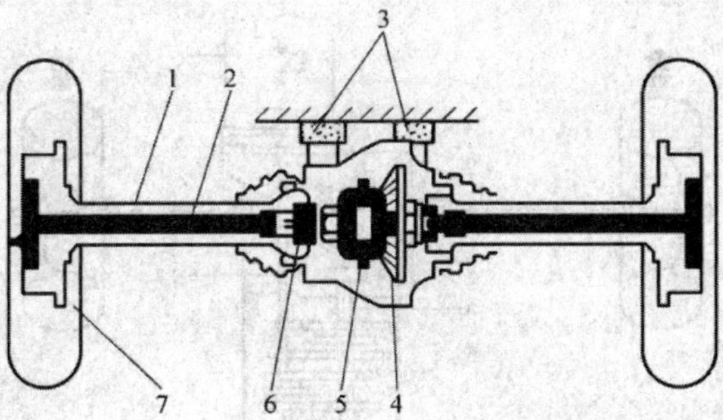

图 6－2　断开式驱动桥结构示意图

1—桥壳;2 二半轴;3—支架;4—主减速器;5—差速器;6—万向节;7—驱动轮

断开式驱动桥(见图 6－3)采用独立悬架,其主减速器 4 固定在车架上,驱动桥壳 1 分段制成并用铰链连接,半轴 2 也分段并用万向节 6 连接。驱动桥两端分别用悬架与车架连接。这样,两侧的驱动轮 7 及桥壳 1 可以彼此独立地相对于车架上下跳动。

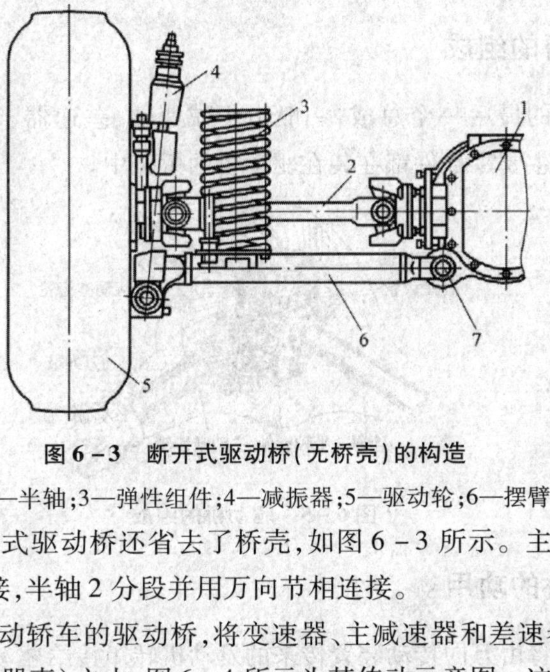

图 6－3　断开式驱动桥(无桥壳)的构造

1—主减速器;2—半轴;3—弹性组件;4—减振器;5—驱动轮;6—摆臂;7—摆臂轴

另外,有些汽车断开式驱动桥还省去了桥壳,如图 6－3 所示。主减速器 1 与驱动轮 5 之间通过摆臂 6 铰链连接,半轴 2 分段并用万向节相连接。

发动机前置、前轮驱动轿车的驱动桥,将变速器、主减速器和差速器均安装于一个三件组合的外壳(常称为变速器壳)之内,图 6－4 所示为其传动示意图。这样传动系的体积有效地减少,由于取消了贯穿前后的传动轴,简化结构,使轿车自重减轻,而且动力直接传给前轮,提高了传动效率。

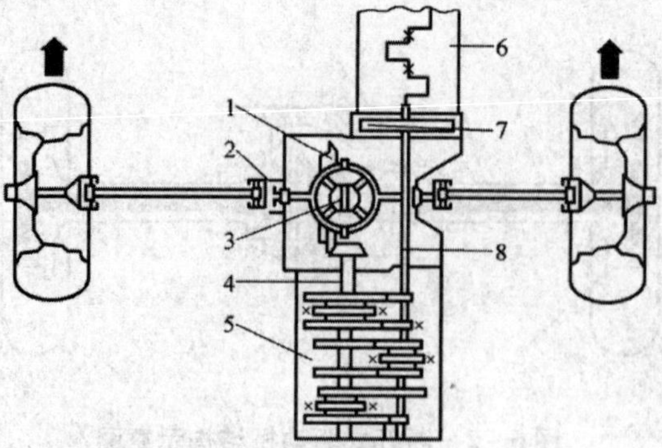

图 6-4 奥迪 100 轿车驱动桥示意图

6.2 驱动桥的组成、功用和分类

6.2.1 驱动桥的组成

驱动桥是传动系的最后一个总成，一般由主减速器、差速器、半轴和桥壳等组成，如图6-5所示。驱动桥的主要零部件都在装在驱动桥的桥壳中。

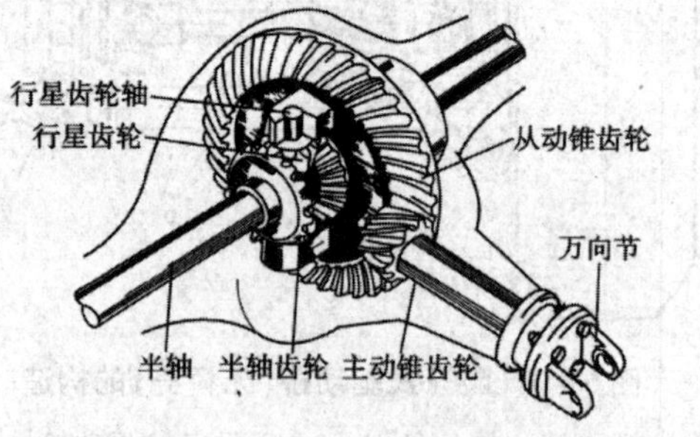

图 6-5 驱动桥的组成

6.2.2 驱动桥的功用

驱动桥的功用是将由万向传动装置传来的发动机转矩传给驱动车轮，并经降速增矩、改变动力传动方向，使汽车行驶，而且允许左右驱动车轮以不同的转速旋转。

6.2.3 驱动桥的分类

按照悬架结构的不同，驱动桥可以分为整体式驱动桥和断开式驱动桥。整体式驱动桥又称为非断开式驱动桥。

整体式驱动桥与非独立悬架配用。其驱动桥壳为一刚性的整体，驱动桥两端通过悬架与车架或车身连接，左右半轴始终在一条直线上，即左右驱动轮不能相互独立地跳动。当某一侧车轮通过地面的凸出物或凹坑升高或下降时，整个驱动桥及车身都要随之发生倾斜，车身波动大。

断开式驱动桥与独立悬架配用。其主减速器固定在车架或车身上，驱动桥壳制成分段并用铰链连接，半轴也分段并用万向节连接。驱动桥两端分别用悬架与车架或车身连接。这样，两侧驱动车轮及桥壳可以彼此独立地相对于车架或车身上下跳动。

6.3 主减速器

6.3.1 主减速器的功用和类型

主减速器的主要功用是降低传动轴传来的转速，增大输出扭矩，并改变旋转方向，使传动轴的左右旋转变为半轴的前后旋转。

为满足不同的需要，主减速器具有不同的结构形式。按参加减速传动的齿轮副数目分，有单级式主减速器和双级式主减速器，如图6－6所示。在双级式主减速器中，若第二级减速器齿轮有两副，并分置于两侧车轮附近，实际上成为独立部件，称为轮边减速器。

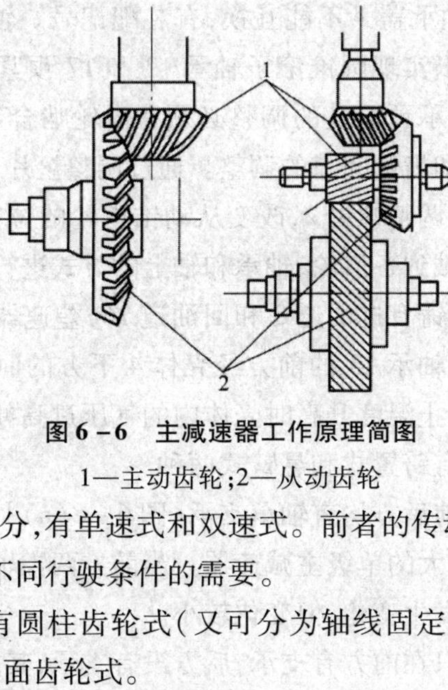

图6－6 主减速器工作原理简图

1—主动齿轮；2—从动齿轮

按主减速器传动比挡数分，有单速式和双速式。前者的传动比是固定的，后者有两个传动比供驾驶员选择，以适应不同行驶条件的需要。

按齿轮副结构形式分，有圆柱齿轮式（又可分为轴线固定式和轴线旋转式及行星齿轮式）、弧齿锥齿轮式和准双曲面齿轮式。

6.3.2 主减速器的构造与工作原理

1. 单级主减速器

单级主减速器因结构简单、体积小、质量小、传动效率高等优点，可以满足轿车和中型货车动力性的要求，因此在轿车和中型货车中采用较多。其减速传动机构有一对齿轮组成，主传动比为

$$i_0 = \frac{n_1}{n_2}$$

式中，n_1——主动齿轮转速；

n_2——从动齿轮转速。

东风 EQ1090E 型汽车单级主减速器如图 6－7 所示。其动力传递过程是：万向传动装置动力由叉形凸缘 11 经花键传给主动锥齿轮 18、从动锥齿轮 7，减速变向后，通过螺栓传给差速器壳 5，由差速器传给两侧半轴，驱动车轮旋转。其减速传动机构是由一对锥齿轮 18、7 及支承装置组成。其主减速比为 $i_0 = \frac{38}{6} = 6.33$。主动锥齿轮 18 与输入轴制成一体，通过三个轴承 19、17 和 13 支承在主减速器壳 4 上，构成跨置式支承，保证了主动锥齿轮具有足够的支承刚度。从动锥齿轮 7 通过螺栓固定在差速器壳 5 上，差速器壳两侧通过两个圆锥滚子轴承 3 支承在主减速器壳上。为限制从动锥齿轮过度变形，在从动锥齿轮啮合处的背面装有支承螺栓 6。支承螺栓 6 在小负荷时与齿轮背面留有一定间隙，当负荷超过一定值时，因从动锥齿轮及支承轴承的变形，抵在支承螺柱端面上，既限制了齿轮的变形量，又承受部分负荷，保护差速器侧轴承。轴承 17 紧套在轴上，轴承 13 松套在轴上，二者之间装有隔套和一组厚度不同的调整垫片 14。接触面处装有调整垫片 9。轴承盖上装有油封 12，叉形凸缘上焊有防尘罩 10，两个轴承盖 1 不能互换，有装配记号。轴承 3 外侧装有调整螺母 2。通过调整垫片 14 的厚度，可以实现圆锥滚子轴承 13 和 17 预紧度的调整，目的是保证锥齿轮副的正常啮合。注意，该轴承预紧度的调整必须在齿轮啮合调整前进行。锥齿轮啮合间隙的调整是指齿面啮合印迹和齿侧间隙的调整。通过调整垫片 9 的厚度可得到正确的啮合印迹；齿侧间隙的调整是通过调整螺母 2，改变从动锥齿轮的位置得到的。主减速器采用从动锥齿轮转动时将润滑油甩溅到各齿轮、轴承和轴上的方式进行润滑的。为使轴承 13 和 17 得到充分的润滑，壳体 4 侧面铸有进油道 8 和回油道 16，差速器壳转动时，将齿轮油飞溅到过油道中，润滑轴承的油又从轴承 13 的前方经壳体 4 下方的回油道 16 流回主减速器壳底部。在桥壳上方有通气孔，防止温度升高时壳体内的气压过高冲开油封而漏油。

主动锥齿轮的支撑方式有跨置式和悬臂式两种。

跨置式是指主动锥齿轮前后方均有轴承支承[图 6－8(a)]。采用这种形式的主动锥齿轮支承刚度大，适用于负荷较大的单级主减速器。当前方两锥轴承出现间隙时，齿轮将会轴向窜动而导致齿面啮合印痕发生变化，但变化较小。

悬臂式是指主动锥齿轮只在前方有支承，后方没有支承，其支承刚度较差。多用于负荷较小的单级主减速器[图 6－8(b)]。部分中、重型汽车的双级主减速器主动锥齿轮也采用这种支承形式。有的重型汽车为提高其支承刚度，主减速器主动锥齿轮采用三个轴承支承[图 6－8(c)]。

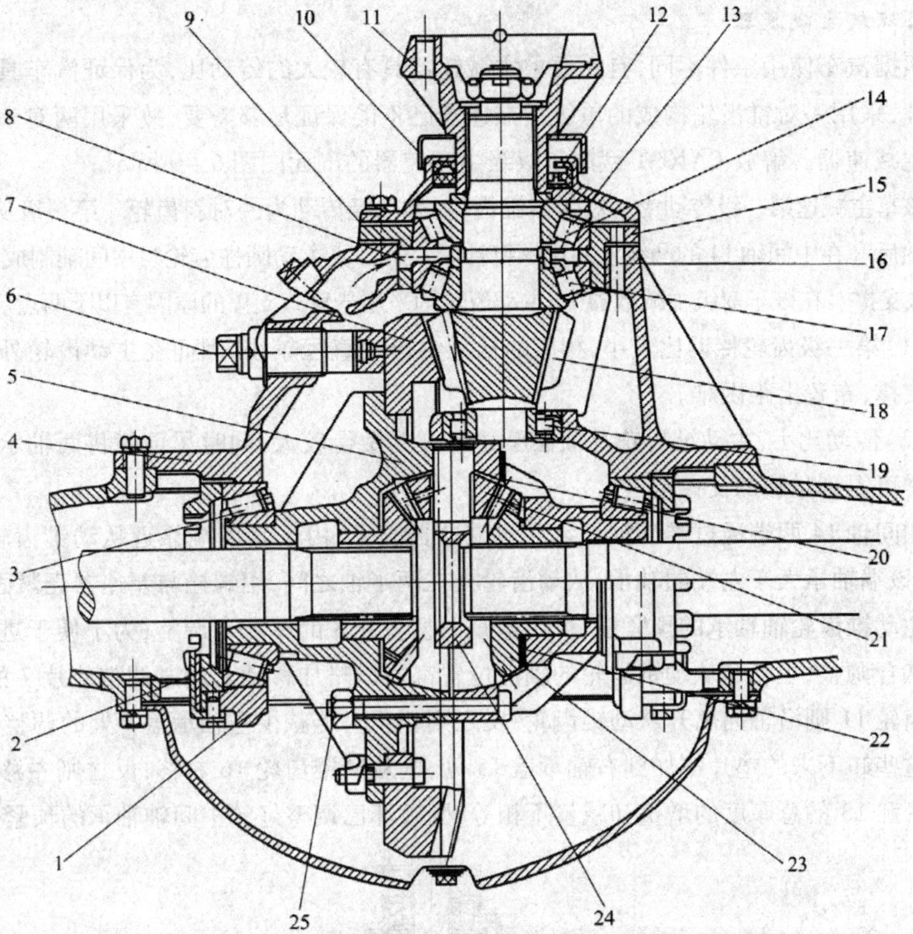

图 6－7　东风 EQ1090E 型汽车单级主减速器及差速器示意图

1—差速器轴承盖；2—轴承调整螺母；3、13、17—圆锥滚子轴承；4—主减速器壳；5—差速器壳；6—支承螺栓；7—从动锥齿轮；8—进油道；9、14—调整垫片；10—防尘罩；11—叉形凸缘；12—油封；15—轴承座；16—回油道；18—主动锥齿轮；19—圆柱滚子轴承；20—行星齿轮垫片；21—行星齿轮；22—半轴齿轮推力垫片；23—半轴齿轮；24—行星齿轮轴（十字轴）；25—螺栓

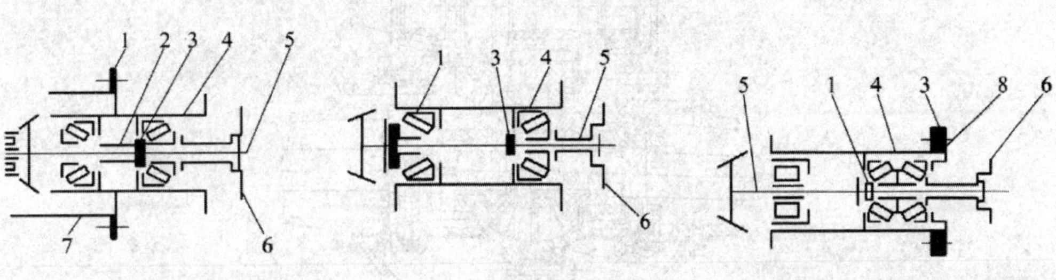

(a)跨置式　(b)悬臂式　(c)悬臂式

图 6－8　主动锥齿轮的支承形式及调整装置

1—主动锥齿轮啮合状况调整垫片；2—隔套；3—轴承预紧度调整垫片；4—主动锥齿轮轴承座；5—主动锥齿轮；6—凸缘叉；7—主减速器壳；8—油封盖

2. 双级主减速器

根据汽车使用条件不同，有时要求主减速器具有较大的传动比，为保证汽车具有较好的通过性，采用一对锥齿轮构成的单级主减速器已不能保证足够需要，故采用两对齿轮降速的双级主减速器。解放 CA1091 型汽车双级主减速器的剖面图图 6－9 所示。

该车主减速第一级传动为一对弧齿锥齿轮；第二级传动为一对斜齿轮。第一级从动锥齿轮 16 加热后套在中间轴 14 的凸缘上并用螺钉拧紧。第二级主动圆柱齿轮与中间轴制成一体，采用悬臂式支撑。在该车双级主减数器中，主动齿轮轴采用悬臂式支撑的原因有以下两点。

（1）第一级齿轮传动比较小，相应的从动锥齿轮直径较小，因而在主动齿轮外端要再加一个支撑，布置上很困难。

（2）传动比小，主动锥齿轮及轴径尺寸有可能做得较大，同时尽可能将两轴承的距离加大同样可得到足够的支撑刚度。

中间轴 14 两端通过锥型轴承装在主减速器壳上，由于其后端靠近从动锥齿轮受力大，因此，该端轴承大于左端的轴承，从动齿轮夹在两半轴之间，用螺栓与差速器壳紧固在一起。

主动锥齿轮轴轴承的预紧度，可用增减调整垫片 8 的厚度来调整；为了便于进行锥齿轮副的啮合调整，主动和从动锥齿轮的轴向位置都可以略加移动。通过调整垫片 7 的厚度，主动锥齿轮 11 则沿轴向离开从动锥齿轮；反之则相反。若减少左轴承盖 4 处的调整垫片 6，同时将这些卸下来的垫片都加到右轴承盖 15 处，则从动锥齿轮 16 右移；反之则左移。若两组垫片 6 和 13 的总厚度的增量和减量不相等，则破坏已调整好的中间轴轴承的预紧度。

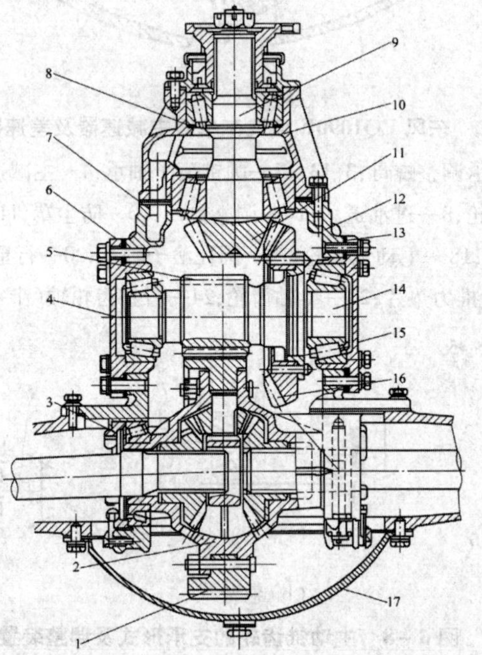

图 6－9　解放 CA1091 型汽车双级主减速器及差速器剖面示意图

1—第二级从动齿轮；2—差速器壳；3—调整螺母；4、15—轴承盖；5—第二级主动齿轮；6、7、8、13—调整垫片；9—第一级主动齿轮轴；10—轴承座；11—第一级主动锥齿轮；12—主减速器壳；14—中间轴；16—第一级从动锥齿轮；17—后盖

3. 贯通式主减速器

在一些多轴越野汽车中，为使结构简化，部件通用性好且便于形成系列产品，常采用贯通式驱动桥。如图6-10所示，前面(或后面)两驱动桥的传动轴是串联的，传动轴穿过离分动器较近的驱动桥，通往另一驱动桥。

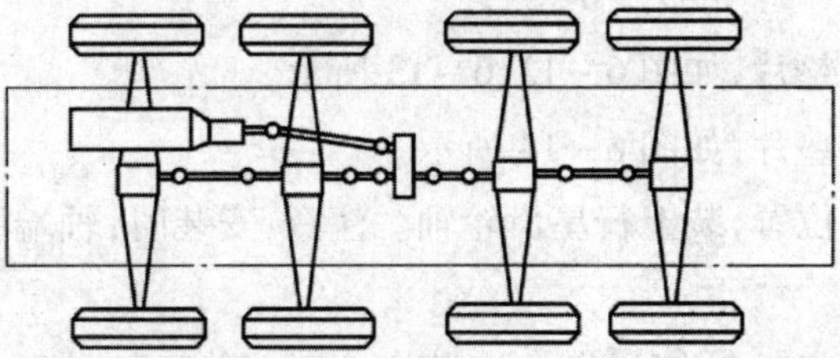

图6-10 贯通式驱动桥示意图

4. 轮边减速器

在重型货车、大型客车或越野车上，需有较大的主传动比和较大的离地间隙时，可将双级主减速器的第二级减速齿轮机构制成结构相同的两套，其安装位置靠近两侧驱动车轮，称为轮边减速器。轮边减速器分为外啮合圆柱齿轮式、内啮合齿轮齿圈式和行星齿轮式等多种形式。图6-11所示为行星齿轮式轮边减速器。外齿圈6与桥壳1连成整体。半轴2与半轴齿轮3连成整体。半轴齿轮3带动行星齿轮4自转、公转，行星齿轮轴5随着公转，通过行星架7带动车轮旋转。

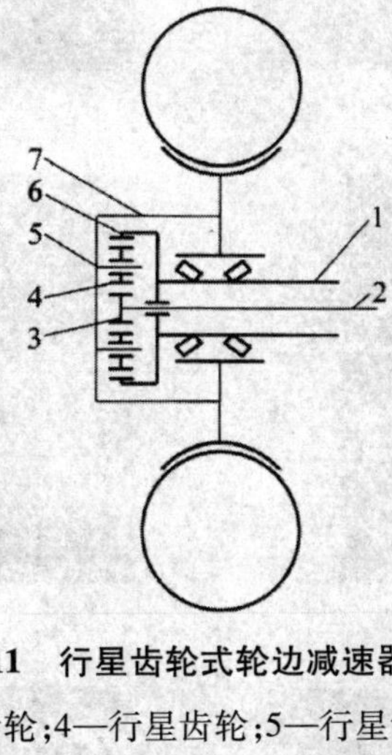

图6-11 行星齿轮式轮边减速器示意图

1—桥壳；2—半轴；3—半轴齿轮；4—行星齿轮；5—行星齿轮轴；6—外齿圈；7—行星架

轮边减速器的特点：①减小了主减速器的尺寸，提高汽车的通过性；②作用在半轴和差速器上的转矩较小；③有较大的主传动比，同时结构比较紧凑。桥量和减量不相等，则破坏已调整好的中间轴轴承的预紧度。

6.4 差速器的拆装

6.4.1 差速器安装

①装上半轴齿轮及垫片，如图 6 - 12、6 - 13 所示。

②装上行星齿轮及垫片，如图 6 - 14 所示。

③转动齿轮至合适位置，装上行星齿轮轴。注意：安装时，轴端孔应对齐差速器壳底孔，如图 6 - 15、6 - 16 所示。

④用铜棒敲入行星齿轮轴销。齿轮安装完毕后，检查齿轮转动是否灵活，如图 6 - 17 所示。

⑤装上主减速器从动齿圈，旋上紧固螺栓，用锤子锤紧锁片，如图 6 - 18、6 - 19 所示。

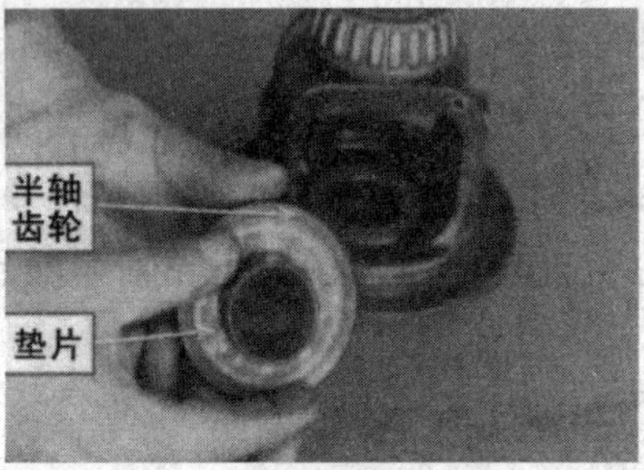

图 6 - 12

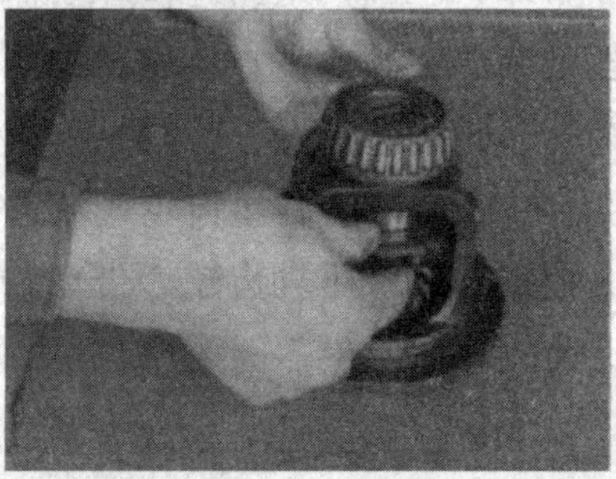
图 6 - 13

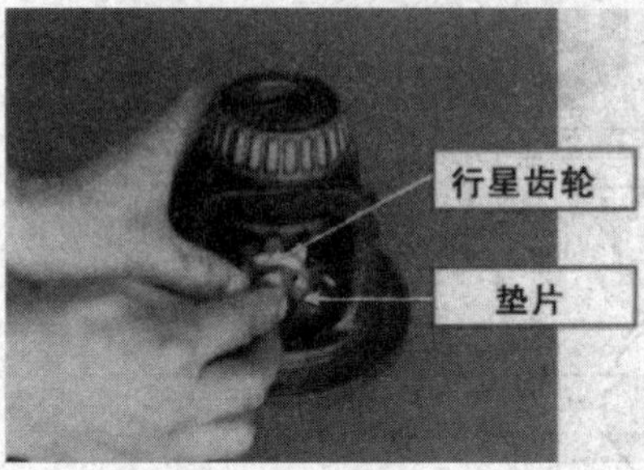

图 6 - 14

图 6 - 15

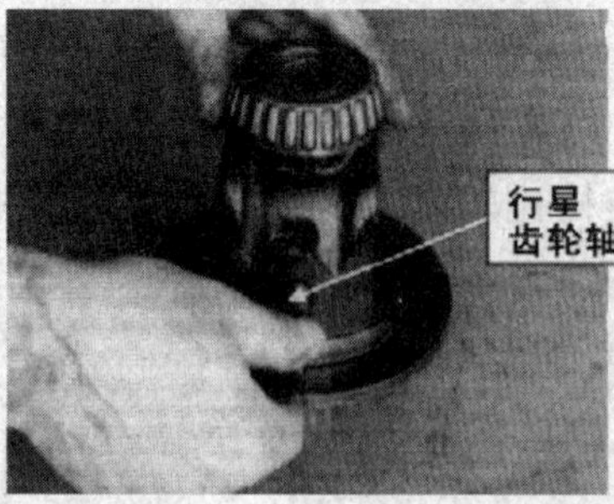

图 6 - 16

图 6 - 17

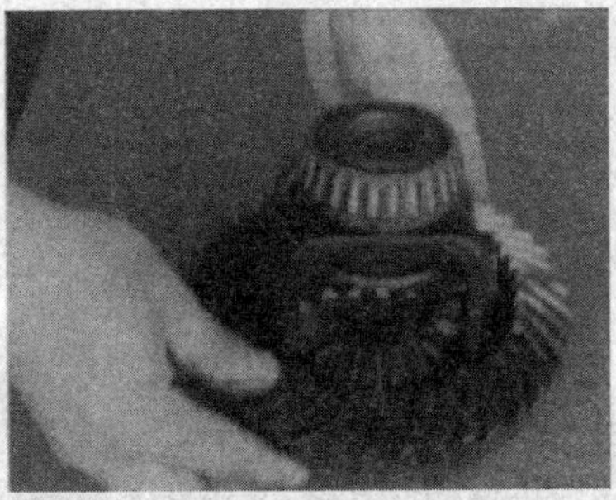
图6－18

图6－19

6.4.2　差速器装箱

①装上主减速器主动齿轮轴,如图6－20所示。

②装上轴承、输入法兰油封罩、油封,如图6－21、6－22所示。

③装上输入法兰、垫圈,旋紧螺母,如图6－23所示。

④锁紧螺母。

⑤将差速器总成装到后桥壳体内,装上两边垫片,如图6－24所示。

⑥按拆卸时所做记号装入瓦盖,切不可互换,如图6－25所示。

⑦涂上密封胶,装上后盖,旋紧固定螺栓,如图6－26所示。

⑧装上两边输出法兰,用铜棒轻轻敲入,如图6－27所示。

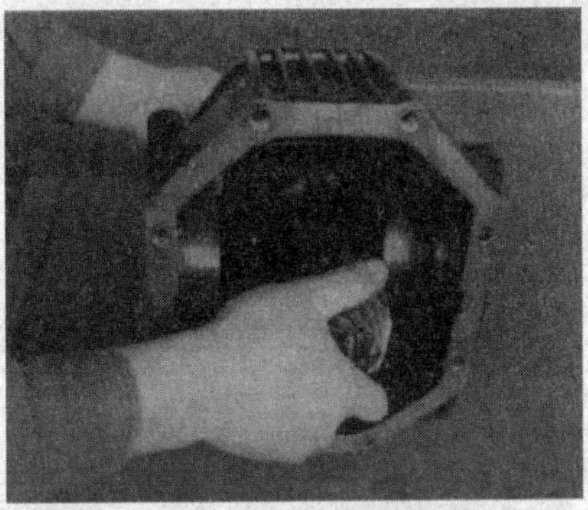
图6－20

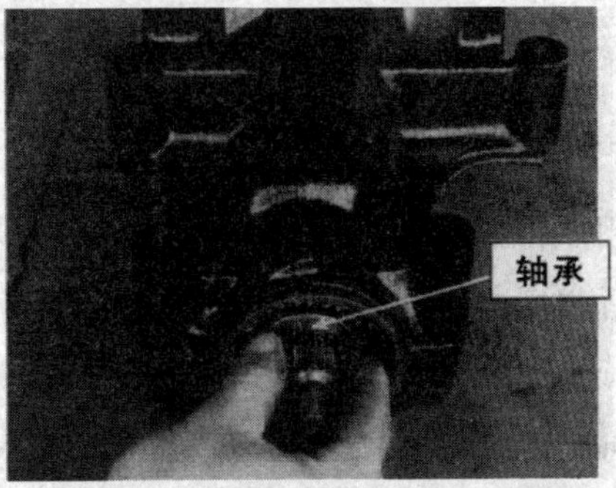

图6－21

图6－22

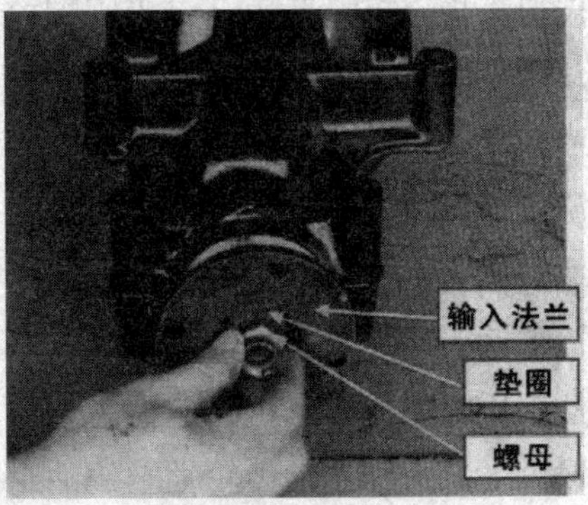

图6－23

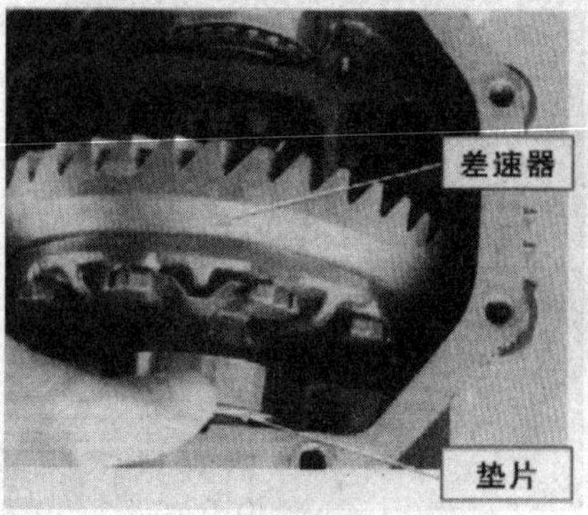

图 6 – 24

图 6 – 25

图 6 – 26

图 6 – 27

6.4.3 差速器分箱

①用撬棍拆下后桥两端输出法兰,翻转后桥壳体,撬出另一端输出法兰。注意:两端输出法兰拆出后,应注意对比长度是否一致,如果不一致,应做好标记,如图 6 – 28 所示。

②旋出紧固螺栓,拆下后桥壳体后盖。

③拆下差速器瓦盖前,应在瓦盖和壳体同一侧做上记号,安装时两边瓦盖不能互换,如图 6 – 29 所示。

④用扭力扳手旋松两边瓦盖紧固螺栓。旋出紧固螺栓,拆下瓦盖。

⑤从后桥壳体内取出差速器总成。

⑥取下瓦盖两边垫片。

⑦旋出输入法兰螺母。

⑧取出输入法兰垫圈。

⑨拆下输入法兰。

⑩从后桥壳体内拆下主减速器主动齿轮轴。

⑪取出主减速器主动齿轮轴上的油封和输入法兰油封罩。

⑫取出主减速器主动齿轮轴的轴承。

图6－28

图6－29

6.4.4　差速器拆卸

①用錾子将锁片打开。

②旋出紧固螺栓，取下主减速器从动齿圈。

③取下从动齿轮紧固螺栓。

④用铜棒敲出行星齿轮轴销，如图6－30所示。

⑤取出行星齿轮轴。

⑥取出转动齿轮、行星齿轮。

⑦取出半轴齿轮、半轴齿轮垫片。

⑧取出行星齿轮垫片。

图6－30

6.5　半轴和桥壳的检修

半轴是在差速器与驱动轮之间传递动力，因而一般做成实心轴。其结构因驱动桥的结构形式不同而异。整体式驱动桥中的半轴为一刚性整轴。而转向驱动桥和断开式驱动桥中的半轴则分段并用万向节连接。

驱动桥壳既是传动系的组成部分，同时也是行驶系的组成部分。作为传动系的组成部分，其功用是安装并保护主减速器、差速器和半轴。作为行驶系的组成部分，其功用是安装悬架或轮毂,和从动桥一起支承汽车悬架以上各部分质量,承受驱动轮传来的反力和力矩,并在驱动轮与悬架之间传力。

由于桥壳承受较复杂的载荷,因此要求桥壳应具有足够的强度和刚度,质量小,还要便于主减速器的拆装和调整。

由上可知半轴和桥壳的检修对车辆安全、平顺行驶具有重要作用。

6.5.1 半轴的检修

(1)半轴应进行隐伤检查,不得有任何形式的裂纹存在。

(2)半轴花键应无明显的扭转变形。

(3)以半轴轴线为基准,半轴中段未加工圆柱体径向圆跳动误差不得大于1.3mm;花键外圆柱面的径向圆跳动误差不得大于0.25mm;半轴凸缘内侧端面圆跳动误差不得大于0.15mm。径向圆跳动超限,应进行冷压校正;端面圆跳动超限,可车削端面进行修正。

(4)半轴花键的侧隙增大量较原厂规定不得大于0.15mm。

(5)对前轮驱动汽车的半轴总成(带两侧等角速万向节)还应进行以下作业内容:

①外端球笼万向节用手感检查应无径向间隙,否则应予更换;

②内侧三叉式万向节可沿轴向滑动,但应无明显的径向间隙感,否则更换;

③检查防尘套是否有老化破裂,卡箍是否有效可靠,如失效则更换。

6.5.2 桥壳的检修

(1)桥壳和半轴套管不允许有裂纹存在,半轴套管应进行探伤处理。各部螺纹损伤不得超过两牙。

(2)钢板弹簧座定位孔的磨损不得大于1.5mm,超限时先进行补焊,然后按原位置重新钻孔。

(3)整体式桥壳以半轴套管的两内端轴颈的公共轴线为基准,两外轴颈的径向圆跳动误差超过0.30mm时应进行校正,校正后的径向圆跳动误差不得大于0.08mm。

(4)分段式桥壳以桥壳的结合圆柱面、结合平面及另一端内锥面为基准,轮毂的内外轴颈的径向圆跳动误差超过0.25mm时应进行校正,校正后的径向圆跳动误差不得大于0.08mm。

(5)桥壳承孔与半轴套管的配合及伸出长度应符合原厂规定,如半轴套管承孔的磨损严重,可将座孔镗至修理尺寸,更换相应的修理尺寸半轴套管。

(6)滚动轴承与桥壳的配合应符合原厂规定。

6.6 驱动桥的故障诊断与主要零件的检修

6.6.1 驱动桥故障的基本知识

1. 驱动桥常见故障的现象

汽车行驶时,驱动桥的受力情况特别复杂。各传递动力的零件,由于接近最终传动,其所受的各种应力远远大于传动系的其他部件。后轮驱动的汽车，其驱动桥壳要承受相当一部分的载重量；前轮驱动的轿车，其半轴暴露在外，两端万向节的防尘套长期使用后的老化都会使驱动桥的技术状态发生变化，造成传动间隙增大而出现异响、主减速器和差速器壳温度过高、漏油等现象，影响汽车的正常使用。

驱动桥常见故障有异响、发热和漏油。

(1)异响。

①现象。当汽车以40km/h以上的速度行驶时，驱动桥会发生一种不正常的响声，且车速越高响声越大，而当滑行时或低速时响声减小或消失。

②原因。齿轮或轴承严重磨损或损坏；主、从动齿轮配合间隙过大；从动齿轮铆钉或螺栓松动；差速器齿轮、半轴内端或半轴齿轮花键磨损松旷。

(2)发热。

①现象。汽车行驶一段时间后，用手触摸驱动桥时有烫手的感觉。

②原因。轴承装配过紧；齿轮啮合间隙过小；齿轮油太少或黏度不对。

③诊断与排除。应结合发热部位，逐项检查予以排除。轮毂轴承过紧时，常伴有起步费劲，行驶中发沉，滑行不良等现象。

(3)漏油。

①现象。齿轮油从驱动桥处向外渗漏。

②原因。主减速器油封损坏；半轴油封损坏；与油封接触的轴颈磨损，使之表面有沟槽；衬垫损坏或紧固螺栓松动；齿轮油加注过多。

③诊断与排除。齿轮油经半轴凸缘周围渗漏，为半轴油封不良，应更换半轴油封。无半轴油封的汽车(CA1091型)则是因为汽车加注齿轮油过多或汽车在横向坡较大的路面上行驶。或者主减速器主动锥齿轮凸缘处漏油，说明该处油封不良或凸缘轴颈表面磨损产生沟槽，则应更换油封。其他部位漏油可根据油迹查明原因。

2.驱动桥主要零件的检修

(1)后桥壳和半轴套管。

①桥壳和半轴套管不允许有裂纹存在，半轴套管应进行探伤处理。各种螺纹损伤不得超过两牙。

②整体式桥壳以半轴套管的两内端轴颈的公共轴线为基准，两外轴颈的径向圆跳动误差超过0.30mm时应进行校正，校正后的径向圆跳动不得大于0.08mm。

③分段式桥壳以桥壳的结合圆柱面、结合平面为基准，轮毂的内外轴颈的径向圆跳动误差超过0.25mm时应进行校正，校正后的径向圆跳动不得大于0.08mm。

④桥壳承孔与半轴套管的配合及伸出长度应符合原厂规定。如半轴套管的承孔的磨损严重，可将座孔镗至修理尺寸，更换相应修理尺寸的半轴套管。

⑤滚动轴承与桥壳的配合应符合原厂规定。

(2)半轴。

①半轴应进行隐伤检查,不得有任何形式的裂纹存在。

②半轴花键应无明显的扭转变形。

③以半轴轴线为基准,半轴中段未加工圆柱体径向圆跳动误差不得大于1.3mm;花键外圆柱面径向圆跳动误差不得大于0.25mm;半轴凸缘内侧端面圆跳动误差不得大于0.15mm。径向圆跳动误差超限,应进行冷压校正;端面圆跳动误差超限,可车削端面进行修正。

④半轴花键的侧隙增大量较原厂规定不得大于0.15mm。

(3)轮毂。

①轮毂应无裂纹,否则更换,轮毂各部位螺纹的损伤不得多于两牙。

②轮毂和半轴凸缘及制动鼓的结合端面对轴承承孔公共轴线的端面圆跳动公差均为0.15mm,超限可车削修复。

③轮毂轴承孔与轴承的配合应符合原厂规定。

(4)主减速器壳。

①壳体应无裂纹,各部位螺纹孔的损伤不得多于两牙,否则应更换。

②差速器左、右轴承孔同轴度公差为0.10mm。

③圆柱主动齿轮轴承(或侧盖)孔轴线对减速器壳体前端面的平行度公差:当轴线长度在200mm以上,其值为0.12mm;当轴线长度小于或等于200mm,其值为0.10mm。

④主减速器壳纵轴线对横轴线的垂直度公差:当纵轴线长度在300mm以上,其值为0.16mm;当纵轴线长度小于或等于300mm,其值为0.12mm;纵、横轴线应位于同一平面(准双曲面线齿轮除外),其位置度公差为0.08mm。

⑤主减速器壳与侧盖的配合及轴承与壳体的配合应符合原厂规定。

(5)主减速器锥齿轮副。

①齿轮工作表面不得有明显的斑点、剥落、缺损和阶梯形磨损。

②主动锥齿轮:轮齿锥面的径向圆跳动公差为0.05mm;前后轴承与轴颈、承孔的配合应符合原厂规定。从动锥齿轮与差速器壳的连接应牢固可靠。

③齿轮必须成对更换。

(6)差速器。

①差速器壳产生裂纹,应更换。

②差速器壳与行星锥齿轮、半轴锥齿轮垫片的接触面应光滑,无沟槽。如有小的沟槽可用砂纸打磨,并更换新半轴锥齿轮垫片。

③行星锥齿轮、半轴锥齿轮不得有裂纹,工作表面不得有明显的斑点、剥落、缺损。

④差速器壳体与轴承,差速器壳体与行星齿轮轴的配合应符合原厂规定。

(7)滚动轴承轴承的钢球(或滚柱)和滚道上不得有伤痕、剥落、严重黑斑或烧损变色等缺陷,否则应更换。

轴承架不得有缺口、裂纹、铆钉松动(或滚柱)脱出现象,否则应更换。

第7章　车架和车桥

7.1　车架的种类

车架就是支承车身的基础构件，一般称为底盘大梁架。发动机、变速器、转向器及车身部分都固定其上，它除了承受静载荷外，还要承受汽车行驶时产生的动载荷，因此车架必须要有足够的强度和刚度，以保证汽车在正常使用时受到各种应力下不会破坏和变形。

汽车按其结构形式可分为边梁式、中梁式、综合式和无梁式车架。

7.1.1　边梁式车架

边梁式车架由两根位于两边的纵梁和若干根横梁组成，用铆接法或焊接法将纵梁与横梁连接，如图7－1所示。

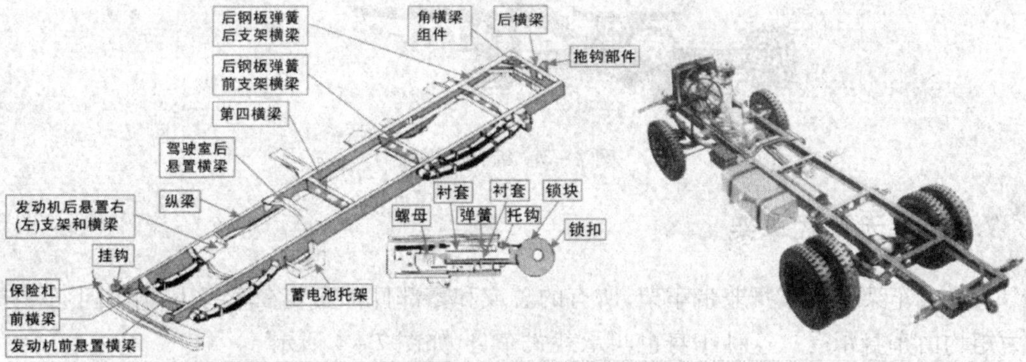

图7－1　边梁式车架

7.1.2　中梁式车架

中梁式车架只有一根位于中央的纵梁，如图7－2所示。

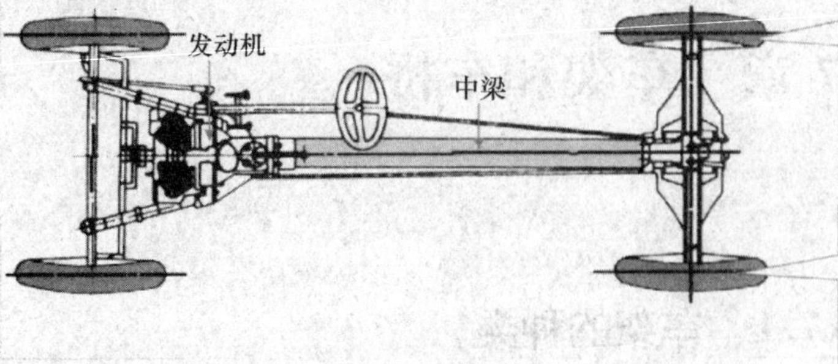

优点：

有较好的抗扭转刚度和较大的前轮转向角；与同吨位的载货汽车相比，其车架轻，整车重量小，同时重心也较低，故行驶稳定性好；脊梁还能起封闭传动轴的防尘罩作用。

缺点：

制造工艺复杂，精度要求高，总成安装困难，维护修理不方便，故目前应用较少。

图 7－2　中梁式车架

7.1.3　综合式车架

综合式车架前部是边梁式,后部是中梁式,如图 7－3 所示。

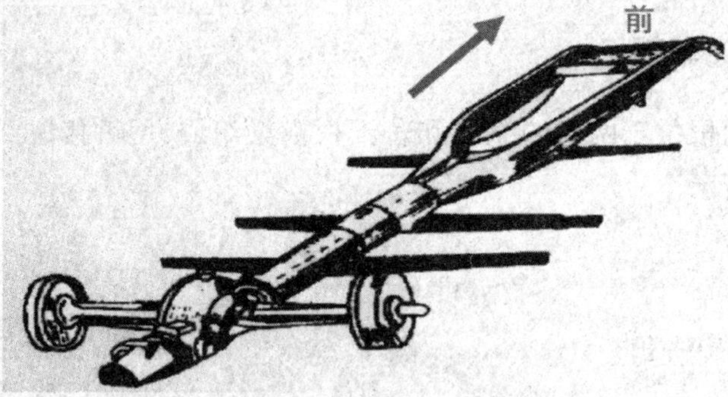

图 7－3　综合式车架

7.1.4　无梁式车架

无梁式车架是以车身兼带车架,所有的总成和零部件都安装在车身上,作用于车身的各种力矩均由车身承受。这种车身也叫承载式车身,如图 7－4 所示。

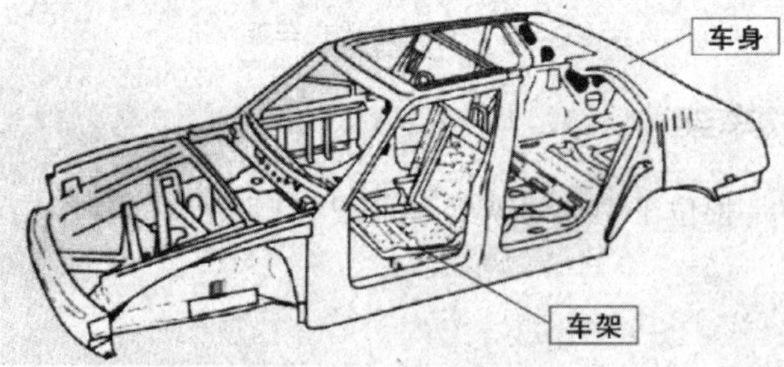

图 7－4　无梁式车架

7.2 车架的修理

7.2.1 车架变形的修理

车架弯曲、扭曲或歪斜变形超过允许值时，应进行矫正。若变形不大，可用专用液压机具（车体矫正机）进行整体冷压矫正。变形严重时，可将车架拆散，对纵、横梁分别进行矫正，然后重新铆合，必要时可采用中性氧化焰或木炭火将变形部位局部加热至暗红色进行热矫正（加热温度不得超过700℃，以免影响车架的性能）。

7.2.1 车架裂纹的修理

车架出现裂纹应采取手工电弧焊进行焊修，其操纵步骤如下。

步骤一：焊前准备用砂布或钢丝刷等将裂纹附近清洗干净；在裂纹端头前方10mm处钻一直径为3~6mm的止裂孔，以防裂纹继续扩展；用手砂轮在裂纹处开V形坡口，如图7-5所示（图中虚线指用砂纸打磨的范围）。

步骤二：施焊用反极直流焊接法焊接，焊接电流为00~140A，焊接电弧应尽量短些，采用直径为4mm的J526焊条，焊条与其运动方向成20°~30°倾角，堆焊高度不大于基体平面1~2mm，焊后要锉平焊缝，修磨光滑。

步骤三：用腹板加强。裂纹较长或在受力较大部位时，焊后应用腹板进行加强。腹板可用焊接或铆接结合的方法固定到车架上。采用焊铆结合的方法时，应先焊后铆，铆钉排列如图7-6所示。焊接腹板时，阴影区禁止施焊，长焊缝应断续焊接。冷天施焊时，焊接部位应适当预热（100℃~150℃），焊后应将焊渣清除干净，焊缝应光滑、平整，无焊瘤、弧坑、气孔、夹渣等缺陷，咬边深度应不大于0.5mm，咬边长度不大于焊缝长度的15%。

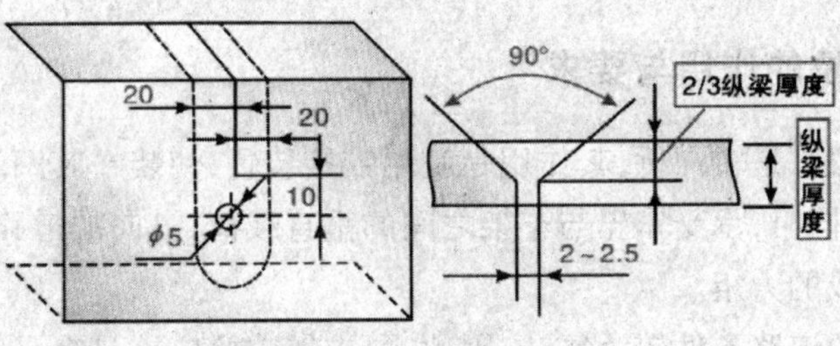

图7-5 焊前裂纹处理

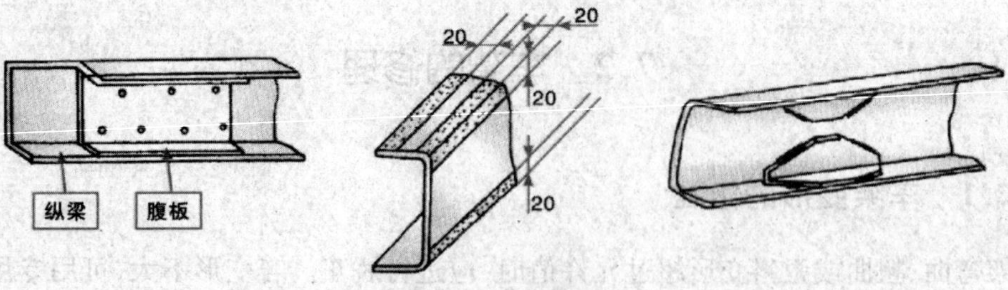

图 7－6　连接技巧

7.3　车桥概述

车桥两端安装车轮它通过悬架与车架相连。当汽车行驶时，车轮受到的滚动阻力、驱动力、制动力、侧向力、弯矩和转矩均通过车桥传递给悬架和车架，同时，车架上的载荷也通过车桥传递给车轮。故车桥的作用是安装车轮，传递车架与车轮之间的各个方向的作用力及其产生的弯矩和转矩。

车桥根据悬架结构形式的不同，可分为非断开式和断开式两种。当采用非独立悬架时，车桥中部是刚性的实心和空心（管状）梁，这种车桥即为非断开式；断开式车桥中部为活动关节式结构，与独立悬架配合使用。

根据车桥作用的不同，车桥又可分为转向桥、驱动桥、转向驱动桥和支持桥四种类型。其中转向桥和支持桥都属于从动桥。一般货车前桥多为转向桥，后桥或中、后两桥为驱动桥，越野汽车的前桥为转向驱动桥，挂车的车桥为支持桥。

驱动桥已在传动系中叙述，支持桥除不能转向外，其他功能和结构与转向桥基本相同。

7.4　转　向　桥

7.4.1　转向桥的作用与要求

汽车的前桥一般都是转向桥，其作用是利用铰接装置，使装在其两端的车轮偏转一定角度来实现汽车转向，同时，承受车轮与车架之间的垂直载荷，纵向的道路阻力、制动力和侧向力以及这些力所形成的力矩。

由于汽车行驶的道路条件较为复杂，因此，要求转向桥应该具有足够的强度和刚度。为了使转向轻便和行驶稳定，减轻轮胎磨损，应使转向轮具有正确的定位角与合适的转向角。应尽量减小转向桥的质量和转向传动件的摩擦阻力。

7.4.2　转向桥的组成

各种车型的转向桥，其结构基本相同，都是由前轴、转向节、主销和轮毂等四部分组成，图 7－7 所示为 CA1092 型汽车转向桥的组成。

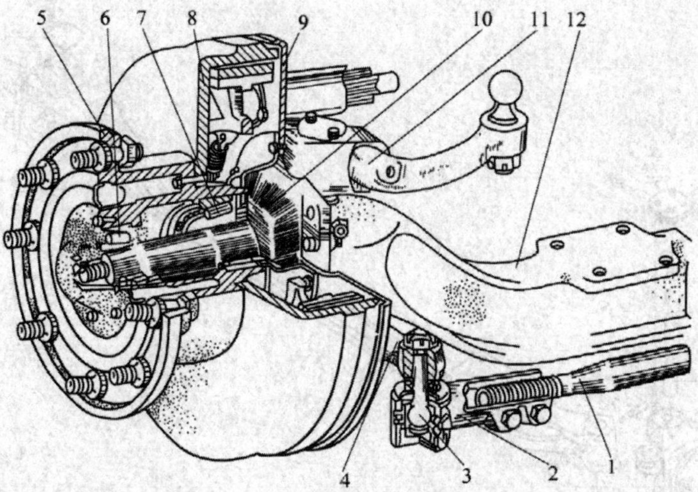

图7-7　CA1092型非独立悬架汽车转向桥

1—转向横拉杆;2—横拉杆接头;3—横拉杆球头销;4—梯形臂;5—轮毂;
6—轮毂轴承;7—前轮毂内轴承;8—制动鼓;9—制动底板;10—转向节;11—转向节臂;12—前轴

7.4.3　转向桥的主要零部件

1. 前轴

前轴由中碳钢锻造,采用抗弯性较好的工字形断面,其结构见图7-8。为了提高抗扭强度,接近两端略呈方形。前轴中部下凹使发动机的位置得以降低,进而降低汽车质心,扩展驾驶员视野,减小传动轴与变速器输出轴之间的夹角。前轴两端向上翘起呈拳形,其中有通孔,主销插入孔内可将前轴与转向节铰接。在主销孔部位有锥形孔,以安装锥形锁销,防止主销转动。前轴上平面有两处用以支承钢板弹簧的加宽面,其上钻有安装U形螺栓用的4个通孔和1个位于中心的钢板弹簧定位坑。此外,在前轴两端还制有前轮最大转向角限位块(或限位螺钉)。

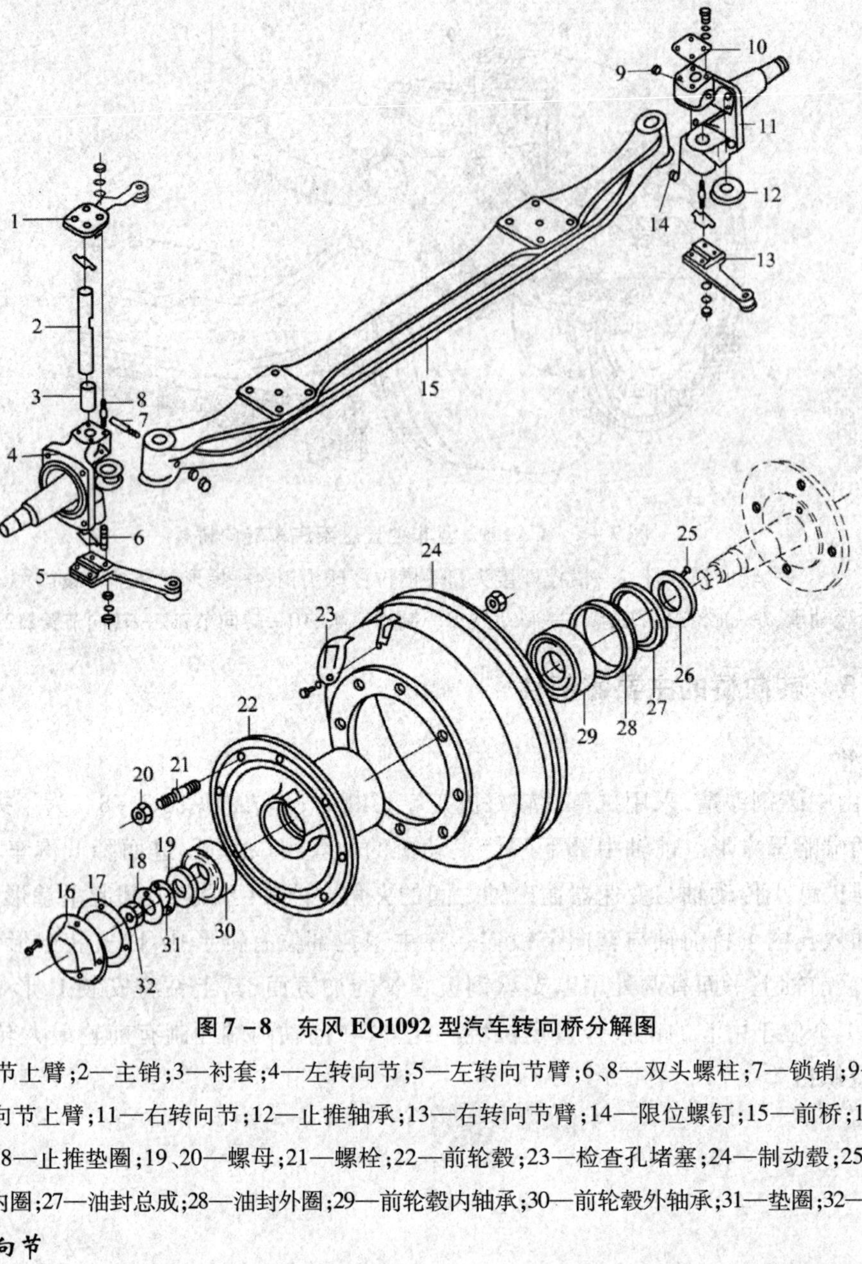

图 7－8　东风 EQ1092 型汽车转向桥分解图

1—左转向节上臂；2—主销；3—衬套；4—左转向节；5—左转向节臂；6、8—双头螺柱；7—锁销；9—滑脂嘴；10—右转向节上臂；11—右转向节；12—止推轴承；13—右转向节臂；14—限位螺钉；15—前桥；16—轮毂；17—衬垫；18—止推垫圈；19、20—螺母；21—螺栓；22—前轮毂；23—检查孔堵塞；24—制动毂；25—定位销；26—油封内圈；27—油封总成；28—油封外圈；29—前轮毂内轴承；30—前轮毂外轴承；31—垫圈；32—锁紧螺母

2. 转向节

转向节是车轮转向的铰接，由上、下两叉和支承轮毂的轴构成。上、下两叉制有安装主销的同轴孔，孔内压入青铜套或尼龙衬套，在衬套上开有润滑油槽，向装在转向节上的滑脂嘴注入润滑脂，润滑脂便通过转向节上的油道、衬套油槽进入主销与衬套之间进行润滑。为使转向灵活轻便，还在转向节下叉的上方与前轴之间装有推力轴承；在转向节上叉与前轴之间，装有调整垫片，用以调整轴向间隙。转向节轴上有两道轴颈，内大外小，用来安装内外轮毂轴承。靠近两叉根部有呈方形的凸缘，其上的通孔用来固定制动底板。一般在左、右转向节的下叉上各有一个带键槽的锥孔，分别安装左右梯形臂。在左转向节的上叉上也有一个带键槽的锥孔，用以安装转向节臂。

3. 主销

主销的作用是插入前轴的主销孔内,铰接前轴与转向节,使转向节绕着主销摆动以实现车轮转向。由于各种车型前轴的结构不同,其主销形式也不相同,常见的有实心圆柱形、空心圆柱形、圆锥形和阶梯形四种。主销中部一般都切有凹槽,通过带螺纹的楔形销将主销固定在前轴拳部孔内,防止主销在孔内转动。

4. 轮毂

轮毂通过内外两个滚锥轴承套装在转向节轴颈上,用于连接制动鼓、轮盘和半轴凸缘。轮毂外端装有冲压的金属端盖,防止泥水或尘土浸入。轮毂内侧装有油封(有的油封装在转向节轴颈的根部),有的还装有挡油盘。一旦油封失效,则外面的挡油盘仍可防止润滑脂进入制动器内。轴承的松紧度可以由调整螺母调整,调好后的轮毂应能正、反方向自由转动而无明显的摆动。然后用锁紧垫圈锁紧。在锁紧垫圈外端还装有止推垫圈和锁紧螺母,拧紧后应把止推垫圈弯曲包住锁紧螺母或用开口销锁住,以防自行松动。

7.5 转向驱动桥

能够实现车轮转向和驱动两种功能的车桥称为转向驱动桥,一般应用于全轮驱动的越野汽车上。其结构如图7-9所示。

它具有一般驱动桥所具有的主减速器、差速器和半轴,也具有一般转向桥所具有的转向节、主销和轮毂等。它与单独的驱动桥和转向桥相比,不同之处是:由于转向的需要,半轴被分成两段,分别叫作内半轴(与差速器相连)和外半轴(与轮毂相连),二者用等角速万向节连接起来;同时主销也因此分成上、下两段,分别固定在万向节的球形支座上。转向节轴颈部分做成空心的,外半轴从中穿过。转向节的连接又是球状壳体,既能满足转向的需要,又适应了转向节的传力需求。

目前,发动机排量2L以下的中低档轿车中有90%以上采用了发动机前置和前轮驱动的布置形式,其前桥既是转向桥又是驱动桥。图7-10所示为上海桑塔纳2000轿车前桥总成,它采用滑柱连杆式(又称麦弗逊式)独立悬架。前桥上端通过减振支柱座与车身连接,下端通过左、右下摇臂与固定在车身上的副车架连接,从而达到固定前轮的作用。悬架下摇臂通过两个金属橡胶支承关节与副车架相连,车轮上下跳动时,摇臂绕支承关节摆动。下摇臂通过球形接头与转向节连接。为了减小车辆转弯时的倾斜度,在副车架与下摇臂之间还装有横向稳定杆。

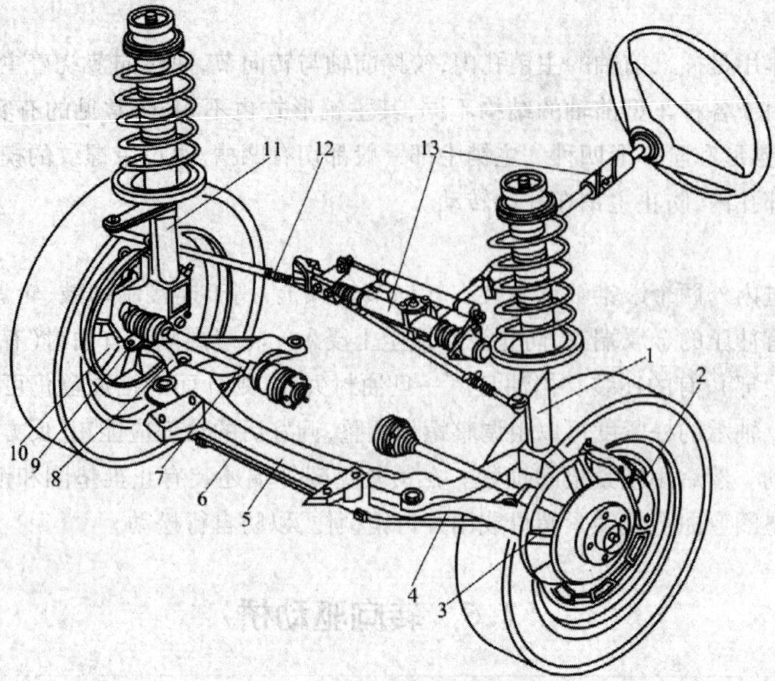

图 7－9　转向驱动桥示意图

1—转向节壳体；2—主销；3—主销轴承；4—球形支座；5—主减速器；6—主减速器壳；7—差速器；8—内半轴；9—半轴套管；10—万向节；11—转向节轴；12—外半轴；13—轮毂；14—轮毂轴承

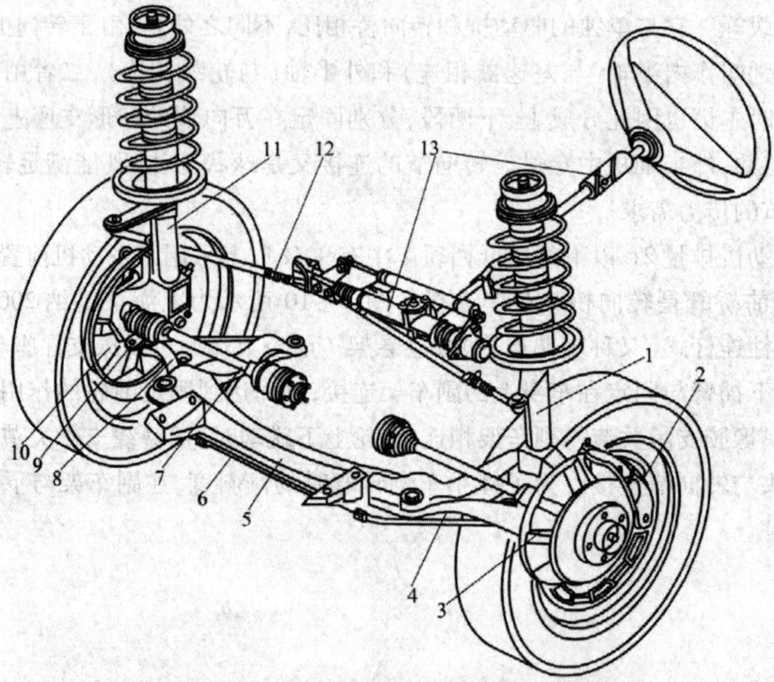

图 7－10　桑塔纳 2000 轿车转向驱动桥

1、11—悬架；2—前轮制动器总成；3—制动盘；4、8—下摆臂；5—副车架；6—横向稳定器；7—传动半轴总成；9—球形接头；10—车轮轴承壳；12—转向横拉杆；13—转向装置总成

7.6　车桥的维修

7.6.1　转向桥的检修

1. 转向桥的拆卸与装配

(1)拆卸。以东风 EQ1092 型汽车转向桥拆卸解体为例,首先用三角木掩好后轮,用卧式千斤顶举升汽车前端,架好保险凳。合理选用拆卸工具,拆下轮胎后进行分解,具体步骤如下。

①拆下挡灰盖螺栓,取下挡灰盖及衬垫;剔平止动垫圈,依次拆下锁紧螺母,止动垫圈、锁紧垫圈和调整螺母,拆下前轮。

②取下轮毂及轮毂外轴承,装上转向节锁紧螺母,以防碰伤螺纹;拆卸车轮制动器及制动底板总成。

③拆下转向节直拉杆球头开口销,拆下锁紧螺母,拆卸横拉杆和纵拉杆及转向节总成;拆卸左转向节上臂和左转向节臂;拆除前钢板弹簧 U 形螺栓。

④用小车将转向桥推出,到专用拆装台上,拆卸主销上、下盖板锁紧螺母,冲出楔形锁销;采用压力机压出主销,若采用锤击法拆卸,应用铜棒抵住主销。

⑤从前轴上取下左转向节、止推轴承及调整垫片,并以相同的方式依次取下右转向节及各部件,如图 7－8 所示。

(2)装配。转向桥的装配按上述拆卸步骤的相反顺序操作。要求装配前,必须对零部件进行清洗、检验合格;所有橡胶件更换新件;调整垫片应保持平整,厚度不允许任意变动;螺栓、螺母紧固要可靠,开口销齐全完整,止动垫圈锁止固定可靠,球头销润滑可靠,各部分转动灵活,无松旷。

2. 转向桥主要零件的检修

(1)前轴的检修。前轴在工作中,主要承受钢板弹簧传来的垂直载荷、地面传来的纵向力和侧面水平力,引起弯曲变形、扭曲变形及疲劳裂纹。与钢板弹簧座和主销之间存在挤压和摩擦的作用,引起弹簧座上定位孔和 U 形螺栓孔、钢板弹簧座平面、主销孔及其上下端面的磨损,影响汽车的前轮定位和行车安全性,并加剧轮胎的磨损。

①前轴裂纹的检修。将前轴清洗干净后,用磁力探伤法或浸油敲击法进行检测,出现裂纹时,应更换前轴。

②钢板弹簧座的检修。用直尺、塞尺检测,如图 7－11 所示。钢板弹簧座平面度误差应不大于 0.40mm,否则应进行修磨,或刨削、铣削等方法进行加工,但钢板弹簧座的厚度减少量应不大于 2mm,否则应进行堆焊修复或换用新件。钢板弹簧座上 U 形螺栓孔及定位销孔的磨损量应不大于 1mm,否则进行堆焊修复。

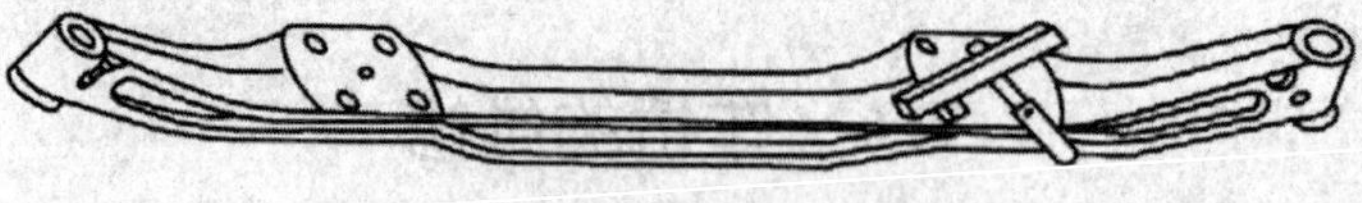

图 7-11　钢板弹簧座平面度检查

③前轴变形的检测与校正。可用前轴检测仪或其他简易方法检测前轴的弯、扭变形。利用前轴检测仪检测，测量结果准确、精度高、快捷方便，但需专用仪器，主要用于生产规模较大的维修企业。对中小型维修企业，一般用直尺、塞尺、水平仪、试棒、角尺及拉线法等进行测量。

(2)两钢板弹簧座之间变形的检测。

①用直尺、塞尺检测两钢板弹簧座，应在同一平面内，按图 7-12(a)所示进行检测，其平面度误差应不大于 0.80mm。

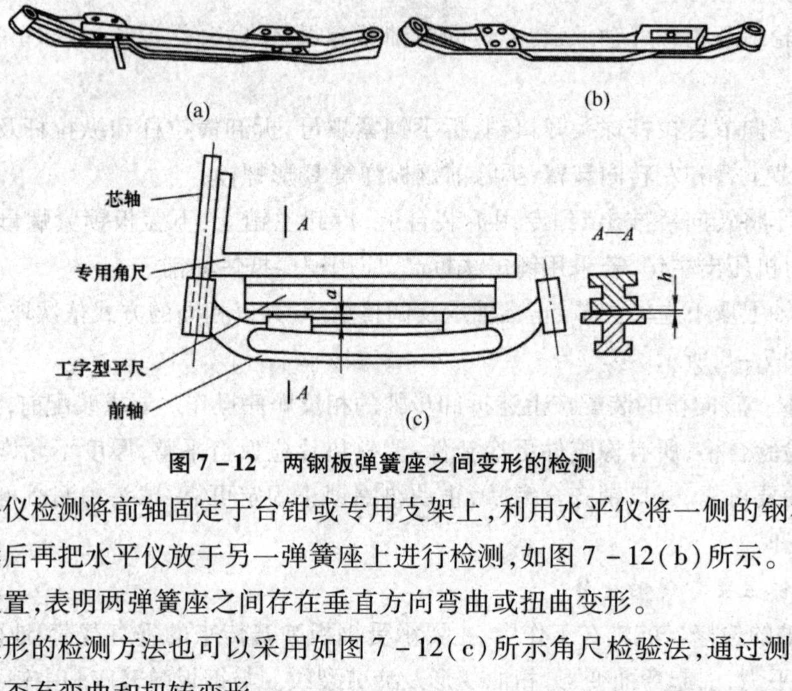

图 7-12　两钢板弹簧座之间变形的检测

②用水平仪检测将前轴固定于台钳或专用支架上，利用水平仪将一侧的钢板弹簧座调整成水平。然后再把水平仪放于另一弹簧座上进行检测，如图 7-12(b)所示。若水泡不在水平仪中间位置，表明两弹簧座之间存在垂直方向弯曲或扭曲变形。

③前轴变形的检测方法也可以采用如图 7-12(c)所示角尺检验法，通过测量 0、6 值可以判断前轴是否有弯曲和扭转变形。

前轴两钢板弹簧座之间存在明显的弯、扭曲变形时，应予以校正。

(3)钢板弹簧座与主销孔之间变形的检测。

①用试棒、角尺检测按图 7-13(a)所示，安放好试棒及角尺(角度与被测车型主销内倾角相同)，如果试棒与角尺之间存在间隙，表明前轴存在垂直方向的弯曲变形。

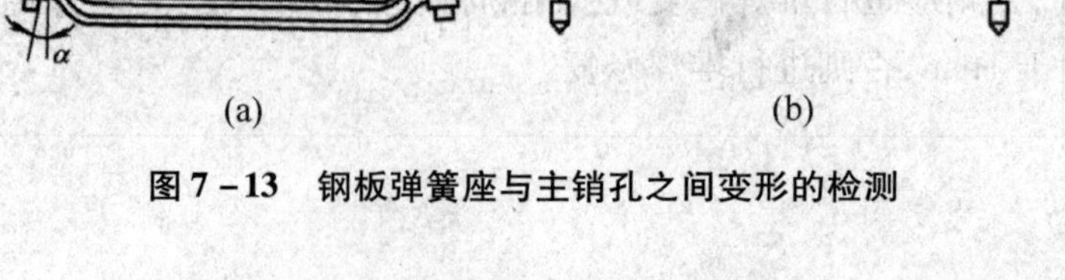

图 7-13　钢板弹簧座与主销孔之间变形的检测

②拉线检测按图7-13(b)所示，在前轴主销孔上端中间拉一细线，然后用直尺测量两钢板弹簧座平面与拉线之间的距离 h，测得值不符合原厂设计值时，表明前轴存在垂直方向的汽车底盘构造与维修弯曲变形。若拉线偏离钢板弹簧座中心(偏离程度应不大于4mm)，表明前轴两端存在水平方向的弯曲或扭曲变形。

(4)前轴的校正。

前轴变形校正必须在钢板弹簧座和定位孔、主销孔磨损修复后进行，以便减少检验、校正的积累误差，提高生产率。一般是采用冷压校正法。前轴弯曲、扭曲变形的校正一般在专用液压校正器上进行，即利用校正器上的液压油缸对前轴的相应部位施加压力或扭力进行校正，如图7-14所示。

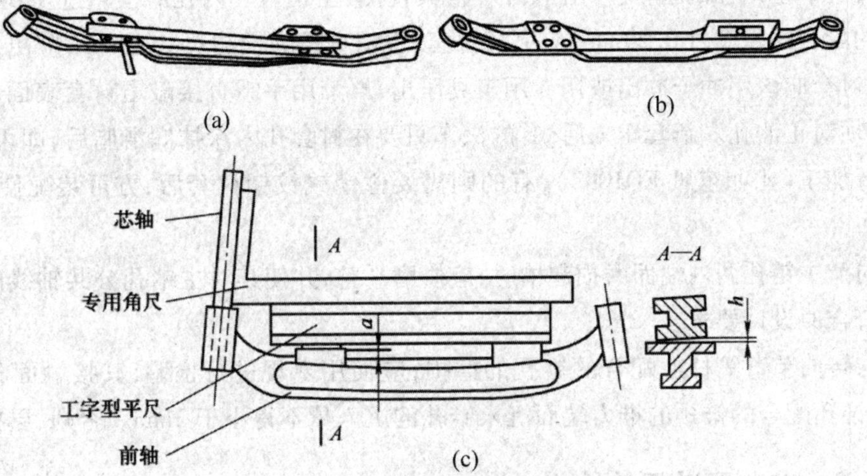

图7-14 前轴的校正

(5)前轴主销孔的检修。

主销承孔使用后存在磨损，用游标卡尺测量，前轴主销孔与主销的配合间隙轿车不大于0.10mm，载货汽车不大于0.20mm。不符合规定要求的，可按修理尺寸法进行修理(数据可查阅维修手册)。前轴主销孔按修理尺寸加大后，要换用相应尺寸的主销与之配合，以恢复配合间隙，并按同级修理尺寸选配推力轴承和加工转向节主销衬套孔。前轴主销孔磨损超过极限，到达最后一级修理尺寸时，可镶套修复或更换前轴。为保证主销内倾角符合标准，锥削前轴主销孔时，应以两钢板弹簧座为基准。

(6)前轴主销孔上、下端面的检修。前轴主销孔上、下端面在使用过程中会发生磨损，其端面磨损沟槽应不大于0.50mm，否则应用锪钻修平。前轴主销孔端面修理后，其厚度减少量应不大于2mm，否则应堆焊修复或换用新件。

(7)转向节的检修。

转向节在工作过程中，由于垂直和纵向弯矩的反复作用，将导致承受力矩最大的转向节轴径根部产生疲劳裂纹甚至断裂，转向节内、外轴承轴颈及主销孔产生磨损，转向节轴颈端部的螺纹有时会被破坏，主销孔上下端面也会发生磨损。

①转向节裂纹的检修。转向节的油封轴颈处,其断面的急剧变化,应力集中,是典型的危险断面,容易产生疲劳裂纹,以致造成转向节轴疲劳断裂酿成重大的交通事故。用磁力探伤法或浸油敲击法检测,转向节不得有任何裂纹出现,否则,应换用新件,不许焊修。

②转向节轴颈磨损的检修。用内径量表及外径千分尺测量轴颈与轴承配合间隙,轴颈直径不大于40mm时,轴颈与轴承配合间隙为0.040mm;轴颈直径大于40mm时,配合间隙为0.055mm。轴颈磨损过大时,可进行电镀修复或换用新件。

③转向节轴端螺纹的检修。用检视法检查,螺纹损伤不多于2牙。锁止螺母应只能用扳手拧入,若能用手拧入,说明螺纹中径磨损松旷,应堆焊修复,并重新车制螺纹或更换转向节。

④转向节主销孔的检修。用内、外径量具检测,主销衬套内孔磨损超过0.07mm或衬套与主销的配合间隙超过0.20mm,应更换衬套;主销直径磨损超过0.10mm,应更换主销。更换时,旧衬套应该用冲子冲出或用专用工具压出,严禁用手锤直接敲击衬套表面。压入新衬套时,必须对正油孔。新套压入后,有的汽车只要在衬套孔内涂抹润滑脂后,即可装配使用,不必进行加工(比如东风EQ1092),有的则需要镗销或铰销衬套后,方可装配使用(如解放CA1091)。

转向节主销孔两内端面磨损起槽时,应修磨平整,并使其对主销孔公共轴线的端面全跳动误差符合原设计要求。

⑤与转向节臂等杆件配合的锥孔的磨损,应使用塞规进行检验,其接触面积不得小于70%,与锥孔配合的锥颈的推力端面沉入锥孔的沉入量不得小于2mm。否则,更换转向节。

7.6.2 转向驱动桥的检修

1. 转向驱动桥的拆卸

如图7-9所示转向驱动桥,拆卸时,首先用三角木掩好后轮,用卧式千斤顶举升汽车前端,架好保险凳,合理选用拆卸工具,拆下轮胎,然后进行分解:

(1)松开前轮轮胎螺栓,拆下前轮;

(2)拆下轮毂凸缘、轮毂、制动底板及转向节轴套;

(3)拆下转向节油封座圈及油封等零件;

(4)拆下主销两端的转向节臂、主销下盖及调整垫片,取下止动销及上下主销;

(5)轻轻敲击,使转向节壳和半轴套管分离,然后从半轴套管中取出半轴。

2. 转向驱动桥主要零件的检修

(1)内、外半轴的分解与组装。

①分解。将已取出的半轴清洗干净,一端用台虎钳夹住,用冲子冲出万向节中心定位销的锁销,如图7-15所示。

提起半轴,使外半轴朝下,并轻轻敲击,使中心钢球的定位销落入外半轴的中心孔中。转动中心钢球,使其凹面朝向某一传力钢球,产生间隙,传力钢球松动,从万向节凹槽中取出该传力钢球，并依次取出其他钢球，最后取出定位销。

对于球叉式万向节，中心定位钢球无凹槽、定位销及锁销，拆卸时，扳动内、外半轴，至最大夹角位置，然后取出传力钢球。其结构如图7－16所示。

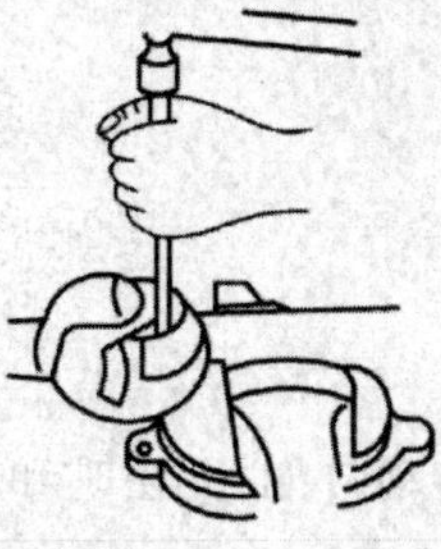

图7－15 冲出定位锁销

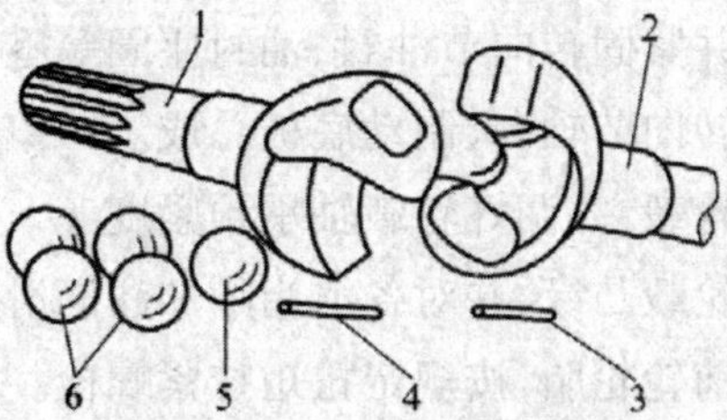

图7－16 内、外半轴结构

1—外半轴；2—内半轴；3—锁销；4—定位；5—定位钢球；6—传力钢球

②组装。先将定位销装入外半轴中心孔中。再将中心定位钢球及3个传力钢球依次安放到内、外半轴叉的凹槽中。转动中心钢球，使其凹面朝向未放钢球凹槽，然后，放入最后一个传力钢球。再转动中心钢球，使其中心孔对准半轴中心孔。提起半轴，使定位销滑入定位钢球中心孔中。最后将锁销插入外半轴的锁销孔中，以保证中心钢球的正确位置。

对于球叉式万向节，无定位销，可先在两叉之间放好中心钢球及3个传力钢球，然后把内、外半轴扳至最大夹角位置，装入最后一个传力球。

(2)内、外半轴的检修。

用磁力探伤法或浸油法进行检查，半轴应无裂纹。用百分表检测，内、外半轴轴端花键与花键孔的配合间隙，应符合规定要求，否则应更换半轴总成。

万向节钢球不得有损伤，同一组钢球直径差不得大于0.15mm，否则应更换新件。外半轴与转向节轴套内衬套的配合间隙也应符合规定要求，否则也要更换新件。

(3)转向节的检修。

用磁力探伤法或浸油敲击法检验，转向节不得有任何裂纹出现，否则应换用新件。用检视法检测，转向节轴外端螺纹损坏应不超过2牙，否则，应堆焊修复，并重新车制螺纹；用内径量表及外径千分尺行测量，轮毂外轴与轴颈的配合间隙应不大于0.040mm，内轴承与轴颈的配合间隙应不大于0.055mm。轴颈磨损过大时，可进行电镀修复或换用新件；转向节主销小端与衬套配合应不大于0.10mm，衬套与球关节上承孔的配合不得松旷，否则应更换新件。主销大端与转向节壳上承孔配合间隙大于0.10mm，或与滚针轴承配合松旷，应更换主销或滚针轴承，或对承孔进行镶套修复。

3.转向驱动桥的装配与调整

转向驱动桥各零件检修完毕后，可按以下顺序进行装配和调整。

(1)按内、外半轴组装顺序，组装半轴总成。

(2)在半轴万向节叉两端安放好适当厚度的止推垫圈，要求两侧垫片厚度应相同，然后将半轴总成装入半轴套管中。

(3)将转向节与半轴球关节壳扣合在一起,装好上、下主销及滚针轴承,安装好止动销、调整垫片、转向节臂及主销下盖,要求转向节上、下垫片厚度差应不大于0.05mm。上下扳动转向节壳应无松旷感,无卡滞现象,过松或过紧,应调整转向节与上、下盖之间垫片厚度。垫片厚度减小、预紧力增大,反之预紧力减小。

(4)更换并紧固转向节油封、油封座圈等零件。

(5)安装转向节轴套、制动底板总成。

(6)安装轮毂,并调好轮毂轴承预紧度。

(7)紧固轮毂凸缘,并对各滑脂嘴加注润滑脂。

(8)安装前轮轮胎,按规定扭矩拧紧螺栓。扳动轮胎,转动自如,无松旷和卡滞。

4. 上海桑塔纳轿车前桥的拆装与维修

上海桑塔纳轿车前桥如图7-10所示。

(1)前悬架总成的拆卸。

①一拆下车轮装饰罩,在车轮着地时,拆下轮毂与传动轴紧固螺母。

②抬高并垫起汽车前轮,拧松车轮轮胎紧固螺母,拆下车轮。

③拧下制动摩擦片磨损信号灯线束固定支架的固定螺栓,卸下其固定支架。拆下制动钳紧固螺栓,取下制动盘,拆下制动软管支架,并用铁丝将制动钳固定在车身上。

④如图7-17所示,卸下转向横拉杆球头销螺母,并用专用工具球头销拆卸器卸下转向横拉杆球形接头。

⑤如图7-18所示,拆下制动摩擦片及横向稳定杆。

⑥拆下传动轴上的轮毂(VL节)的固定螺母,向下按压下臂,从车轮传动轴承壳内拉出传动轴,或者利用压力装置V.A.G1389拉出传动轴,并将其放好,使内侧传动轴保持在差速器内,以免变速器内润滑油流出。

⑦如图7-19所示,取下支撑柱盖子,用内六角扳手阻止活塞杆转动,从下面撑住悬架支承轴或沿反方向固定,旋下活塞杆螺母,用专用工具使转向节孔与减振器筒松开,将转向节向下拉出。

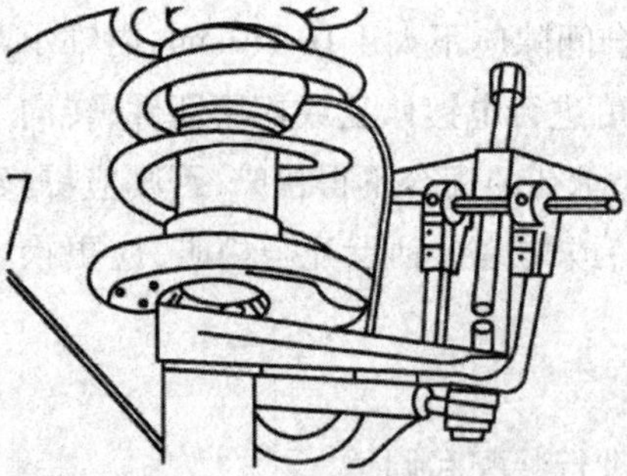

图7-17 压出横拉杆接头

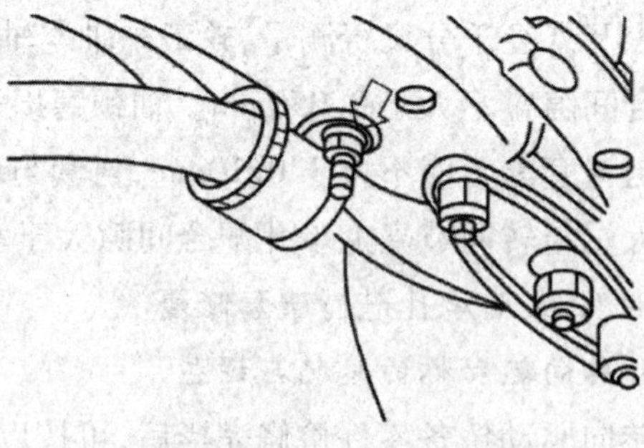

图7-18 拆下稳定杆

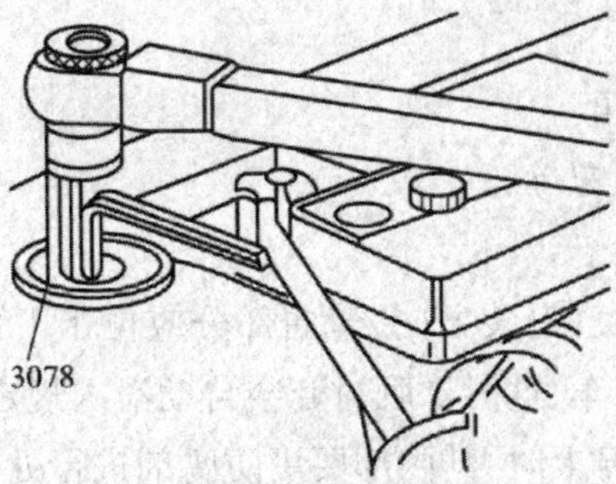

图7－19 旋下活塞杆螺母

(2)副车架、下摇臂及横向稳定杆的拆卸。

拆下副车架与车身的固定螺栓，拆下下摇臂与稳定杆组合件。旋松副车架与下摇臂连接橡胶轴套的螺栓的螺母，拆下摇臂。旋松稳定杆与下摇臂及副车架的连接螺栓，拆下稳定杆。用专用工具压出副车架前后橡胶支承及下摇臂汽车底盘构造与维修两端橡胶支承。

(3)前桥的检测与修理。

①检测悬架螺旋弹簧是否有裂纹和变软的现象，弹簧尾部是否出现擦亮部分，若存在上述情况，则应更换新件。

②检测减振器是否漏油，是否有异响。如果减振器发出异响或漏油过多，则应更换减振器。在拆卸及安装减振器时，要求先用拉具拉住弹簧座圈，压缩螺旋弹簧，再进行开槽螺母和螺母盖的拆卸及安装。

③用专用工具压出轮毂，拉出轴承内座圈，检查前轮毂轴承、轴承壳是否损坏；轮毂轴承应转动灵活、无卡滞；轴承应无裂痕、变形、异响和疲劳点蚀，轴向、径向没有明显的间隙感，否则应更换新件。

④副车架、下摇臂横向稳定杆拆下后，检查各部位橡胶轴承是否损坏，是否产生扭裂、磨耗、老化现象，如有损坏，应更换新件。

⑤检查零件是否有变形，各焊接部位是否有裂纹、脱焊现象，如有损坏则应更换新件。

⑥不要对前悬架总成进行焊接或整形处理，如前悬架不合格，应更换新的总成。所有自锁螺母拆卸后必须更换新件。

(4)安装。

①安装弹簧挡圈。将轴承涂上润滑油并压装到位，装上内弹簧挡圈，用专用工具将轮毂压入轮轴。

②安装减振支柱。装上螺旋弹簧、减振器护套、限位缓冲器。用专用工具压紧弹簧，再拧紧螺母，拧紧时，用内六角扳手阻止活塞杆转动。

③擦净传动轴和花键上的油污，涂上锂基润滑脂。

④装上螺母盖，在等速万向节花键上涂上一圈5mm的防护剂D6，然后装上传动轴花键套。

⑤将球头销重新装配在原来位置，并拧紧螺母。在安装球头销时，不能损坏波纹管

护套。

⑥必要时检查前轮外倾角。

⑦车轮落地后，拧紧轮毂螺母。

要注意：

①安装稳定杆时，必须注意安装方向，弯曲部分应位于下面。安装时，最好先使夹箍处于较松状态，然后经短距离试车，这时橡胶衬套会自动滑入规定位置，再将稳定杆固定。

②副车架安装固定在车身上时，其内部要用防腐剂进行处理，其连接螺栓应按车辆行驶方向，以如下顺序拧紧：后左螺栓→后右螺栓→前左螺栓→前右螺栓。

③安装时所有螺栓和螺母均应按规定的拧紧力矩予以紧固，各部位拧紧力矩见表 7.1。

表 7.1　悬架装置连接拧紧力矩

序号	连接部位	拧紧力矩/N·m
1	独立悬架与车身	60
2	独立悬架轴承与活塞杆	50
3	独立悬架螺栓、螺母	150
4	转向横拉杆与独立悬架	30
5	制动分泵缸体与制动机构支架	35
6	制动钳体与独立悬架	50
7	球形接头与轮毂	50
8	球形接头与下摇臂	65
9	轮载与驱动轴	230
10	驱动轴与凸缘	45
11	下摇臂与副车架	60
12	副车架与车身	70
13	横向稳定杆与副车架及下摇臂	25
14	后桥与支撑座	70
15	支撑座与车身	45
16	减震器与后桥	70
17	减震器与车身	35

5. 上海桑塔纳后桥的拆装和维修

后桥的分解如图 7－20 所示。

(1)后桥的整体拆卸。

①松开连接件：将驻车制动拉索、制动管和制动软管从后桥体上分开；松开车身上的轴承支承座；拆下排气管吊环。

②用专用工具撑住后桥横梁。

③取下车厢内减振器盖板，从车身上拆下弹簧支柱。

④拆下车身上左右轴承支承座。

⑤慢慢升起车辆,将驻车制动拉索从排气管上拉出。

⑥将后桥从车身底下拆出。

⑦拆下金属橡胶支承座,用专用工具将金属橡胶支承逐一拉出,如图7－21、图7－22所示。

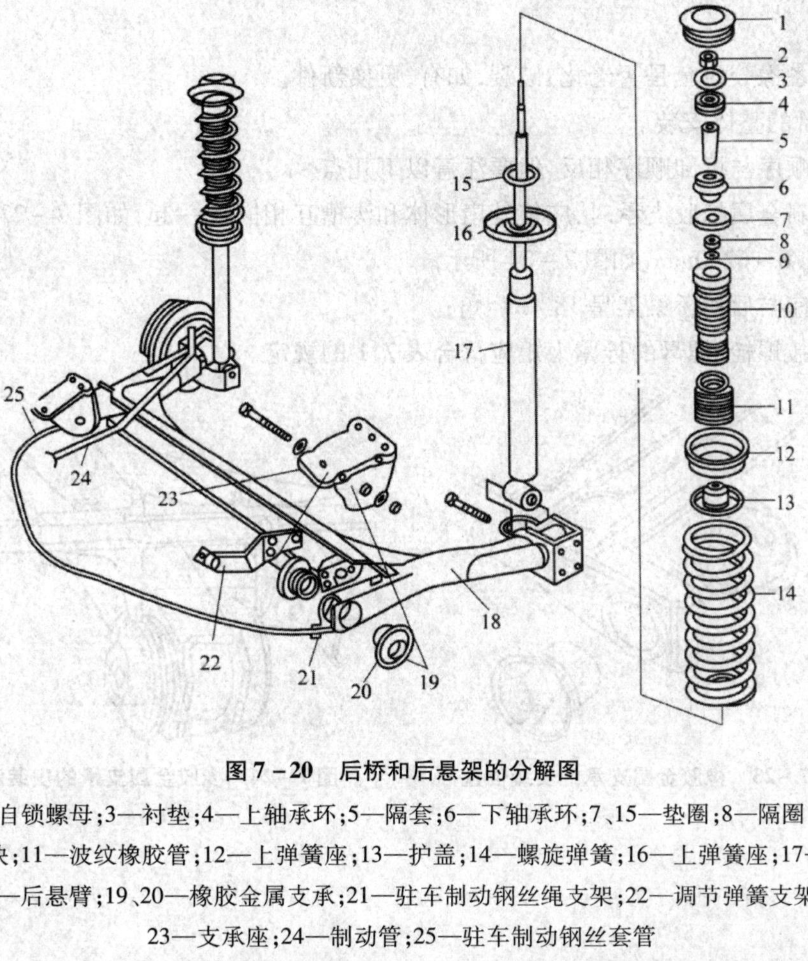

图7－20　后桥和后悬架的分解图

1—盖;2—自锁螺母;3—衬垫;4—上轴承环;5—隔套;6—下轴承环;7、15—垫圈;8—隔圈;9—卡簧;10—缓冲块;11—波纹橡胶管;12—上弹簧座;13—护盖;14—螺旋弹簧;16—上弹簧座;17—减振器;18—后悬臂;19、20—橡胶金属支承;21—驻车制动钢丝绳支架;22—调节弹簧支架;23—支承座;24—制动管;25—驻车制动钢丝套管

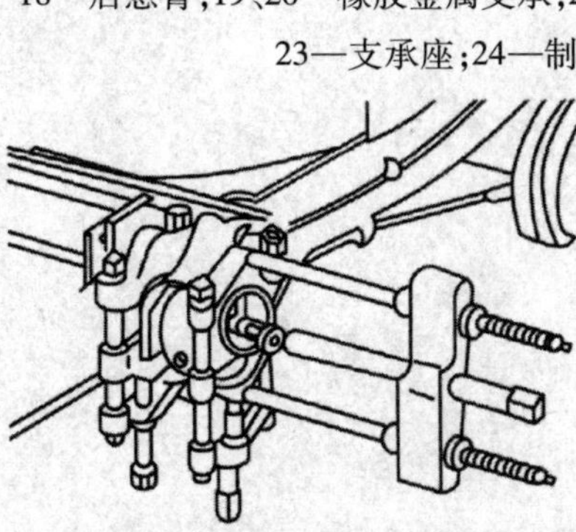

图7－21　拆卸橡胶金属支承图

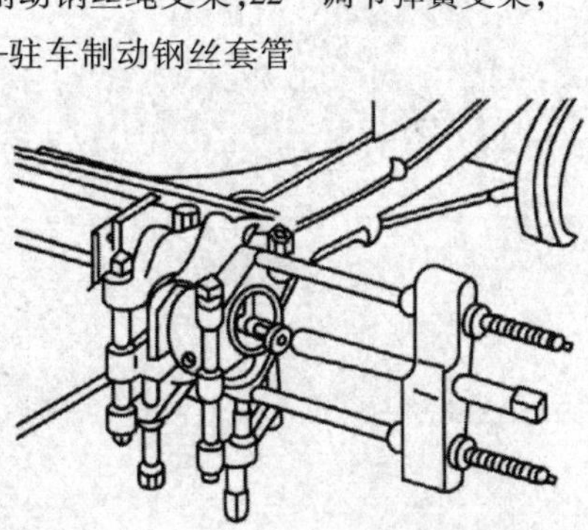

图7－22　拉出另一半橡胶支承

(2)后桥的检查和维修。

①检查螺旋弹簧是否有裂纹、磨损和变软现象,减振器是否漏油,如有损坏,更换新件。

②检查后轮轴承磨损情况，应转动灵活、无卡滞；轴承应无裂痕、变形、异响和疲劳点蚀，轴向、径向无明显间隙，否则应更换。安装新的轴承外圈应用专用工具压入。

③检查后轮毂短轴，其根部应无裂纹，分三点测量短轴直径；短轴磨损严重时，测量误差超过 0.25mm，应更换短轴。

④检查桥架是否有变形，后桥焊接件是否有裂纹，如有问题，不允许对桥架焊接，只能更换新件。

⑤检查各橡胶衬套是否老化、破裂，如有，更换新件。

(3)后桥的整体安装。

安装的顺序与拆卸顺序相反，但要注意以下几点。

①安装新金属橡胶支承时，应使其扇形体和沟槽互相嵌在一起，如图 7-23 所示。安装深度 a 为 61.6~62.0mm，如图 7-24 所示。

②支承座与后桥桥梁架呈 18°±1°角；

③各连接螺栓、螺母的拧紧力矩应符合表 7.1 的规定。

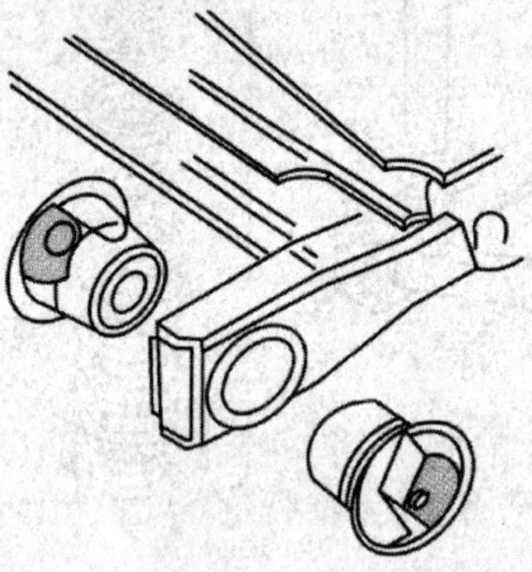

图 7-23　橡胶金属支承的安装位置

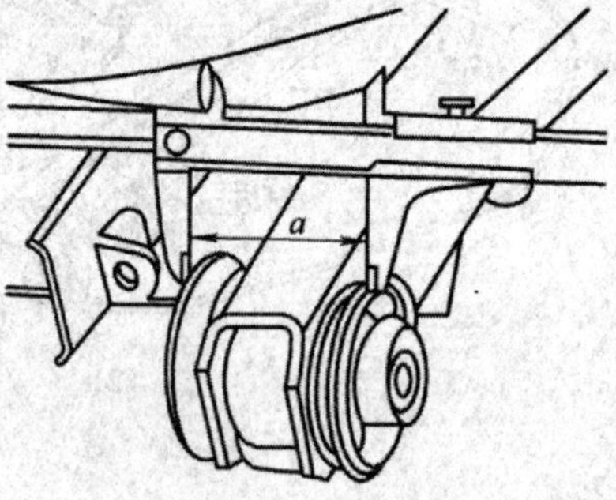

图 7-24　橡胶金属支承的安装深度

第8章 车轮与轮胎

汽车车轮总成如图8－1所示，是由车轮和轮胎两大部分组成，是汽车行驶系中极其重要的部件之一，它处于车轴和地面之间，具有以下基本功用：

(1)支撑整车质量，包括在汽车质量上下运动时产生的惯性动载荷。

(2)缓和由路面传递来的冲击载荷。

(3)通过轮胎和路面之间的附着作用，产生驱动和阻止汽车运动的外力，即为汽车提供驱动力和制动力。

(4)产生平衡汽车转向离心力的侧向力，以便顺利转向，并通过轮胎产生的自动回正力矩，使车轮具有保持直线行驶的能力。

(5)承担跨越障碍的作用，保证汽车的通过性。

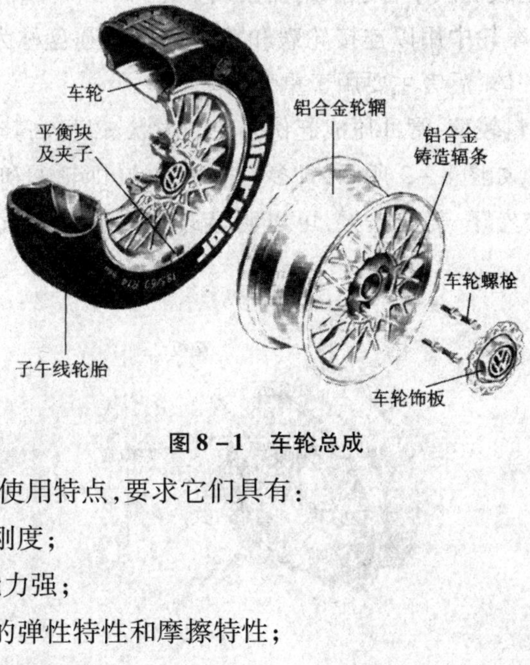

图8－1 车轮总成

针对车轮和轮胎的使用特点，要求它们具有：

(1)足够的强度和刚度；

(2)质量小，散热能力强；

(3)轮胎具有良好的弹性特性和摩擦特性；

(4)足够的使用寿命。

8.1 车 轮

车轮是介于轮胎和车桥之间承受负荷的旋转组件，其功用是安装轮胎，承受轮胎车桥之间的各种载荷的作用。

车轮一般是由轮毂、轮辋和轮辐组成,如图 8 -2 所示。轮毂通过圆锥滚子轴承装在车桥或转向节轴径上,用于连接车轮与车桥。轮辋用于安装和固定轮胎。轮辐用于将轮毂和轮辋连接起来,并通过螺栓与轮毂连接起来。

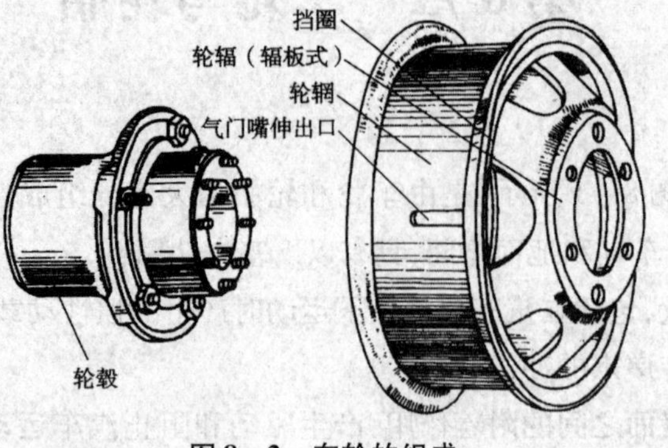

图 8 -2　车轮的组成

8.1.1　轮辐

按轮辐结构的不同,车轮可以分为两种形式:辐板式车轮和辐条式车轮。

普通汽车和轻、中型载货汽车普遍采用辐板式车轮,如图 8 -2 所示,由挡圈、轮辋、辐板和气门嘴伸出口组成。车轮中用以连接轮毂和轮辋的钢质圆盘称为辐板,大多是冲压制成的,少数是与轮毂铸成一体,后者主要用于重型汽车。

轿车的辐板所用板料较薄,常冲压成起伏多变的形状,以提高其刚度。目前广泛采用的汽车车轮为铝合金车轮,如图 8 -3 所示,且多为整体式的,即轮辋和轮辐铸成一体。它质量小,尺寸精度高,生产工艺好,美观大方,可以明显改善车轮的空气动力学特性,降低汽车油耗。

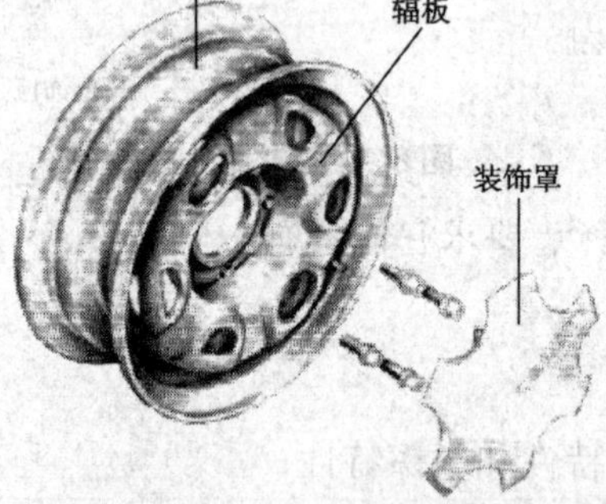

图 8 -3　轿车铝合金车轮

辐条式车轮按辐条结构的不同分为钢丝辐条式车轮和铸造辐条式车轮,如图 8 -4 所示。

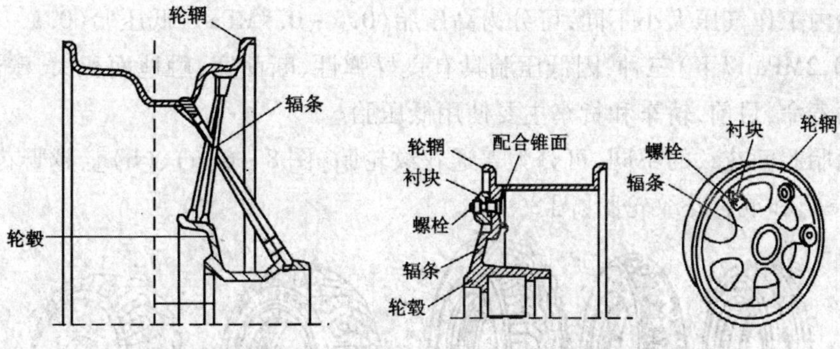

(a) 辐条式车轮　　(b) 铸造辐条式车轮

图 8 -4　辐条式车轮

8.1.2　轮辋

轮辋用于安装和固定轮胎。按其结构不同，轮辋的常见结构形式有深槽轮辋、平底轮辋和对开式轮辋，如图 8 -5 所示。此外，还有半深槽轮辋、深槽宽轮辋、平底宽轮辋、全斜底轮辋等。

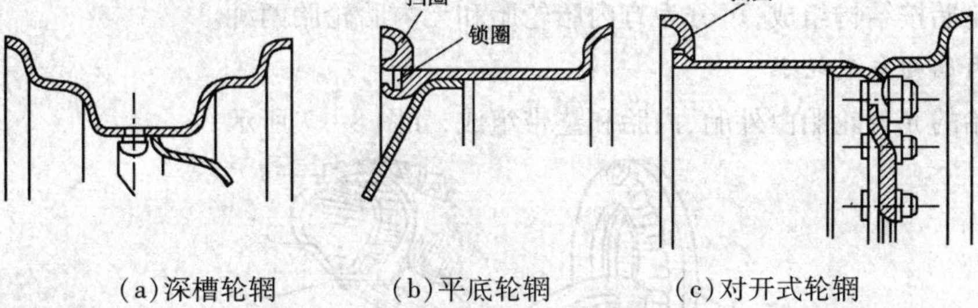

(a) 深槽轮辋　　(b) 平底轮辋　　(c) 对开式轮辋

图 8 -5　轮辋的常见结构形式

8.2　轮　　胎

8.2.1　轮胎的功用与类型

轮胎安装在轮辋上，直接与路面接触。它的作用是：支承汽车的总重量；传递驱动力和制动力；与悬架共同作用，吸收和缓和汽车行驶时所受到的部分冲击和振动；以保证汽车有良好的乘坐舒适性和行驶平顺性，保证轮胎与路面的良好附着，以提高汽车的动力性、制动性和通过性。

轮胎必须具有适宜的弹性和承受载荷的能力，胎面部分应具有花纹，以增强附着力。汽车轮胎按胎体结构不同，可分为充气轮胎和实心轮胎。现代汽车绝大多数都采用充气轮胎。充气轮胎的分类方法有很多种。按其组成结构不同，可分为有内胎和无内胎两种。

按其胎体内帘线排列方向的不同，又可分为普通斜交轮胎和子午线轮胎，在汽车上得到广泛使用。

按其胎内工作气压大小不同,可分为高压胎(0.5~0.7MPa),低压胎(0.2~0.5MPa)和超低压胎(0.2MPa 以下)三种,因低压胎具有良好弹性、断面宽,触地面积大,壁薄,散热好,提高了使用寿命,目前,轿车和货车主要使用低压胎。

按其轮胎胎面花纹的不同,可分为普通花纹轮胎[图 8-6(a)、(b)]、越野花纹轮胎[图 8-6(d)、(e)]和混合花纹轮胎[图 8-6(c)]。

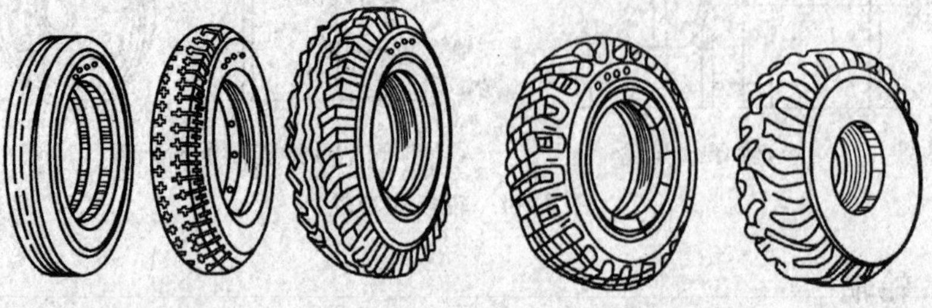

(a)纵向花纹　(b)横向花纹　(c)混合花纹　(d)马牙形花纹　(e)人字形花

图 8-6　轮胎花纹

8.2.2　充气轮胎的结构

充气轮胎按结构组成,可分为有内胎轮胎和无内胎轮胎两种。

1. 有内胎的充气轮胎

有内胎的充气轮胎由外胎、内胎和垫带组成,如图 8-7 所示。

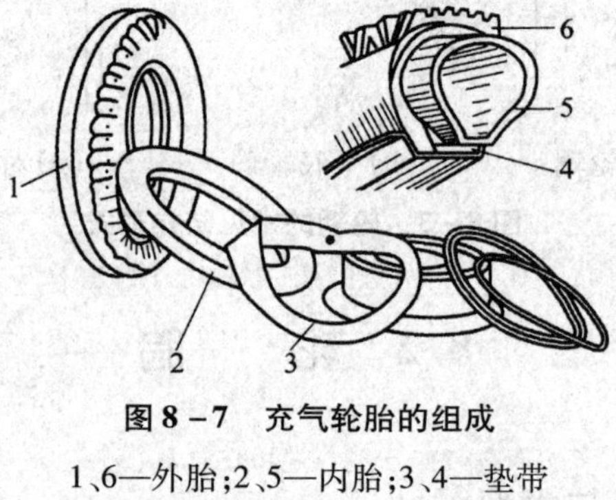

图 8-7　充气轮胎的组成

1、6—外胎;2、5—内胎;3、4—垫带

(1)外胎。外胎是用耐磨橡胶制成的具有高强度和弹性的外壳,直接与地面接触,保护内胎不受损伤。它由胎圈、缓冲层(带束层)、胎面、帘布层等组成,如图 8-8 所示。

①胎圈。胎圈使外胎牢固地装在轮辋上,有很大的刚度和强度,由钢丝圈、帘布层包边和胎圈包布组成。

②缓冲层。缓冲层位于胎面与帘布层之间,用胶片和两层或数层挂胶帘布制成,弹性大,能缓冲汽车在行驶时所受到的不平路面冲击,并防止紧急制动时胎面与帘布层脱离。

③胎面。胎面是外胎的外表面,它包括胎冠、胎肩和胎侧三部分。

胎冠与地面接触,直接承受冲击与磨损,并保护胎体免受机械损伤。胎冠上制有各种形式的花纹,以使轮胎与地面有良好的附着性能,防止汽车纵横向滑移,胎冠上常见花纹形式如图 8-8 所示。

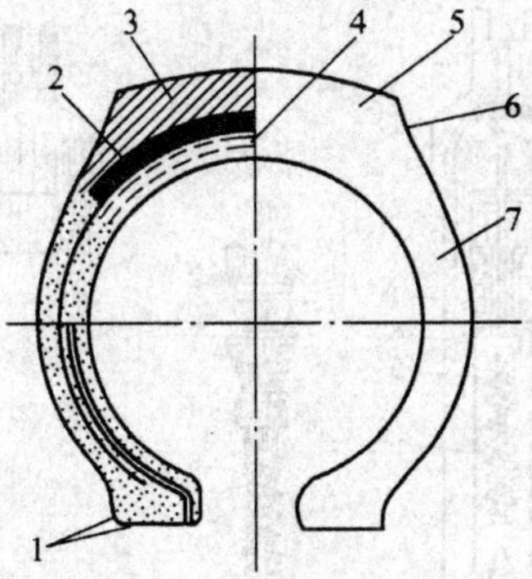

图8-8 外胎的结构

1—胎圈;2—缓冲层;3—胎面;4—帘布层;5—胎冠;6—胎肩;7—胎侧

普通花纹轮胎的特点是花纹沟槽细而浅,花纹块的接地面积较大,因而耐磨损性和附着性较好,适用于较好的硬路面。其中,纵向花纹轮胎[图8-6(a)]滚动阻力小、防侧滑和散热性能好、噪声小、高速行驶性能好,但甩石性和排水性较差;横向花纹轮胎[图8-6(b)]耐磨性好,不易夹石子,但散热性差,工作噪声大,不易高速行驶。

越野花纹轮胎的特点是花纹沟槽宽而深,花纹块接地面积较小,保证了轮胎与大片接地面积的"咬合",防滑性能好。混合花纹轮胎[图8-6(c)]兼有普通花纹和越野花纹的特点,胎冠中部花纹通常为菱形和纵向锯齿形,而在两边多为横向大块越野花纹,其缺点是耐磨性能较差和胎面磨损不均匀;马牙形花纹轮胎[图8-6(d)]具有大块横向花纹,接地面积大,花纹强度高,常用在矿山、建筑工地上的行驶车辆上;人字形花纹轮胎[图8-6(e)]在安装时,应将人字尖端指向汽车前进时车轮旋转方向的前方,以提高排泥性和附着力。

胎肩是较厚的胎冠与较薄的胎侧间的过渡部分,一般也制有花纹,以利于防滑和散热。

胎侧是贴在帘布层侧壁的薄橡胶层,用以保护帘布层,避免受潮湿和机械损伤。

④帘布层。帘布层是外胎的骨架,也称胎体,其主要作用是承受载荷、保持轮胎外缘尺寸和形状。帘布层通常用多层胶化的棉线或其他纤维编织而成,其帘线按一定角度交叉排列,如图8-9所示。缓冲层位于胎面与帘布层之间,质软而弹性大,一般由多层较稀疏的帘线和富有较大弹性的橡胶制成,其作用是加强胎面与帘布层的结合,以防紧急制动时胎面从帘布层上脱落,同时又能减小路面对轮胎的冲击和振动。胎圈是帘布层的根基,它有较大的刚度和强度,轮胎靠胎圈装在轮辋上。胎圈由钢丝圈、帘布层包边和胎圈包布组成。

(2)内胎。内胎是一个环形橡胶管,应具有良好的弹性、耐热性和密封性。为保证在充气状态下不生产皱折,内胎有效尺寸稍小于外胎内壁尺寸。

内胎上装有气门嘴,用于充入或排出空气,其结构如图8-9所示。当轮胎充气时,空气压力顶开阀门,压缩弹簧;充气完毕,弹簧回位,将阀门紧紧压在阀座,实现密封。

(3)垫带。垫带是一个环形橡胶带,它垫在内胎与轮辋之间,保护内胎不被轮辋和胎圈磨坏,并防止尘土及水汽浸入胎内。

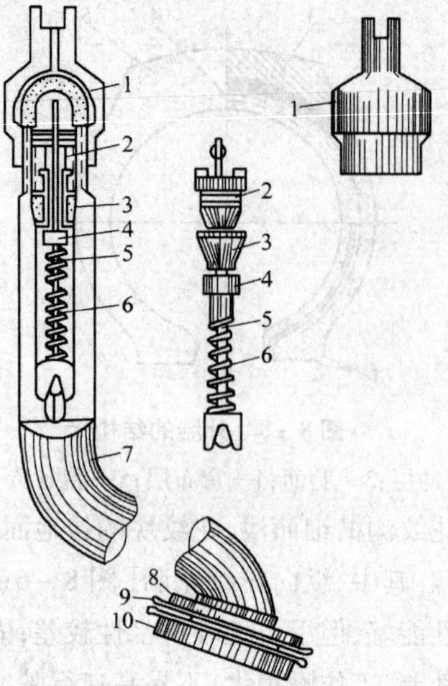

图 8－9　气门嘴

1—盖;2、8—螺母;3—衬套;4—阀门;5—杆;6—弹簧;7—座筒;9—垫片;10—凸缘

2. 普通斜交轮胎和子午线轮胎

(1)普通斜交轮胎。普通斜交轮胎是帘布层和缓冲层各相邻层帘线交叉,且与胎面中心线呈小于90°角排列的充气轮胎,如图 8－10(a)所示。外胎由胎圈、缓冲层、胎面、帘布层等组成。帘布层是外胎的骨架,用以保持外胎的形状和尺寸,通常由成双数的多层帘布用橡胶贴合而成。帘布的帘线与轮胎子午断面的交角(胎冠角)一般为 52°～54°,相邻层帘线相交排列。帘布由纵向强韧的经线和放在各经线之间的少数纬线织成,帘线由棉线、人造丝线、尼龙线、钢丝制成。在外胎表面注有帘布层数或层级。帘布层数越多,强度越大,弹性降低。缓冲层由两层帘线交叉排列。普通斜交轮胎的优点是噪声小,外胎面柔软,在低速行驶时乘坐舒适感好,价格便宜。

(a)普通斜交轮胎　　(b)子午线轮胎

图 8－10　帘布层和缓冲层帘线的排列

(2)子午线轮胎。子午线轮胎是帘布层帘线排列方向与轮胎子午断面(即胎面中心线)成 90°角或接近 90°角排列,以带束层箍紧胎体的充气轮胎,如图 8－10(b)所示。其特点:帘

线这样排列能使其强度被充分利用，帘布层数比普通斜交轮胎可减少40%～50%；帘线不是交错排列，没有偶数限制，胎体较柔软；帘线在圆周方向只靠橡胶联系，具有若干层帘线，形成束带层，束带层采用玻璃纤维、聚酸胺纤维等强度较高、拉伸变形小的织物制造。

由于子午线轮胎具有上述特性，与普通斜交轮胎相比，具有更多的优越性：弹性大、耐磨性好、滚动阻力小、附着性能强、缓冲性能好、承载能力大、不易穿刺。由于具有这些优点，子午线轮胎在现代汽车上已广泛应用，如上海桑塔纳轿车、东风EQ1092型汽车等。

其缺点是外胎面刚性大，低速时，不容易吸收路面凹凸及接缝产生的冲击，胎侧易裂口，制造要求高，成本高，由于胎侧柔软，被刺后伤痕易扩大。

子午线轮胎与普通斜交轮胎在帘线排列上的比较，如图8－11所示。子午线轮胎胎体的帘线排列成辐射状，胎侧部柔软。斜交轮胎的帘线排列成斜线交叉，很难调整局部的强度。

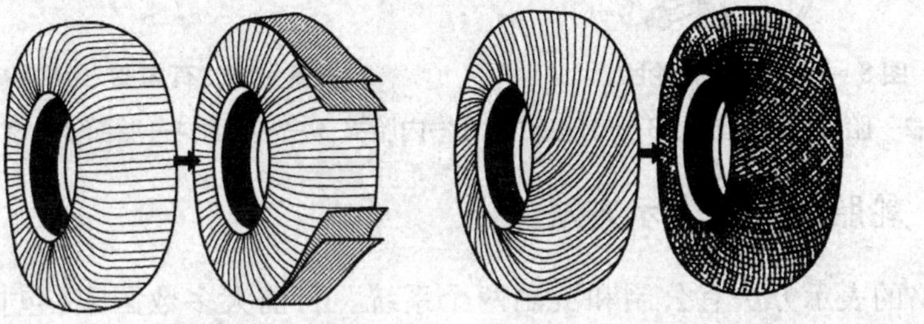

（a）子午线轮胎　（b）斜交轮胎

图8－11　子午线轮胎和普通斜交轮胎在帘线排列上的比较

子午线轮胎和普通斜交轮胎在性能上的比较，如图8－12和图8－13所示。子午线轮胎在承受横向力时，胎侧虽然有些变形，但触地面积不受影响，而斜交轮胎则做不到。在垂直载荷作用下，由于子午线轮胎刚性大，变形小，触地面积变化小。

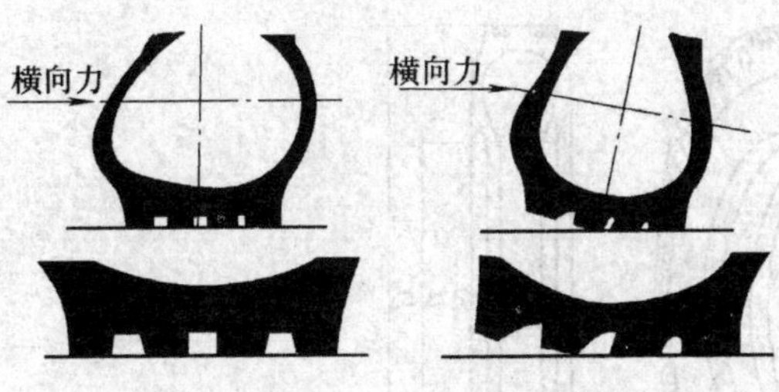

图8－12　轮胎受侧向力时的变化

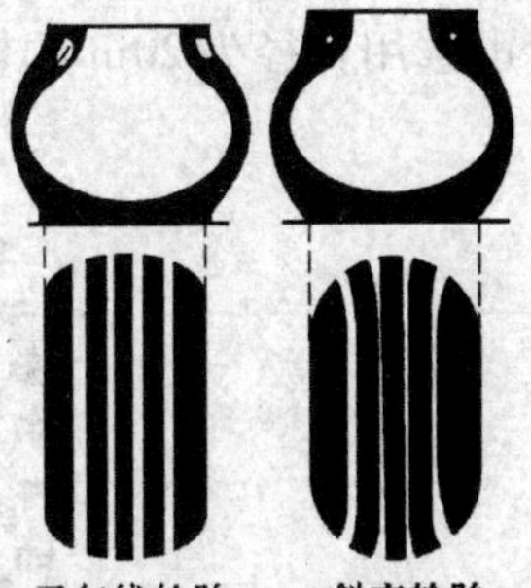

图8－13　轮胎接触地面的变形

3. 无内胎的充气轮胎

无内胎的充气轮胎没有内胎，空气直接压入外胎中，要求外胎与轮辋之间有很好密封性。其结构如图8－14所示，它虽然没有充气内胎，但在外胎内壁上有一层2～3mm厚专门用来封气的橡胶密封层，采用硫化的方法黏附上去，在密封层正对着胎面下面粘贴着一层未硫化橡胶制成的自粘层。当轮胎穿孔时，自粘层能自行将刺穿的孔黏好。在胎圈上有若干同心的环形槽，在轮胎空气压力作用下，槽纹使胎圈可靠地紧贴在轮辋边上，保证轮胎与轮辋之间的密封性。它的特点是钉子刺破轮胎后，内部空气不会立即泄掉，安全性能好；另外，轮胎爆破后，可从外部紧急处理。目前这种轮胎在轿车上应用较多，如，上海桑塔纳轿车就装用了子午线无内胎轮胎。

有内胎、无内胎轮胎结构比较如图 8－15 所示。

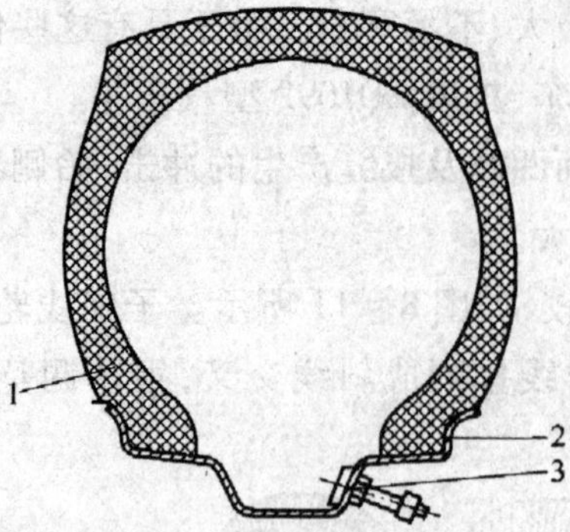

图 8－14　无内胎轮胎

1—橡胶密封层；2—胎圈橡胶密封层；3—气门嘴

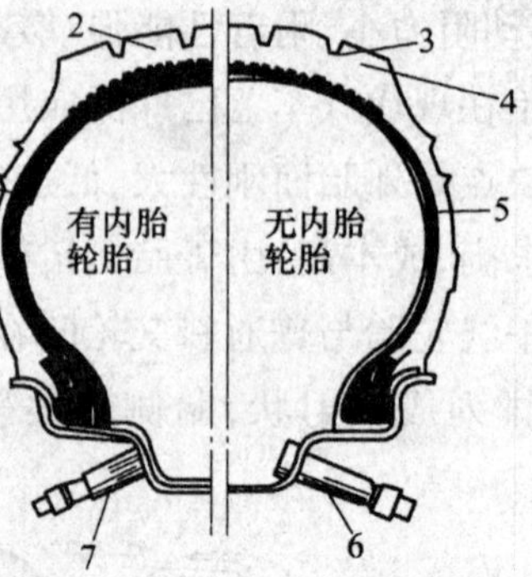

图 8－15　有内胎、无内胎轮胎结构比较

1—内胎；2、3—外胎面；4—胎面；5—密封层；6、7—打气阀

8.2.3　轮胎的规格表示方法

轮胎规格的表示方法有公制和英制两个系统。目前大多数国家（包括我国）都采用英制。下面介绍我国充气轮胎规格的表示方法。

1. 高压胎

高压胎一般用 $D \times B$ 表示。D 为轮胎各义直径，B 为轮胎断面宽度，其单位均为英寸，“×”表示高压胎。因为轮胎断面宽度 B 约等于断面高度 H，故安装外胎轮辋直径应为 $d = D - 2B$，如图 8－16 所示。例如：轮胎规格 34 ×7 表示为该轮胎外径为 34in，断面宽度为 7in 的高压胎。可选用直径为 20in 的轮辋。高压胎在汽车上应用较少。

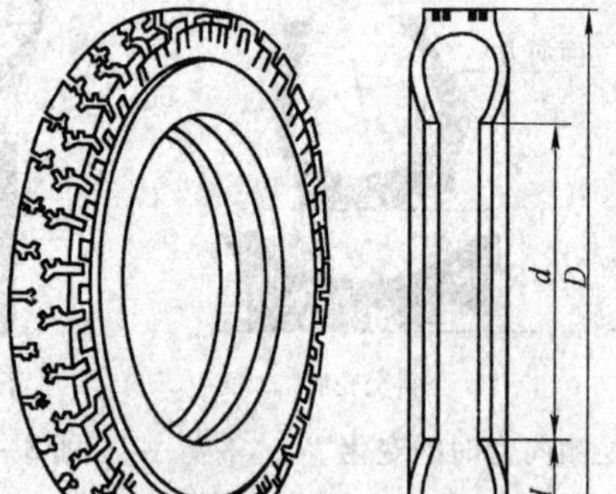

图 8－16　轮胎规格表示方法

2. 低压胎

汽车上常用的是低压胎，其尺寸标记用 $B - d$ 表示。B 为轮胎断面宽度，d 为轮辋直径，单位均为英寸，“—”表示低压胎。例如：轮胎规格 9 · 00—20，表示为该轮胎断面宽度为

9in，轮辋名义直径为 20in 的低压胎。

3. 超低压胎

超低压胎的规格表示方法与低压胎表示方法相同。

我国国家标准规定，在外胎两侧除标有轮胎规格外，还应标有制造商标、最大负荷、相应气压、编号及平衡标志等。为便于识别胎体帘线材料，胎侧还标有汉语拼音字母，如：M(表示棉花帘线)、R(人造丝帘线)、N(尼龙帘线)、G(钢丝帘线)等。这些字母一般写在规格尺寸后面。有的胎侧还标有适用的轮辋规格，某些越野车轮胎还用箭头指示滚动方向。

4. 子午线轮胎

子午线轮胎一般标注有“Z”字母，但有的用英文缩写字母“R”表示。

子午线轮胎用 ISO 新标准表示，轮胎宽度的单位用毫米表示，车轮轮辋用英寸表示，轮胎强度用字母或数字表示，扁平轮胎还表示扁平率(高宽比)，轿车用轮胎的规格除表示轮胎宽度和轮辋直径外，还表示轮胎结构和允许最高车速。如 180/70 R13 86T，其中 180 表示轮胎名义断面宽度 180mm，70 表示轮胎系列是 70 系列，R 为子午线轮胎代号，13 表示轮辋名义直径为 13in，86 表示负荷指数(最大负荷 5300N)，T 表示速度级别(最高行驶速度为 190km/h)。

5. 普通斜交轮胎

普通斜交轮胎除了用英寸表示轮胎宽度和轮辋直径外，轮胎强度则用帘布层数来表示。例如：6. 70—13—6PR，其中 6. 70 表示轮胎名义断面宽度 6. 7in，13 表示轮辋名义直径为 13in，6PR 表示轮胎层级为 6 层级，不代表实际层数，只表示可承受相当于 6 层级的棉帘线的负荷。

8.3 车轮和轮胎的检测与维修

8.3.1 车轮的检测

拆检轮辋及挡圈应无锈蚀、变形、裂纹和脱焊，螺孔处磨损不超过 1.5mm。

检查轮胎的胎面、胎肩、胎侧、胎里均不应有气鼓、裂伤、腔空、破洞、扎钉、跳线和胶质老化等，趾口应无磨损。

检查轮胎气压，在常温下不能低于规定气压的 10%。

8.3.2 轮胎的定期换位

要按规定周期进行轮胎换位，以使其磨损平衡。若全车轮胎为统一的规格、花纹、层级和结构，且行驶里程一致，则可使用循环换位或交叉换位。若装用不同成色的轮胎，可酌情搭配换位。

注意：前轮严禁装用翻新修补轮胎，不允许子午线轮胎和斜交轮胎混装。

8.3.3 轮毂的检修

用百分表测量轮辋径向和轴向跳动量。钢制车轮:径向跳动量为0.6mm,轴向跳动量为1.0mm。铝合金车轮:径向跳动量0.3mm,轴向跳动量0.3mm。如图8-17所示。如超标应更换轮辋,更换后按图8-18所示顺序拧紧车轮螺母,拧紧力矩为90~110N·m。

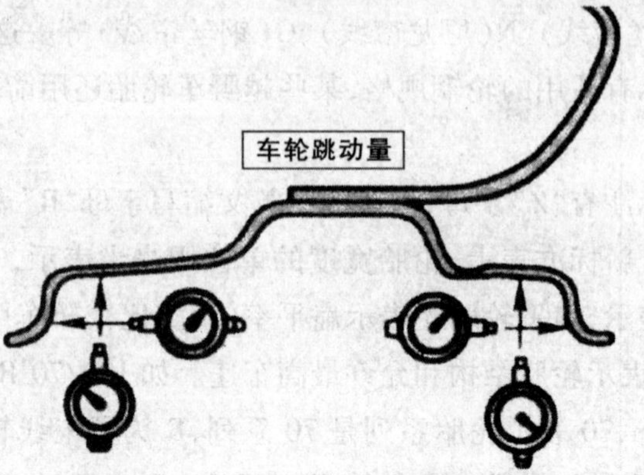

图8-17 测量轮辋径向和轴向跳动量

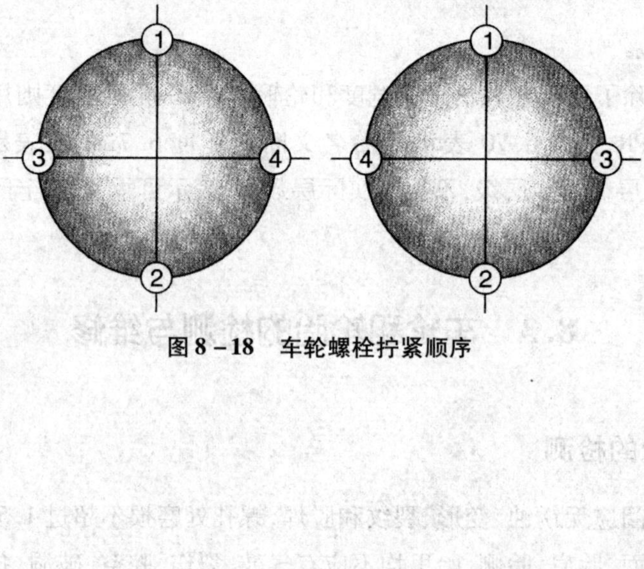

图8-18 车轮螺栓拧紧顺序

第9章 悬　架

9.1 悬架概述

9.1.1 悬架的分类和功用

按悬架导向机构的不同,悬架可以分为非独立悬架和独立悬架,如图9-1所示。

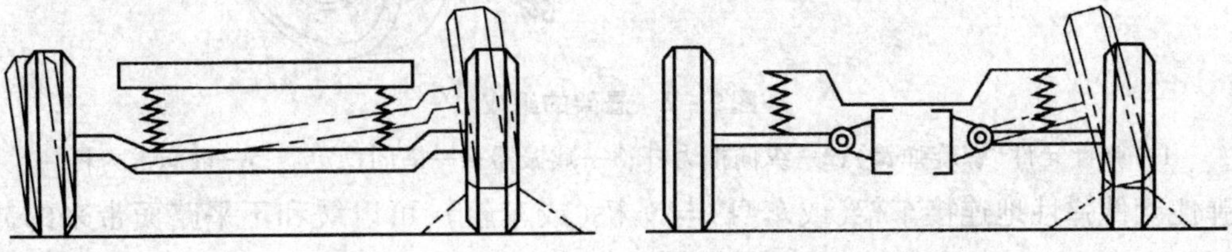

(a)非独立悬架　　(b)独立悬架

图9-1 非独立悬架与独立悬架

非独立悬架的结构特点是两侧车轮由一根整体式车桥相连,车轮和车桥一起通过弹性悬架悬挂在车架(或车身)下面,所以一侧车轮发生位置变化后会导致另一侧车轮的位置也发生变化。

独立悬架的车桥为断开式车桥,两侧车轮分别独立地与车架(或车身)弹性相连,所以两侧车轮的运动是相对独立、互不影响的。

按悬架控制方式的不同,悬架可分为被动悬架和主动悬架。被动悬架是指刚度和阻尼基本一定的悬架。主动悬架是电子控制悬架,根据路面和行驶工况的不同自动调节悬架的刚度和阻尼,从而提高乘坐舒适性和操纵稳定性。

悬架具有以下功用。

(1)弹性连接车架(或车身)和车桥(或车轮),把路面作用到车轮的各种力和力矩传给车架(或车身)。

(2)缓和冲击、衰减由弹性系统引起的振动,提供舒适的乘坐条件,使汽车行驶具有良好的平顺性。

(3)保证汽车具有良好的操纵稳定性。

9.1.2 悬架的组成

悬架是车架(或承载式车身)与车桥(或车轮)之间一切传力连接装置的总称。现代汽车的悬架一般都由弹性元件、减振器、导向机构等组成，轿车一般还有横向稳定器，如图 9 –2 所示。

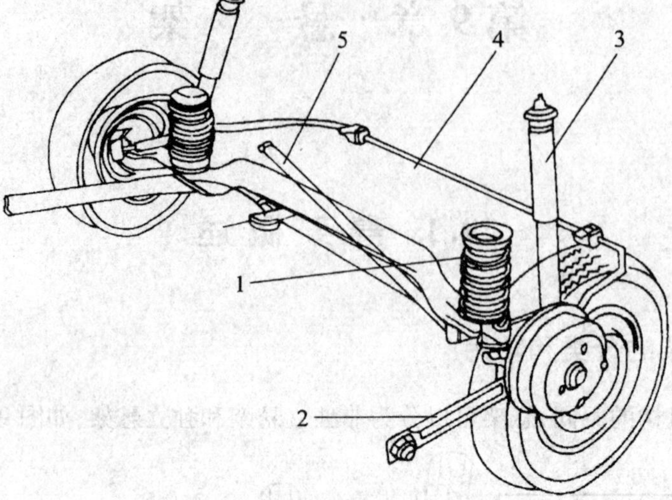

图 9 –2　悬架的组成

1—弹性元件（螺旋弹簧）；2—纵向推力杆；3—减振器；4—横向稳定器；5—横向推力杆

弹性元件弹性地连接车架（或车身）与车桥（或车轮），可以缓和不平路面带来的冲击，并承受和传递垂直载荷。导向机构包括纵向推力杆和横向推力杆，纵向推力杆用于传递和承载纵向载荷，横向推力杆用于传递和承载横向载荷，并保证车轮相对于车架（或车身）的运动关系。为了提高悬架的侧倾角刚度，减小侧倾，常在悬架中设有横向稳定器以防止车身在转向情况下发生过大的横向倾斜。

1. 弹性元件

汽车上常用的弹性元件有钢板弹簧、螺旋弹簧、扭杆弹簧和气体弹簧（空气弹簧和油气弹簧）等。

（1）钢板弹簧。

钢板弹簧多应用于汽车的非独立悬架中，它是由若干片等宽但长度不等的合金弹簧钢片组合而成的一根近似等强度的弹性梁。最长的一片称为主片，其两端卷成卷耳，内装衬套，以便用弹簧销与固定在车架上的支架或吊耳做铰链连接，其构造如图 9 –3 所示。

各弹簧片用中心螺栓连接，并保证各片的相对位置。中心螺栓距两端卷耳中心的距离可以是相等的，称为对称式钢板弹簧，如图 9 –3（a）所示；也可以是不相等的，称为非对称式钢板弹簧，如图 9 –3（b）所示。

钢板弹簧还兼起减振器和导向机构的作用。钢板弹簧各片之间的摩擦可以衰减车架的振动，起到减振器的作用。另外，钢板弹簧还可以承受纵向、横向载荷，所以又起到了导向机构的作用。在很多轻、中型货车中，后悬架只有钢板弹簧，省去了减振器和导向机构。

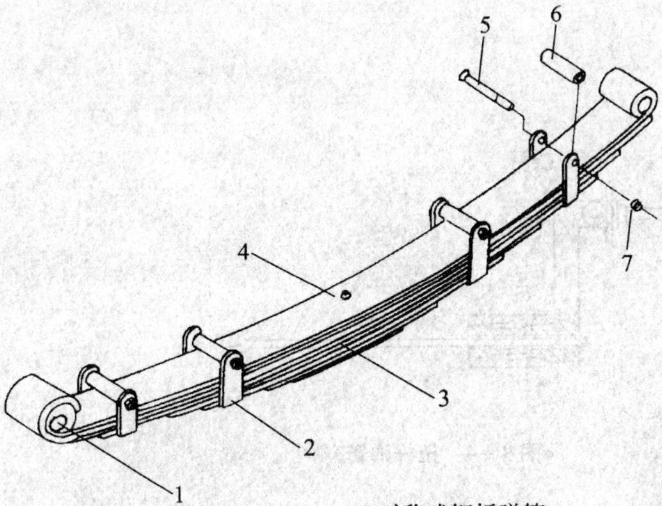

(a)对称式钢板弹簧

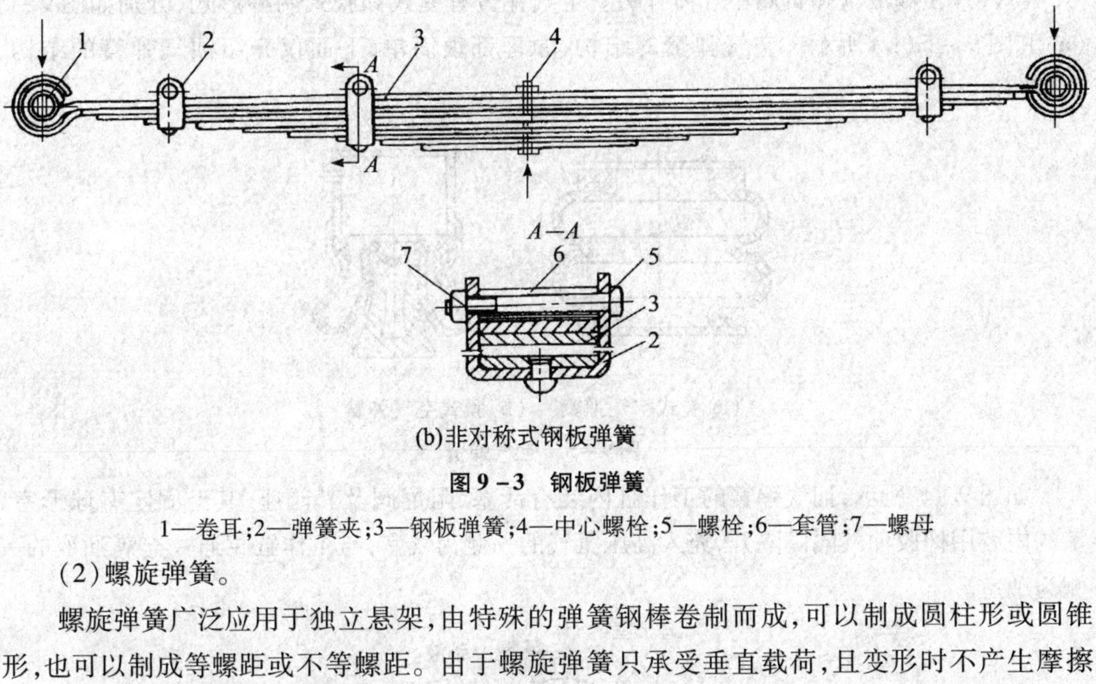

(b)非对称式钢板弹簧

图9－3　钢板弹簧

1—卷耳;2—弹簧夹;3—钢板弹簧;4—中心螺栓;5—螺栓;6—套管;7—螺母

(2)螺旋弹簧。

螺旋弹簧广泛应用于独立悬架,由特殊的弹簧钢棒卷制而成,可以制成圆柱形或圆锥形,也可以制成等螺距或不等螺距。由于螺旋弹簧只承受垂直载荷,且变形时不产生摩擦力,因此悬架中必须装有减振器和导向机构。

轿车的后轮非独立悬架有些也采用螺旋弹簧做弹性元件。

(3)扭杆弹簧。

扭杆弹簧是由弹簧钢制成的杆件,扭杆的断面通常为圆形,少数为矩形或管形,其两端制成花键、方形、六角形等形状,以便一端固定在车架上,另一端固定在悬架的摆臂上,如图9－4所示。摆臂与车轮相连,当车轮跳动时,摆臂绕扭杆轴线摆动,使扭杆产生扭转弹性变形,以保证车轮与车架的弹性联系。

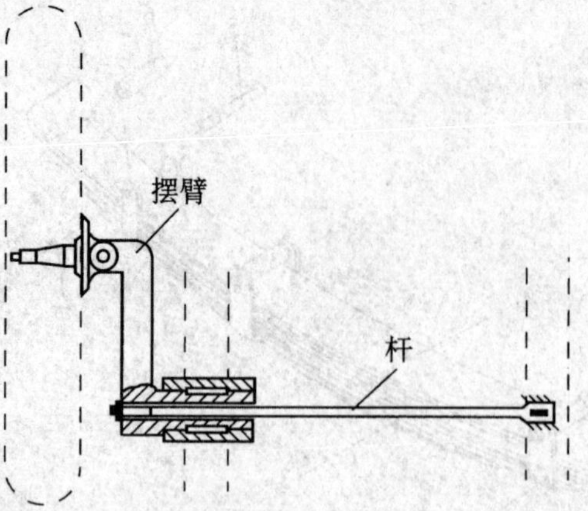

图 9－4　扭杆弹簧

(4)气体弹簧。

空气弹簧和油气弹簧属于气体弹簧。空气弹簧有囊式和膜式两种形式,分别如图 9－5(a)和图 9－5(b)所示。空气弹簧的结构、原理都很简单,下面仅介绍油气弹簧的结构、原理。

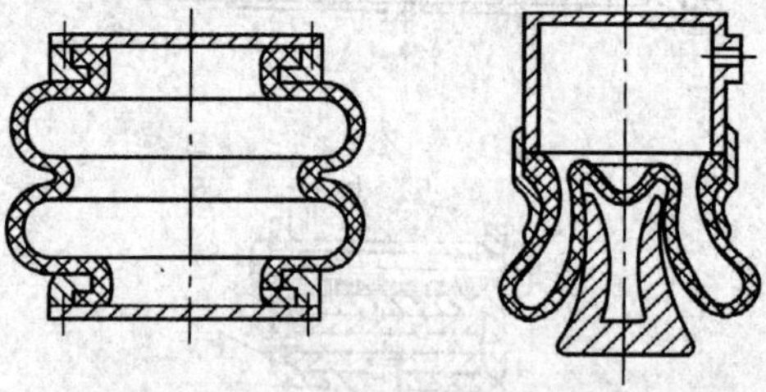

(a)囊式空气弹簧　(b)膜式空气弹簧

图 9－5　空气弹簧

如图 9－6 所示,油气弹簧的工作缸内装有活塞、阻尼阀及其阀座,其上固定有球形室,室的内腔用橡胶油气隔膜隔开,充入高压氮气的一侧为气室,与工作缸相通并充满油液的一侧为油室。

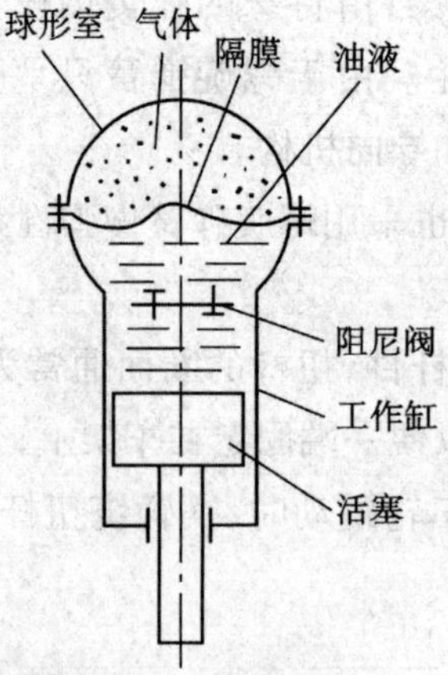

图 9－6　油气弹簧

当载荷增加且车架与车桥相互靠近时，活塞上移，使工作缸内容积减小，油压升高，油液顶开阻尼阀进入球形室，推动隔膜向气室方向移动，使气室容积减小，氮气压力升高，油气弹簧的刚度增大。当载荷减小时，在高压氮气的作用下隔膜向油室方向移动，室内油液经阻尼阀流回工作缸，推动活塞下移，这时气室容积增大，氮气压力下降，弹簧刚度减小。随着载荷的变化，气室内氮气也随之变化，相应地活塞处于工作缸中不同的位置。可见，油气弹簧的刚度是可变的。

2. 减振器

(1)液压减振器。

目前汽车上广泛使用的是液压减振器，如图9-7所示，当车架与车桥做往复相对运动时，减振器中的油液反复经过活塞上的阀孔，油液分子间的内摩擦力及阀孔的节流作用形成了衰减振动的阻尼力，使振动的能量转变为热能，由油液和减振器壳体吸收，然后散到大气中。

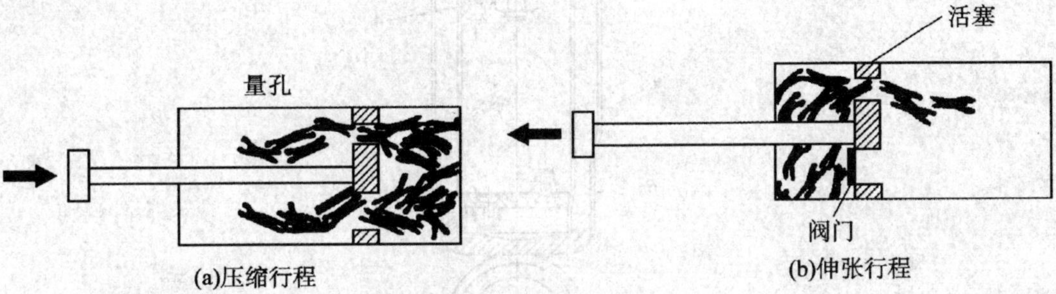

图9-7 液压减振器的基本原理

阀门越小，阻尼力越大，反之亦然。阻尼力越大，振动的衰减越快，但悬架弹性元件的缓冲效果不能发挥，乘坐也不舒适，因此弹性元件的刚度与减振器的阻尼力要合理搭配，才能保证乘坐舒适性和操纵稳定性的要求。

双向作用筒式减振器在汽车上应用最广泛。

双向作用筒式减振器的基本组成如图9-8所示，它有三个同心钢筒，外面的钢筒是防尘罩，其上部的吊耳与车架相连。中间是储油缸筒，内装有一定量的油液，其下端的吊耳与车桥相连。里面是工作缸筒，其内装满油液。它还有四个阀，即压缩阀、伸张阀、流通阀和补偿阀。流通阀和补偿阀是一般的单向阀，其弹簧弹性很弱，当阀上的油压作用力与弹簧弹力同向时，阀处于关闭状态，完全不通油液；而当油压作用力与弹簧弹力反向时，只要很小的油压，阀便能开启。压缩阀和伸张阀是卸载阀，其弹簧弹性较强，预紧力较大，只有当油压增高到一定程度时，阀才能开启；而当油压减低到一定程度时，阀即自行关闭。

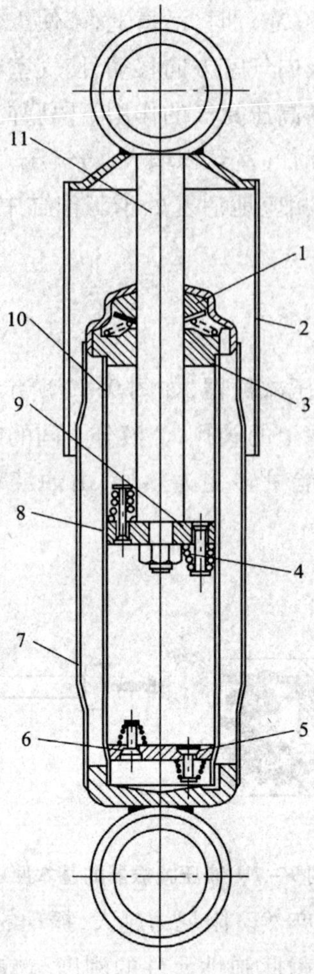

图 9－8　双向作用筒式减振器的基本组成

1—油封;2—防尘罩;3—导向座;4—流通阀;5—补偿阀;6—压缩阀;

7—储油缸筒;8—伸张阀;9—活塞;10—工作缸筒;11—活塞杆

(2)充气式减振器。

充气式减振器的结构特点是在缸筒的下部装有一个浮动活塞,高压的氮气充在浮动活塞与缸筒一端形成的密闭气室里。在浮动活塞的上面是减振器油液。O 形密封圈把油和气完全分开,因此活塞也称为封气活塞。在工作活塞上装有压缩阀和伸张阀。这两个阀都是由一组厚度相同、直径不等、由大到小而排列的弹簧钢片组成。

当车轮上下跳动时,工作活塞在油液中做往复运动,使工作活塞的上、下腔之间产生油压差,压力油便推开压缩阀或伸张阀而来回流动。由于阀孔对压力油产生较大的阻尼力,故使振动衰减。

9.2 电子控制悬架系统

传统的悬架系统一般具有固定的弹簧刚度和减振器阻尼，不能同时满足汽车行驶平顺性和操纵稳定性的要求。降低弹簧刚度，平顺性会更好，使乘坐舒适，但由于悬架偏软，会使操纵稳定性变差；而增加弹簧刚度会提高操纵稳定性，但较硬的弹簧又使车辆对路面的不平度很敏感，使平顺性降低。因此，理想的悬架系统应在不同的使用条件下具有不同的弹簧刚度和减振器阻尼力，这样既能满足平顺性的要求又能满足操纵稳定性的要求。电子控制悬架系统就是这种理想的悬架系统。

电子控制悬架系统主要有半主动悬架和主动悬架。半主动悬架是指悬架元件中的弹簧刚度和减振器阻尼力之一可以根据需要进行调节。而主动悬架能根据需要自动调节弹簧刚度和减振器的阻尼力，从而能够同时满足汽车行驶平顺性和操纵稳定性等各方面的要求。主动悬架按照弹簧的类型，又可以分为空气弹簧主动悬架和油气弹簧主动悬架。

9.2.1 电子控制悬架系统的组成和工作原理

电子控制悬架系统由传感器、开关、电子控制单元和执行机构等组成。传感器一般由车高传感器、车速传感器、加速度传感器、转向盘转角传感器、节气门位置传感器等。开关有模式选择开关、制动灯开关、停车开关和车门开关等。执行机构有可调阻尼的减振器，可调节弹簧高度和弹性大小的弹性元件等。图 9－9 所示为雷克萨斯 LS400 型汽车电子控制悬架系统的元件在车上的位置。

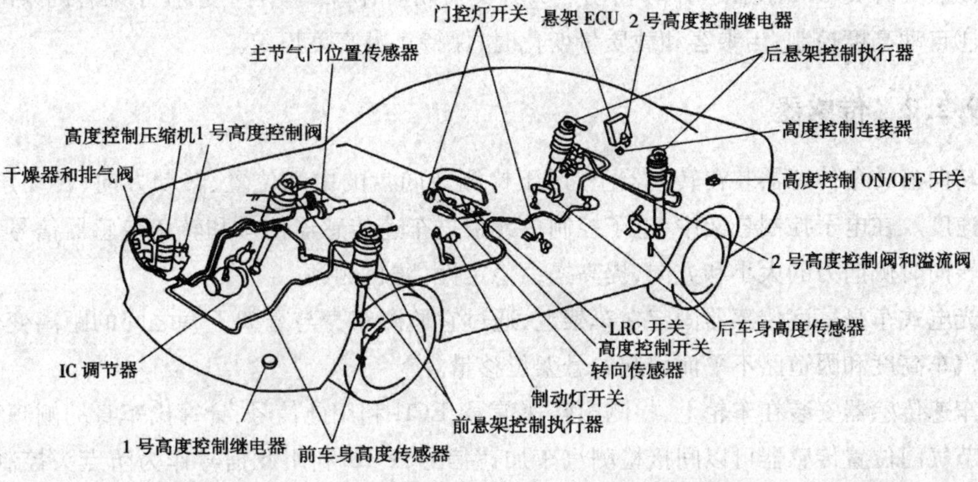

图 9－9 雷克萨斯 LS400 型汽车电子控制悬架系统的元件在车上的位置

电子控制悬架系统的一般工作原理是利用传感器（包括开关）把汽车行驶时路面的状况和车身的状态进行检测，将检测信号输入计算机进行处理，计算机通过驱动电路控制悬架系统的执行器动作，完成悬架特性参数的调整，其工作原理如图 9－10 所示。

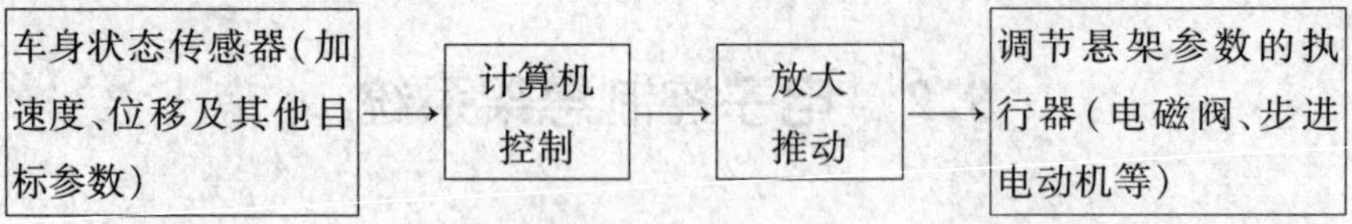

图 9-10　电子控制悬架系统的工作原理

电子控制悬架系统主要对车速及路面感应、车身姿态和车身高度进行控制。

(1)车速与路面感应控制。

①当车速高时,提高弹簧刚度和减振器阻尼力,以提高汽车高速行驶时的操纵稳定性。

②当前轮遇到突起时,减小后轮悬架弹簧刚度和减振器阻尼力,以减小车身的振动和冲击。

③当路面差时,提高弹簧刚度和减振器阻尼力,以抑制车身的振动。

(2)车身姿态控制。

①转向时侧倾控制:急转向时,提高弹簧刚度和减振器阻尼力,以抑制车身的侧倾。

②制动时点头控制:紧急制动时,提高弹簧刚度和减振器阻尼力,以抑制车身的点头。

③加速时后坐控制:急加速时,提高弹簧刚度和减振器阻尼力,以抑制车身的后座。

(3)车身高度控制。

①高速感应控制:车速超过 90km/h,降低车身高度,以减少空气阻力,提高汽车行驶的稳定性。

②连续差路面行驶控制:车速为 40～90km/h.,提高车身高度,以提高汽车的通过性;车速在 90km/h 以上,降低车身高度,以提高汽车行驶的稳定性。

③点火开关 OFF 控制:驻车时,当点火开关关闭后,降低车身高度,便于乘客的乘降。

④自动高度控制:当乘客和载质量变化时,保持车身高度恒定。

9.2.2　传感器

转向盘转角传感器装在转向器上,用于检测转向盘的中间位置、转动方向、转动角度和转动速度。在电子控制悬架中,电子控制单元根据车速传感器信号和转角传感器信号,判断汽车转向时侧向力的大小和方向,提高操纵稳定性,防止侧倾。

光电式车身高度传感器固定在车架上,通过它监测车身与悬架下臂之间的距离变化,来检测汽车高度和因道路不平而引起的悬架位移量。

车速传感器安装在车轮上,检测出转速信号,ECU 利用此信号,计算出车身的侧倾程度。

节气门位置传感器可以间接检测汽车加速信号,ECU 利用此信号作为防点头控制的一个工作状态参数。

车门传感器可防止行驶过程中车门未关闭。高度控制开关用来选择汽车高度,ECU 检测高度控制开关的状态并相应地使汽车高度上升和下降。

有的汽车还有高度控制 ON/OFF、开关,用于停止车高控制。模式选择开关用来选择悬架的“软”“中”或“硬”状态,ECU 检测到开关状态后,操纵悬架控制执行器,从而改变减振器的弹簧刚度和阻尼系数。当踩下制动踏板时，制动灯开关接通，ECU 接收这个信号作为防点头控制的一个起始状态。

9.2.3 电子控制单元

电子控制单元(ECU)接收各传感器、开关输入的信号，通过运算处理，控制执行器进行适应性调节，保持车辆的平顺性和操纵稳定性。悬架 ECU 一般由输入电路、微处理器、输出电路和电源电路等组成。它具有提供稳压电源、传感器信号放大、输入信号计算、驱动执行机构和故障检测等功能。

9.2.4 执行机构

(1)空气弹簧。空气弹簧由主气室、副气室、弹性刚度执行机构、阻尼转换执行机构和液压减振器等组成，如图 9－11 所示。弹簧刚度执行机构在主气室与副气室之间，在减振器的上部装有阻尼转换执行机构，在减振器的内部有阻尼旋转阀，因此弹簧刚度是通过主气室与副气室进行调节的，阻尼数是通过减振器进行调节的。

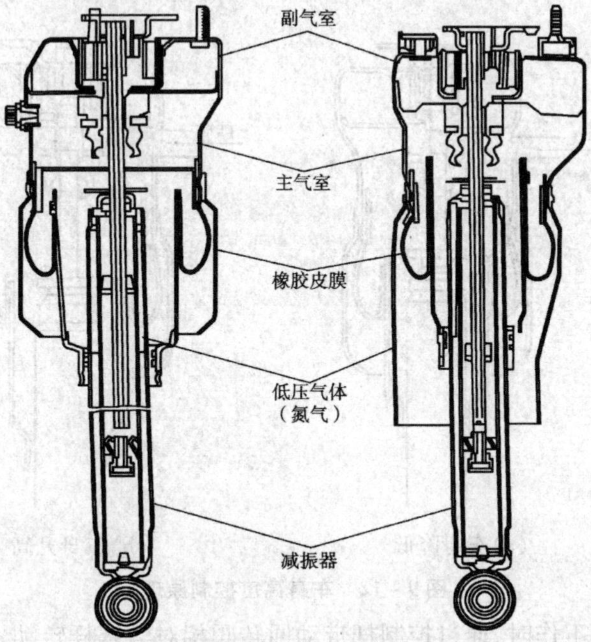

(a)前气动减振器　(b)后气动减振器

图 9－11　空气弹簧结构图

①弹簧刚度调节。弹簧刚度调节是通过弹簧刚度执行机构开闭主气室与副气室的隔板，改变气室的容积而实现的。增大容积使刚度变小，减小容积使刚度增加。ECU 根据车辆状态信号及时调节弹簧刚度，高速行驶转换为大刚度，低速行驶转换为小刚度；在制动时使前弹簧刚度增加，在加速时使后弹簧刚度增加；而转弯时使左右弹簧刚度改变以减少侧倾。一般减小空气弹簧刚度会使汽车增大侧倾、下坐或点头，因此弹簧刚度的控制多数情况下是

和汽车高度、阻尼系数的调节相结合使用，以便于从总体上改善平顺性。

②车高控制。车高控制是指根据乘员人数、装载质量和汽车的状态自动调节汽车高度。当乘员人数和装载质量增加或减少时，汽车高度自动保持一定，使汽车行驶平稳；当在高低不平的路面上行驶时，为防止发生车架与车身之间的撞击，ECU 控制悬架弹簧的行程在一定的范围内；当高速行驶时，为减少空气阻力而降低车高；而当汽车停车后，乘员下车或装载质量减少后车高会增加，ECU 会控制空气弹簧在几秒钟内将空气少量排出，降低车高。

车高控制主要是利用空气弹簧巾主气室空气量的多少来进行调节的。ECU 将接收到的车身高度传感器、车速传感器、车门开关等信号，经过处理判断，若是增加车高，则控制执行机构向空气弹簧主气室充气，增加空气量，使汽车高度增加；若是降低车高，则控制执行机构打开排气装置，向外排气，使空气弹簧主气室的空气量减少而降低汽车高度。

(2)减振器。可调阻尼式减振器主要由缸筒、活塞及活塞控制杆、回转阀等组成，如图 9－12 所示。活塞杆是一空心杆，在其中心装有控制杆，控制杆的上端与执行器相连。控制杆的下端装有回转阀，回转阀上有 3 个油孔，活塞杆上有 2 个通孔。缸筒中的油液一部分经活塞上的阻尼孔在缸筒的上、下两腔流动；另一部分经回转阀与活塞杆上连通的孔在缸筒的上、下两腔流动。

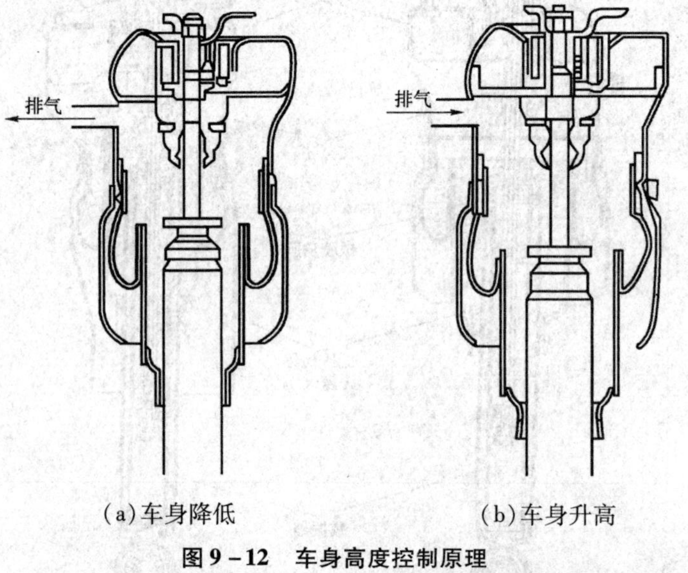

(a)车身降低　　(b)车身升高

图 9－12　车身高度控制原理

ECU 促使执行器工作时，通过控制杆带动回转阀相对活塞杆转动，使回转阀与活塞杆上的油孔连通或切断，从而增加或减少油液的流通面积，使油液的流动阻力改变，达到调节减振器阻尼力的目的。如图 9－13 所示，*A—A*、*B—B*、*C—C* 3 个截面的阻尼孔全部被回转阀封住，此时只有减振器下面的主阻尼孔仍在工作，所以这时阻尼为最大，减振器被调节到“硬”状态。当回转阀从“硬”状态位置顺时针转动 60°时，*B—B* 截面的阻尼孔打开，*A—A*、*C—C* 两截面的阻尼孔仍关闭，因为多了一个阻尼孔参与工作，所以减振器处于“运动”状态。当回转阀从“硬”状态位置逆时针转动 60°时，*A—A*、*B—B*、*C—C* 3 个截面的阻尼孔全部打开，这时减振器的阻尼最小，减振器处于“软”状态。

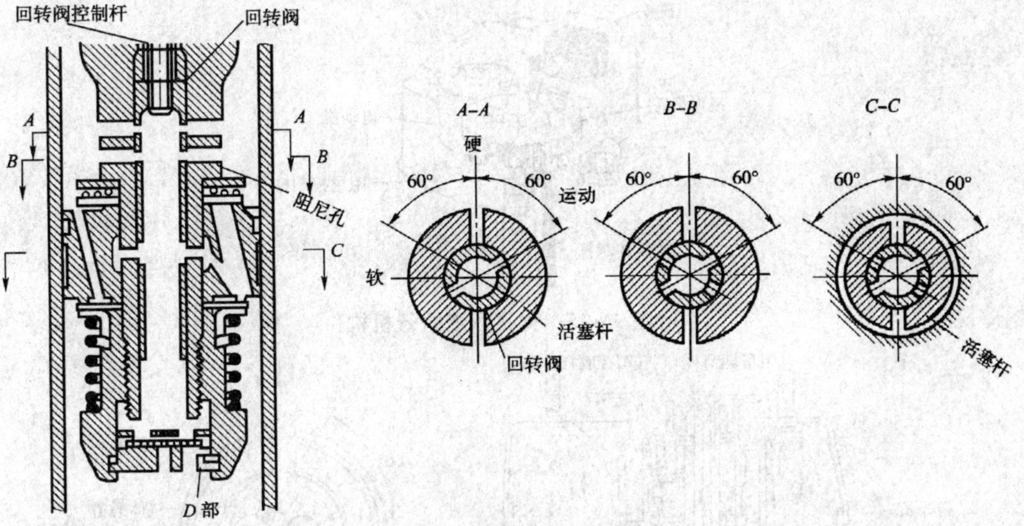

图 9－13　可调式减振器结构

(3)阻尼转换执行机构。阻尼转换执行机构装在减振器的上部,由直流电动机、减速齿轮、控制杆、电磁铁和挡块等组成,如图 9－14 所示。电子控制单元 ECU 根据接收到的信号,使直流电动机驱动扇形的减速齿轮左、右制动,通过控制杆带动减振器中的回转阀旋转,有级地改变阻尼孔的开闭,从而改变阻尼系数即减振阻力。

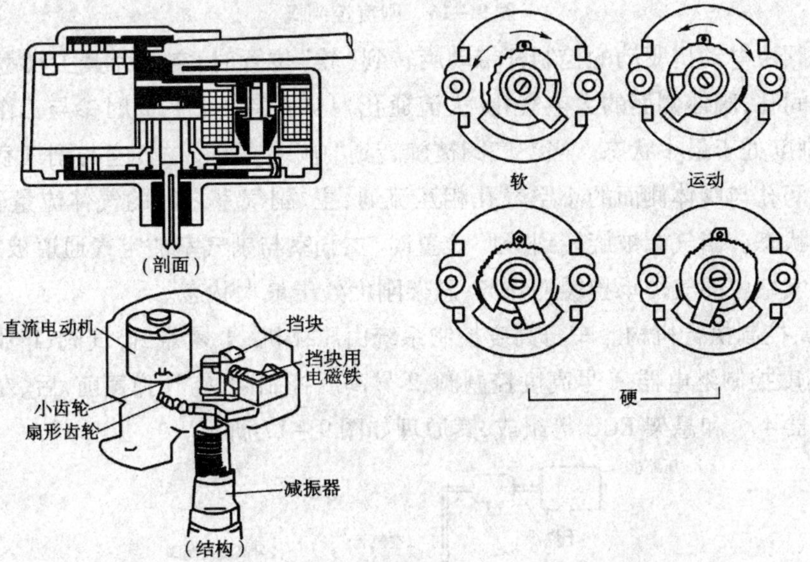

图 9－14　阻尼转换执行机构

(4)弹簧刚度执行机构。弹簧刚度执行机构由刚度控制阀和执行机构等组成,如图 9－15 所示。执行机构位于减振器的顶部,与阻尼系数控制机构组装在一起。刚度控制阀装在空气弹簧副气室的中部,由空气阀、阀体和空气阀控制杆组成,如图 9－16 所示。空气阀在截面上有一个空气孔,外部的阀体在截面上有不同大小的空气孔。

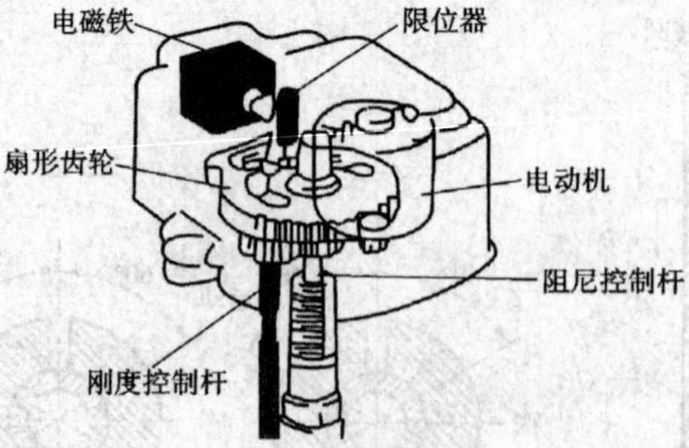

图 9-15 弹簧刚度执行机构

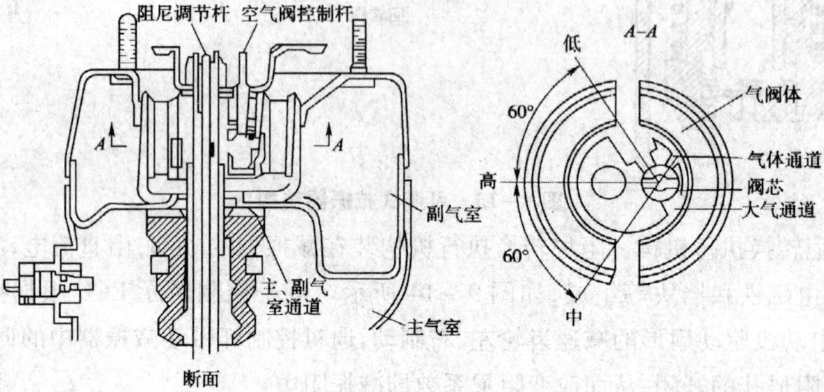

图 9-16 刚度控制阀

当空气阀由电动机驱动的控制杆带动旋转到“软”位置时，空气弹簧主气室的气体经过空气阀的中间孔，阀体侧面的大空气孔（大流通孔）与副气室相通，此时参与工作的气体容积最大，悬架刚度处于最小状态。当空气阀被旋转到“中”位置时，主气室与副气室的气体经过空气阀的中间孔与阀体侧面的小空气孔相互流通，主、副气室之间的气体流量较小，悬架刚度处于中等状态。当气阀被旋转到“硬”位置时，主气室与副气室的空气通道被空气阀挡住，此时仅靠主气室中的气体承担缓冲任务，悬架刚度处于最大状态。

（5）车高控制执行机构。车身高度控制系统由压缩机、干燥器、排气阀、1 号高度控制继电器、2 号高度控制继电器、1 号高度控制阀、2 号高度控制阀、空气弹簧前、后、左、右 4 个、车身高度传感器 4 个和悬架 ECU 等组成，其原理如图 9-17 所示。

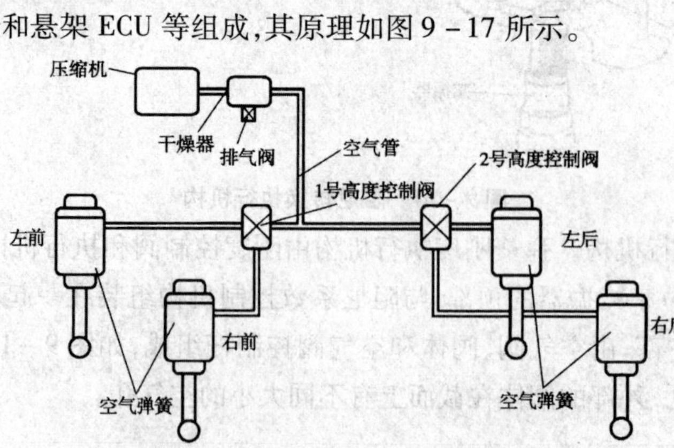

图 9-17 车身高度控制系统原理示意图

当点火开关接通时,ECU使2号高度控制继电器线圈通电,2号高度控制继电器触点闭合,使前、后、左、右4个高度传感器接通蓄电池电源。当车身高度需要上升时,1号高度控制继电器接通,1号高度控制继电器触点闭合,压缩机控制电路接通,产生压缩空气。高度控制电磁阀线圈通电后,电磁线圈将高度控制阀打开,并将压缩空气引向空气弹簧,从而使车身高度上升。

当车身高度需要下降时,ECU不仅使高度控制阀电磁线圈通电,而且还使排气阀电磁线圈通电,排气阀电磁线圈使排气阀打开,将空气弹簧中的压缩空气排到大气中。1号高度控制阀用于前悬架控制,它有2个电磁阀分别控制左、右2个空气弹簧。2号高度控制阀用于后悬架控制,它与1号高度控制阀一样,也采用2个电磁阀。为了防止空气管路中产生不正常的压力,2号高度控制阀中采用了一个溢流阀。

车高控制执行机构主要由空气阀、空气压缩机和设置在悬架之上的主气室组成。

空气压缩机由驱动电动机、排气阀、干燥器等组成,其结构如图9－18所示。它由电动机驱动,根据悬架ECU的信号向干燥器输送提高车高所必需的压缩空气。干燥器可将空气中的水分过滤掉。排气阀从系统中放出压缩空气,同时排掉干燥器滤出的空气水分。

高度控制阀是一个二位二通电磁阀,如图9－19所示,它通过向空气弹簧的主气室内进气和排气,来控制汽车的高度。

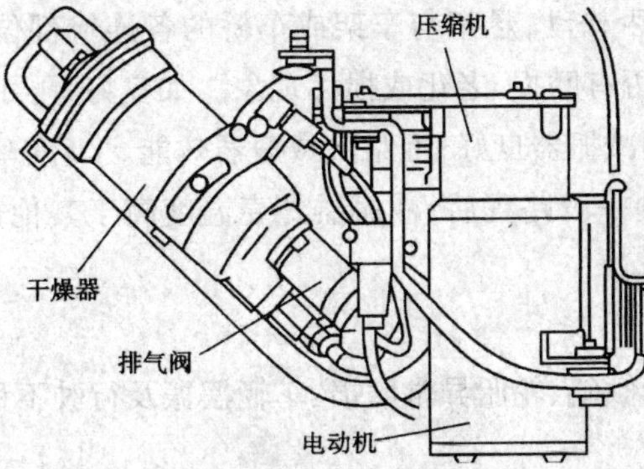

图9－18　空气压缩机的结构

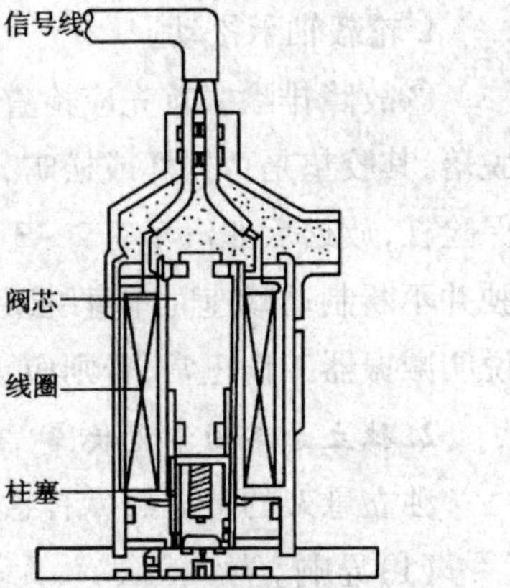

图9－19　高度控制阀

9.3　故障诊断与维修

9.3.1　悬架系统的故障诊断

1. 非独立悬架系统的常见故障

非独立悬架系统常见的故障有车身倾斜、异响、行驶跑偏和行驶摆振等。

(1)车身倾斜。

①现象。汽车停放在平坦路面上车身横向或纵向倾斜,行驶中方向始终跑向一侧。

②原因。

钢板弹簧或螺旋弹簧弹力下降,弹簧刚度不一致;钢板弹簧或螺旋弹簧断裂;U 形螺栓连接松动。

③故障排除。车身横向歪斜,通常是由于弹簧折断、弹性减弱及钢板销、衬套和吊耳磨损过甚等引起的;若车身歪斜,且汽车行驶中自动跑偏,则多属其侧前钢板弹簧或螺旋弹簧不良使前桥移位所致,应检查钢板弹簧是否折断或螺旋弹簧弹力下降;如钢板销、衬套和吊耳磨损过甚,除上述现象外还可以造成汽车行驶摆振;若车身纵向歪斜,则多属其侧后钢板弹簧或螺旋弹簧不良使后桥位移所致,可测量两侧轮距是否一致,不一致则表明车桥移位。

(2)异响。

①现象。汽车在行驶过程中,特别是道路颠簸、突然制动、转弯时从悬架部位发出噪声。

②原因。

a. 减振器漏油,导致减振性能差。

b. 减振器活塞与缸筒磨损,配合松旷。

c. 悬架各连接部位松动或脱落,铰链点磨损、松旷。

d. 橡胶衬套磨损、老化或损坏。

e. 弹簧断裂。

f. 轮毂轴承松动。

③故障排除。首先应检查轮毂轴承是否松动,悬架与车架或车桥的各连接部位是否有脱落,其胶垫是否损坏或松旷,橡胶衬套是否有磨损、老化或损坏现象。如良好,再用手按下保险杠,放松后如汽车有 2 ~ 3 次跳跃,说明减振器良好,可路试减振器效能。当汽车缓慢行驶并不断制动减速时车身跳跃强烈,或行驶一段路程后,减振器外壳温度高于其他部位,则说明减振器工作正常,否则应予以更换。

2. 独立悬架的常见故障

独立悬架的常见故障有悬架异响、车身倾斜、轮胎异常磨损、车辆摆振及行驶不稳等。

(1)异响。

①现象。汽车在行驶过程中,悬架异响,在不平路面上转弯时,响声突出。

②原因。悬架各连接部位松动或脱落,铰链点磨损、松旷;各铰链点磨损、松旷。减振器衬套磨损松旷。

③故障排除。首先应检查轮毂轴承是否松动,悬架与车架各连接部位是否有脱落,其胶垫是否损坏或松旷,橡胶衬套是否有磨损、老化或损坏现象。若有上述现象,应予以更换。

(2)车身倾斜。

①现象。汽车在转弯时,车身过度倾斜。

②原因。螺旋弹簧弹力不足,减振器漏油。

③故障排除。检测螺旋弹簧弹力和减振器密封。弹力不足、折断,更换螺旋弹簧;减振器漏油,则更换油封。

(3)轮胎异常磨损。

①现象。前轮、轮胎异常磨损。

②原因。横向稳定杆变形工作不良;上、下摆臂变形;前轮定位参数改变。

③故障排除。检查轮胎气压,不足,则要求加足气压;做四轮定位参数检查,调整参数,上、下摆臂变形,车辆摆振及行驶不稳时,重新调整、校正。

9.3.2 悬架系统的检修

悬架在使用过程中技术状况会变差,使汽车的冲击载荷变大,加剧零件的磨损,影响汽车的行驶平顺性和操纵的可靠性。悬架的主要损伤是弹簧弹力下降、弹簧断裂和减振器失效。

1. 非独立悬架的检修

非独立悬架的检修主要是对弹性元件和减振器的检修。

(1)弹性元件的检修。

非独立悬架常用的弹性元件是钢板弹簧,也有的采用螺旋弹簧。

①钢板弹簧的检修。钢板弹簧长期使用后会出现弹性下降或折断,钢板销、支架与吊耳磨损等。钢板弹簧可用弹簧实验器、样板、新旧对比、直观检查等方法进行检验。

a. 钢板弹簧不能有裂纹或折断,否则应及时更换。

b. 钢板弹簧弹性的检测。可在弹性实验器上检查其钢板弹簧的弧高,检查其在无负荷或有负荷下弧高的减小量;也可用一新片通过靠合实验检查其叶片的曲率半径,从而检查其弹性变化情况。

c. 检查左、右两侧的钢板弹簧。其总片数应相等,且厚度差不大于5mm,弧高差不大于10mm。

d. 检查钢板弹簧的夹子及其螺栓,应完整无缺损;U形螺栓应按规定力矩拧紧。

e. 钢板弹簧销衬套磨损超过1.00m时应更换衬套,U形螺栓和中心螺栓螺纹损伤超过2牙或出现裂纹时,应更换新件。

②螺旋弹簧的检修。螺旋弹簧的检修主要是检查其自由长度和裂纹。当螺旋弹簧的自由长度明显减小或出现裂纹时,应换用新件,同一车桥两边的弹簧要同时更换。

(2)减振器的检查。

在车辆行驶过程中,如减振器发出异常的响声,则表明该减振器已损坏必须更换。用手推拉减振器活塞时,应有较大的运动阻力,而且全行程阻力大小应均匀,不得有空行程及卡滞现象,伸张行程的阻力应大于压缩行程的阻力,否则应更换减振器。减振器有轻微漏油时可继续使用。严重漏油时,应换用新件,不允许添加减振器油继续使用。

2. 独立悬架的检修

独立悬架的检修包括弹性元件、减振器、横向稳定杆等的检修。螺旋弹簧和减振器的检修方法与非独立悬架中的检查方法相同,在此不再重复。

(1)前减振器悬架轴承及橡胶挡块的检查。

检查前减振悬架轴承的磨损与损伤情况，应能灵活转动，损伤时必须总体更换；检查橡胶挡块的损伤与老化情况，如有损坏应及时更换。

(2)副车架、横向稳定杆和梯形臂的检查。

首先检查副车架(前托架)、横向稳定杆和梯形臂(下摆臂)有无变形或裂纹，如图 9－20 所示。若存在变形或裂纹，不允许在前悬架支承装置和导向装置部件上进行焊接和矫直修复，只能更换新件。另外，需要检查横向稳定杆的橡胶支座和橡胶衬套、梯形臂(下摆臂)的前衬套和后衬套的损坏和老化情况，若损坏需要及时更换。

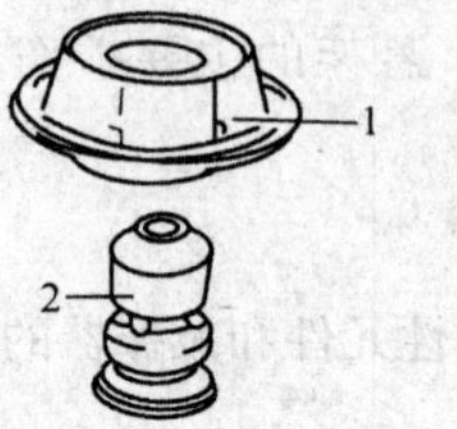

图 9－20　前减振悬架轴承和橡胶挡块的检查

1—悬架轴承；2—橡胶挡块

对于梯形臂(下摆臂)下球铰，首先应检查下球铰 1 的轴向间隙标准为 0，用弹簧秤 2 检查下球铰 1 的拉力应在 10.8～73.6N，用扭力扳手 3 检查下球铰 1 的扭力应在 1.5～3.4N · m，如图 9－21 所示。

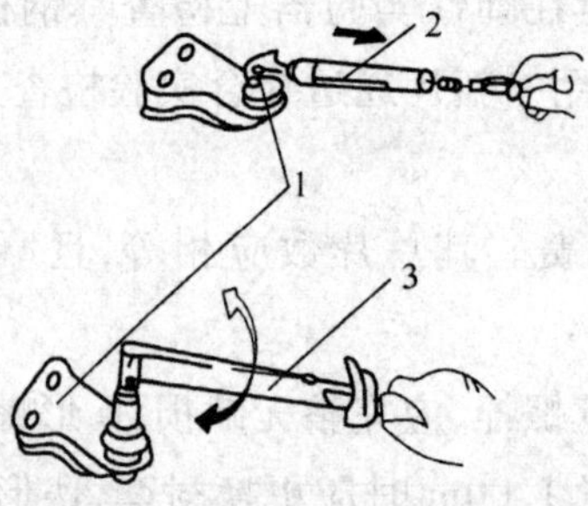

图 9－21　梯形臂下球铰的检查

1—梯形臂下球铰；2—弹簧秤；3—扭力扳手

第10章 常规制动

10.1 概 述

10.1.1 制动系的组成和功用

1. 制动系的组成

一般汽车应该包括两套独立的制动系:行车制动系和驻车制动系。汽车制动系一般都由以下四个组成部分。

(1)供能装置。包括供给、调节制动所需能量以及改善传能介质状态的各种部件,如气压制动系中的空气压缩机、液压制动系中人的肌体。

(2)控制装置。包括产生制动动作和控制制动效果的各种部件,如制动踏板等。

(3)传动装置。将驾驶员或其他动力源的作用力传到制动器,同时控制制动器的工作,从而获得所需的制动力矩。

(4)制动器。产生阻碍车辆的运动或运动趋势的力的部件。

2. 制动系的功用

由制动系的组成可知制动系的功用有以下三个方面。

(1)使行驶中的汽车减速乃至停车。

(2)使下长坡的汽车保持车速稳定。

(3)使停驶的汽车可靠驻停。

10.1.2 制动系的分类

制动系可从不同角度进行分类,按照制动能源分类,汽车制动系可以分为人力制动系、动力制动系和伺服制动系。

(1)人力制动系是以驾驶员的肌体作为唯一制动能源的制动系。

(2)动力制动系是完全靠由发动机的动力转化而成的气压或液压形成的势能进行制动的制动系。

(3)伺服制动系是兼用人力和发动机动力进行制动的制动系。

制动系按功能的不同可分为行车制动系,驻车制动系以及应急制动、安全制动和辅助制动系。

①行车制动系。制动器全部安装在车轮上,通常由驾驶员用脚操纵。

②驻车制动系。通常由驾驶员用手操纵。

③应急制动、安全制动和辅助制动系。应急制动装置用独立的管路控制,车轮的制动器作为备用系统,当行车制动装置失效的情况下保证汽车仍能实现减速或停车;安全制动装置是制动压力不足时起制动作用,让汽车无法行驶;辅助制动装置是为了汽车下长坡时减轻行车制动的磨损而设置的,应用最广的是利用发动机制动。

10.1.3 制动系的基本组成和工作原理

行车制动系由车轮制动器和液压传动机构两部分组成,其工作原理如图 10-1 所示。

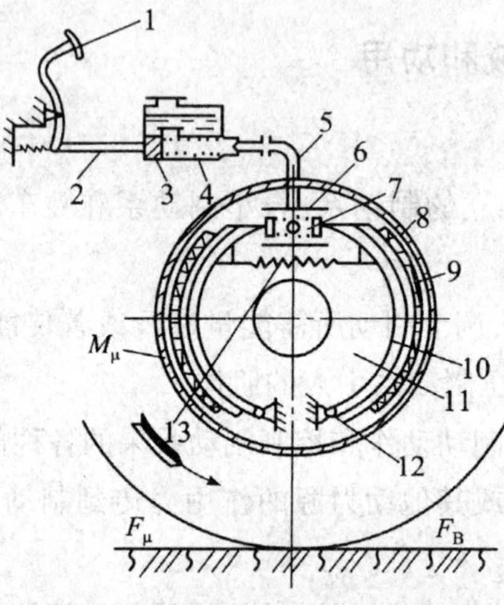

图 10-1　制动系的组成和原理图

1—制动踏板;2—制动主缸推杆;3—主缸活塞;4—制动主缸;5—制动管路;6—制动轮缸;
7—轮缸活塞;8—制动鼓;9—摩擦片;10—制动蹄;11—制动底板;12—支承销;13—制动蹄回位弹簧

车轮制动器由旋转部分、固定部分和张开机构三部分组成。旋转部分是制动鼓,固定在轮毂上并与车轮一起旋转。固定部分是制动蹄和制动底板等。制动蹄上铆有摩擦片,其下端套在支承销上,上端用复位弹簧拉紧压靠在制动轮缸内的活塞上。支承销和轮缸都固定在制动底板上,制动底板用螺钉与转向节凸缘(前桥)或桥壳凸缘(后桥)固定在一起。张开机构是制动轮缸,制动蹄靠凸轮或制动轮缸等张开机构使其张开。

液压操纵机构主要包括制动踏板、制动主缸推杆、制动主缸、制动轮缸和油管等。装在车架上的制动主缸用油管和制动轮缸相连通。主缸活塞可由驾驶员通过制动踏板来操纵。

不制动时,制动鼓的内圆面与制动蹄摩擦片之间保留一定间隙,制动鼓可以随车轮一起旋转。

制动时,驾驶员踩下制动踏板,制动主缸推杆便推动制动主缸内的活塞前移,迫使制动液经管路进入制动轮缸,使制动蹄克服回位弹簧的拉力以支承销为支点张开,从而使摩擦片压紧在制动鼓的内圆面上。此时,制动蹄摩擦片对制动鼓就产生一个方向与车轮的旋转方向相反的摩擦力矩。由于车轮与路面的附着作用,车轮即对路面作用一个向前的圆周力

F_{μ}，与此相反，路面会给车轮一个向后的反作用力，这个力就是车轮受到的地面制动力。制动力越大，汽车的减速度越大。

放松制动踏板，在回位弹簧的作用下，制动蹄与制动鼓的间隙又得以恢复，从而解除制动。

10.1.4 对制动系的要求

为保证汽车能在安全的条件下发挥出高速行驶的能力，制动系必须满足下列要求。

(1)应具有足够的制动力，工作可靠。

(2)操纵轻便，制动稳定性好。

(3)制动平顺性好。

(4)散热性好。

(5)对挂车的制动系，还要求挂车的制动作用略早于主车；挂车自行脱挂时能自动进行应急制动。

10.2 车轮制动器

车轮制动器可分为鼓式制动器和盘式制动器两类。前者的摩擦副中的旋转元件为制动鼓，其圆柱面为工作表面。后者的摩擦副中的旋转元件为圆盘状制动盘，其端面为工作面。

10.2.1 鼓式车轮制动器

鼓式车轮制动器依靠制动蹄片张开，挤压随车轮同步旋转的制动鼓的内侧，产生摩擦力，阻碍车轮旋转，从而获得制动力，所以又称为内部扩张双蹄鼓式制动器。

1. 鼓式车轮制动器的结构与工作过程

根据制动时两制动蹄对制动鼓作用的径向力是否平衡，鼓式车轮制动器又分为简单非平衡式、平衡式(单向增势、双向增势)和自动增力式三种。

(1)简单非平衡式车轮制动器。

①基本结构。它由旋转部分、固定部分、张开机构和定位调节机构组成。制动底板用螺栓固定在后桥壳的凸缘上(前桥在转向节凸缘上)不能转动，构成固定部分，其上部装有制动轮缸或凸轮，下端装有两个偏心支承销；制动蹄下端圆孔活套在偏心支承销上，上端嵌入制动轮缸活塞凹槽中或顶靠在凸轮上，构成张开部分，不制动时，两制动蹄通过回位弹簧紧压住轮缸活塞或凸轮；制动鼓与轮毂连接，随着车轮同步旋转，构成旋转部分。

②工作过程。如图10-2所示，制动时，两制动蹄在凸轮相等张力 F_s 的作用下，绕各自的支承点向外偏转，紧压在制动鼓上；旋转的制动鼓对两侧制动蹄分别产生法向反力 N_1 和 N_2，相应的切向反力 T_1 和 T_2(即摩擦力)；两制动蹄受到这些力后，其支承销产生支承反力 S_1 和 S_2 平衡所受到的力。由图中可见，如果车轮按箭头所示方向旋转，在摩擦力 T_1 作用下，前制动蹄产生的绕支点的力矩与张开力 F_s 所产生的绕同一支点的力矩同向。因此，在摩擦力

T_1作用下，前蹄对制动鼓的压紧力增大，即N_1增大，而摩擦力T_1也更大，则称为“增势”作用，该蹄称为增势蹄。与此相反，在摩擦力T_2作用下，后制动蹄有放松制动鼓状况，使N_2和T_2本身减小的趋势，故后制动蹄具有“减势”作用，称为减势蹄。由此可见，两制动蹄对制动鼓所施加的制动力矩是不相等的，一般增势蹄的制动力矩均是减势蹄的2~2.5倍。

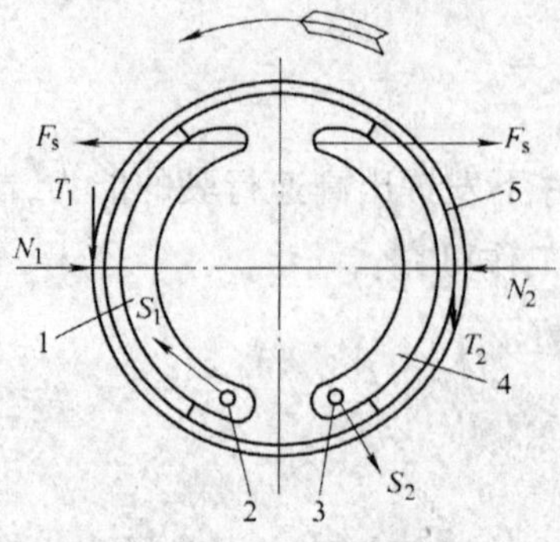

图10-2　简单非平衡式制动器制动蹄受力分析图

1、4—制动蹄；2、3—支承销；5—制动鼓

倒车时，两蹄受力情况互换，制动作用互换，制动效能对称。

因两制动蹄与制动鼓之间的法向力不等而不能平衡，力差使车轮的轮鼓轴承承受附加载荷，因而称为简单非平衡式制动器。多用于轻型汽车的后轮制动。

（2）平衡式车轮制动器。由于转紧蹄能提高制动效能，将转松蹄颠倒安装，前、后制动蹄都设计为转紧蹄，成为具有增势作用的制动器，称为平衡式车轮制动器。若汽车在前进时制动，两蹄都为增势蹄，在倒车时制动，两蹄都为减势蹄，则称为单向增势平衡式车轮制动器。若在前进和倒车时制动，两蹄都为增势蹄，则称为双向增势平衡式车轮制动器。

①单向助势平衡式车轮制动器，其结构如图10-3所示。从图中可看出两制动蹄各用一个单向活塞制动轮缸，且前后制动蹄与其轮缸、调整凸轮等部件在制动鼓上的布置都是中心对称的。两轮缸用油管连接，缸内油压相等。当汽车前进制动时，两制动蹄都是增势蹄；当汽车倒退时，两蹄又都是减势蹄，导致前进制动效能提高，倒退制动效能降低。所以，单向增势平衡式车轮制动器用于前轮制动，后轮仍采用非平衡式制动器。图10-4为单向助势平衡式车轮制动器受力分析示意图。

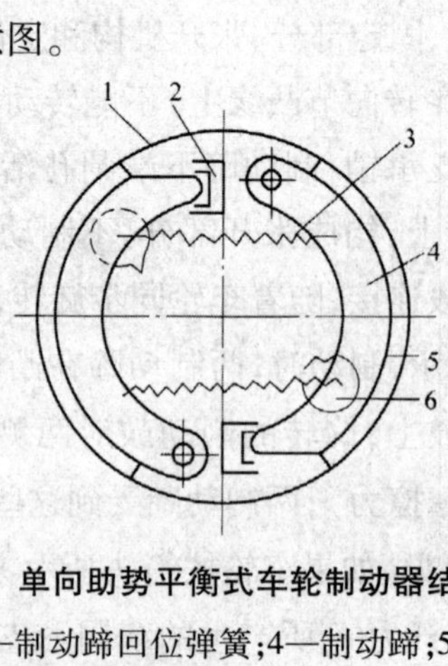

图10-3　单向助势平衡式车轮制动器结构示意图

1—制动鼓；2—制动缸；3—制动蹄回位弹簧；4—制动蹄；5—摩擦衬片；6—调整凸轮

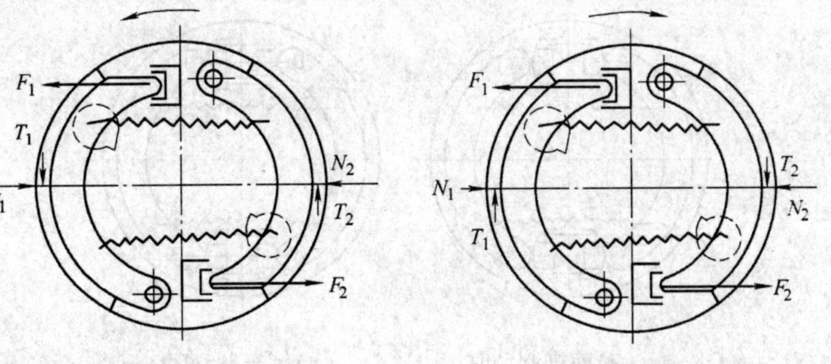

图 10-4　单向助势平衡式车轮制动器受力分析示意图

②双向助势平衡式车轮制动器，其结构如图 10-5 所示。制动底板上所有固定元件、制动蹄、制动轮缸、回位弹簧等都是成对地对称布置，两制动蹄的两端采用浮式支承，且支点在同向位置浮动，用回位弹簧拉紧。制动蹄两端既是支承点，也是张开力的作用点，支点和力点随制动鼓旋转方向不同相互转换，使汽车在前进和倒车时均可得到相同且较高的制动效能。

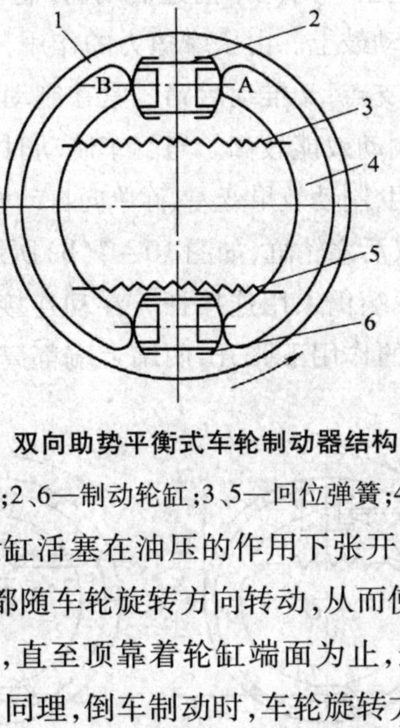

图 10-5　双向助势平衡式车轮制动器结构示意图

1—制动底板；2、6—制动轮缸；3、5—回位弹簧；4—制动蹄

当汽车前进制动时，上、下轮缸活塞在油压的作用下张开，将两个制动蹄压靠在制动鼓上。在摩擦力矩的作用下，两蹄都随车轮旋转方向转动，从而使两轮缸活塞其中的各一对称端支座推回，如图 10-6(a)A 端，直至顶靠着轮缸端面为止，达到刚性接触，于是两蹄便以此支座为支点均在增势下工作。同理，倒车制动时，车轮旋转方向改变，摩擦力矩方向改变，如图 10-6(b)所示，迫使两轮缸的 B 端支座成为制动蹄支点，两蹄同样均为增势蹄，产生与前进制动时完全一样的制动效能。由于是浮动支承，每蹄设一个调整点即可使蹄鼓间隙合理调整。调整时拨动可调支座盖上的齿槽即可。

由此可见，双向增势平衡式车轮制动器，两蹄以相同的法向力作用于制动鼓，不论前进或倒车制动时，两蹄均为增势蹄。且相互平衡，摩擦片等长，轮毂轴承不承受附加载荷。该制动器可在各类汽车的前后轮上装用，适合双管路制动系统。任一管路漏损，另一管路以简单非平衡式工作。

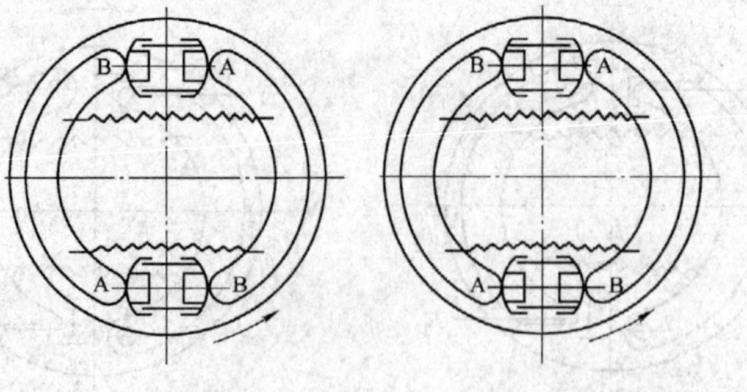

(a)前进制动时　　(b)倒车制动时

图 10-6　双向助势平衡式车轮制动器的工作情况

(3)自动增力式制动器。自动增力式车轮制动器主要特点是将两蹄用推杆浮动铰接,利用传力机件的张开力使两蹄产生增势作用。另外,还充分利用前蹄的增势作用推动后蹄,使总的摩擦力矩进一步增大,即为“增力”。自动增力式制动器也有单向式(单活塞)和双向式(双活塞)两种形式。图10-7(a)所示为单向式自动增力式制动器示意图。两蹄下端均无固定支点,均插在连杆两端开口的直槽底面上,形成活动连接。后蹄上端固定在支承销上,前蹄上端在回位弹簧作用下,紧压在轮缸活塞上。当汽车前进制动时,制动缸内的活塞克服回位弹簧的弹力,将前蹄推出,使其压紧在制动鼓上。由于摩擦力的作用,前蹄沿制动鼓旋转方向转过一个角度,通过连杆,以后蹄上端为支点,又推动后蹄压紧在制动鼓上,进一步增强摩擦力,加大制动力。此时两蹄均为增势蹄,制动效能较高。当倒车制动时,前蹄为减势蹄,它压紧在制动鼓上的力矩减小,使后蹄不起作用,制动效果变差,称单向自动增力式车轮制动器。

若将上述活塞轮缸改为双活塞轮缸,如图 10-7(b)所示,此时两蹄上、下端均没有固定支点,其上端浮靠在蹄销上,下端仍采用连接杆 n 浮动连接,并用回位弹簧拉紧。当汽车在前进制动时,制动蹄在液压力的作用下张开,两蹄上端都离开支承销压向制动鼓,对两蹄都产生摩擦力矩。

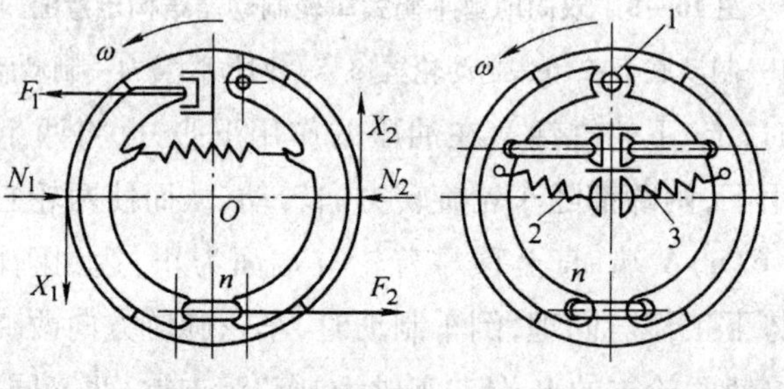

(a)单向式自动增力式　(b)双活塞轮缸

图 10-7　自动增力式制动器示意图

1—支承销;2、3—回位弹簧

并带动两蹄沿旋转方向转动一个角度,直到后蹄上端又靠到支承销。蹄与鼓进一步压紧。前蹄是增势蹄,支承为浮动的推杆,制动鼓作用在前蹄上的摩擦力和法向力的一部分,对推杆形成一个推力,推杆将此力传到后蹄下端,后蹄在推力的作用下形成增势蹄,并在轮缸液压力的共同作用下,进一步压紧制动鼓,由于推力比制动力大得多,使后蹄产生的制动力矩比前蹄更大,产生自动增力作用。倒车制动时,作用过程相反,制动效果一样,称双向自动增力式车轮制动器。其制动力矩最大,平衡式制动器次之,简单非平衡式最小。

改变可调推杆的工作长度,即可调节制动蹄鼓间隙,其方法是拨动调节螺钉上带齿圆盘,调节完成后,利用弹簧锁止定位。

2. 鼓式车轮制动器的检修

(1)鼓式车轮制动器拆装要点。如图 10-8 所示为气压制动系统鼓式制动器分解图。先用千斤顶支起前桥,在轮胎下面垫三角木,用轮胎螺母拆装机拆去轮胎螺母,拆下前轮;再拆去前轮毂盖,剃平锁紧螺母锁片,拧下锁紧螺母,取下锁片及锁止垫圈;然后拧出轮毂轴承预紧度调整螺母,用拉器从转向节上拉下轮毂及制动鼓。再用拉簧钩拆下制动蹄回位弹簧,取下支承销的垫板,拆下支承销,制动凸轮,调整臂总成及制动气室。最后拆下制动底板。

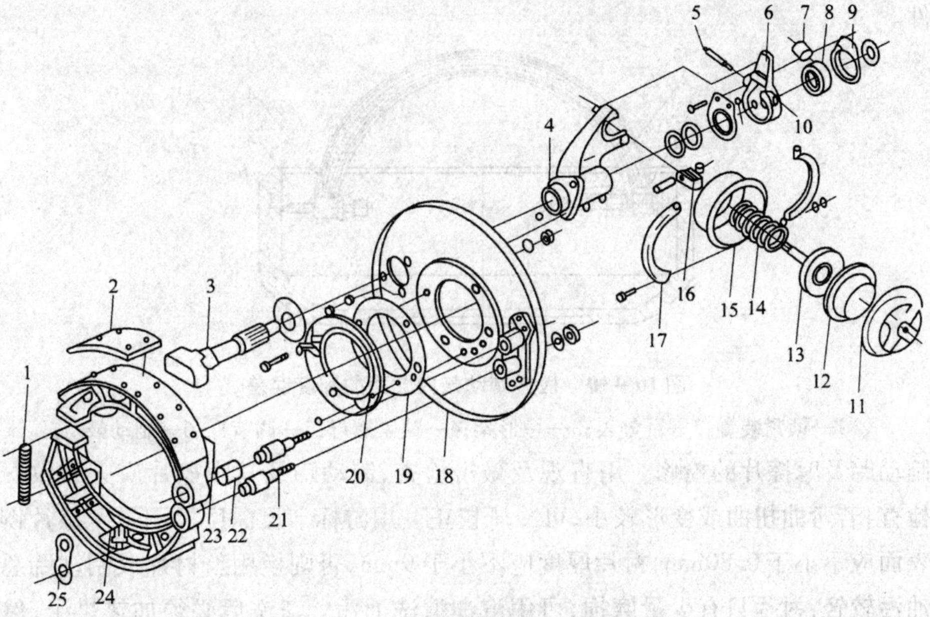

图 10-8 鼓式制动器分解图

1、14—回位弹簧;2—摩擦片;3—制动凸轮;4—支架;5—蜗杆轴;6—外壳;7—蜗杆;8—蜗轮;9、11—外壳盖;10—滑脂嘴;12—皮膜;13—推杆;15—外壳;16—连接叉;17—目卡箍;18—制动底板;19—衬垫;20—挡尘盘;21—支承销;22—衬套;23—制动蹄;24—蹄片总成;25—垫板

后轮制动器的拆卸基本于前轮相同。

鼓式车轮制动器的装配按上述相反顺序装复。但要注意:装复过程中,两制动蹄的位置不能互换,其上端面要与凸轮工作面完全贴合,支承销端部的标记朝内相对,如图 10-9 所示。

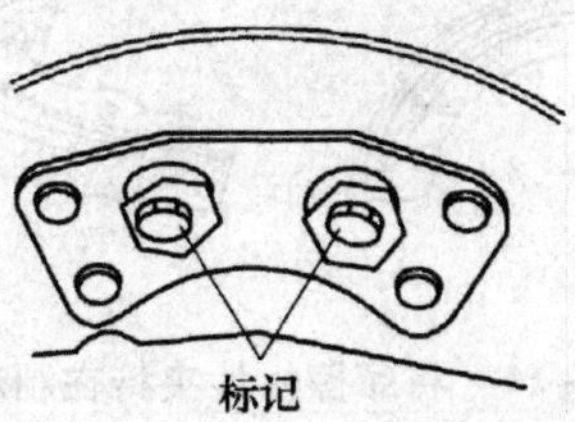

图 10-9 制动蹄支承销端部标记

(2)鼓式车轮制动器检修。

①制动鼓的检修。车轮制动主要是由制动鼓与摩擦片相互摩擦产生制动力而迫使车辆减速和停车。由于长期使用,使制动鼓磨损,造成制动鼓失圆、工作面出现沟槽等,在汽车制动时,发生跑偏、响声或抖动现象。所以制动鼓内孔的工作表面必须平整光滑与摩擦片贴合,符合技术标准。

用直观及敲击检查制动鼓内孔,应无烧损、刮痕、凹陷和裂纹,若不能修磨,应换用新件。

用弓形内径规或百分表检测制动鼓的磨损和圆度误差,检测方法如图 10 - 10 所示。制动鼓内圆面的圆度误差不得大于 0.125mm,并无明显的沟槽。否则,应对制动鼓在专用镗毂机上进行镗销加工。镗销后制动鼓内径不得大于 424mm,也不得超过允许的最大修理尺寸,且同一轿车上左、右制动鼓的内径尺寸差应小于 1mm。若制动鼓内径超过使用极限时,一律换用新件。

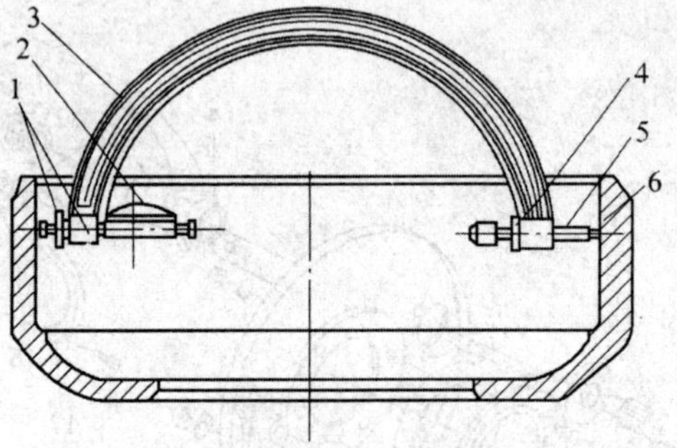

图 10 - 10　检查制动鼓内圆面的圆度误差

1—锁紧装置;2—百分表;3—弓形架;4—锁紧螺母;5—调节杆;6—制动鼓

②制动蹄及摩擦片的检修。用直观及敲击检查,制动蹄及其摩擦片应无裂纹。制动蹄按样板检查,若弯曲扭曲或变形较小,可冷压校正。用游标卡尺深度尺测量摩擦片铆钉头距摩擦片表面应不小于 0.80mm,衬片厚度应不小于 9mm,否则换用新衬片或制动蹄总成。若摩擦片油污较轻,衬片只有少量磨损,可用汽油清洗油污。清洗后必须加热烘干,然后用锉刀和粗沙布修磨平整,再与制动鼓表面试测贴合面积,需达到技术标准,允许继续使用。

新摩擦片的安装,一般采用铆接法,铆接的工艺基本与离合器摩擦片铆接相同,但应注意以下几点。

第一,为避免使用中衬片折断和保持散热良好,应用专用夹持器夹紧,如图 10 - 11 所示。

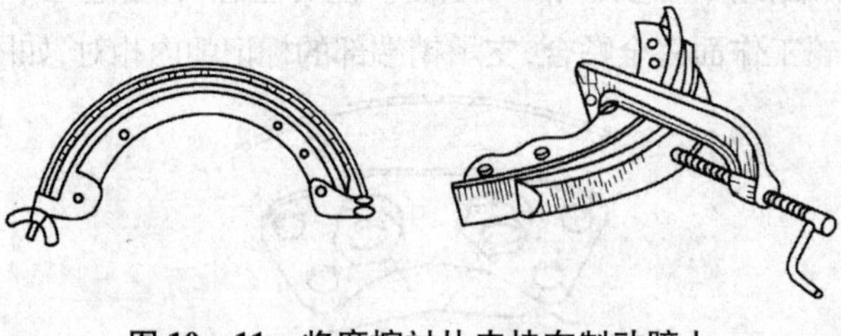

图 10 - 11　将摩擦衬片夹持在制动蹄上

第二,为防止车轮制动时摩擦片两端与制动鼓发卡,衬片两端头应锉成斜角,斜角一般为 75°。

第三，为使摩擦片与制动鼓能很好贴合，必须对摩擦片表面进行加工。加工时，要按制动鼓内表面尺寸进行，并用光磨机对衬片表面进行光磨。

第四，摩擦片外表面上有埋头坑，孔深一般为摩擦片原厚度的 2/3。

第五，摩擦片铆接后与制动鼓贴合面积应大于摩擦片总面积的 75%，并保证两端先接触，贴合印痕应两端重中间轻。两端的贴合面积约占衬片总长的 1/3。

第六，铆接时，应从制动蹄中部向两端依次铆紧铆钉，铆钉不允许偏斜、松动。

③制动器定位弹簧及复位弹簧检查。若制动器定位弹簧、上复位弹簧、下复位弹簧和楔形调整板拉簧的自由长度增长率达到 5%，应更换新弹簧。

(3)鼓式车轮制动器的调整车轮制动器检修装配后，为保证制动蹄衬片与制动鼓之间具有合适的间隙，必须进行调整。调整分为局部调整和全面调整。

①车轮制动器的局部调整。车轮制动器局部调整是在制动摩擦片磨损后，制动气室推杆行程超过 40mm 情况下或二级维护时，所进行的调整作业。现以 CA1092 型汽车前轮为例，说明调整过程。

第一，支起需要调整车轮的车桥，使制动鼓能自由转动。

第二，按图 10 - 12 所示，取下调整臂的防尘罩，推进锁止套，露出蜗杆轴的六方头。

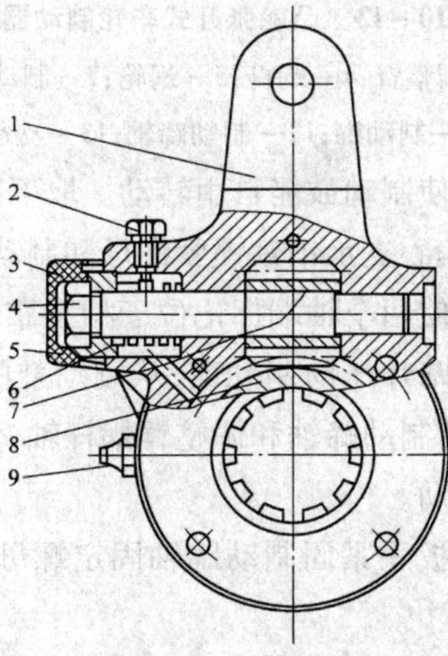

图 10 - 12　制动调整臂

1—制动臂；2—锁紧螺钉；3—锁止套；4—蜗杆轴；5—防尘罩；6—弹簧；7—蜗杆；8—蜗轮；9—滑脂嘴

第三，用扳手转动蜗杆轴，并转动制动鼓，从制动检视孔中插入规定厚度的塞尺，在蹄片上、下两端检查间隙，转动上端的调整凸轮，使制动蹄与制动鼓的间隙增大或减小，在距制动蹄两端 0 ~ 30mm 处用塞尺反复测量，当拉动时感到稍有阻力即可，制动蹄摩擦片与制动鼓的间隙应达到技术标准（凸轮轴端 0.4 ~ 0.7mm，蹄片轴端 0.2 ~ 0.5mm）。有轻微摩擦时，允许将间隙稍微放大一些。

第四，调好后退出锁止套，套上防尘罩，放好车轮。

应注意的是，局部调整时，切不可转动制动蹄支承销轴，一旦转动，应进行全面调整。

②车轮制动器的全面调整。车轮制动器全面调整是在制动鼓与制动蹄摩擦片严重磨损时,更换制动鼓或摩擦片后,制动蹄轴和制动凸轮安装位置发生变化,为确保制动蹄摩擦片与制动鼓间的正常间隙而进行的调整作业。其调整必须在轮毂轴承调好后进行。现以CA1092型汽车后轮为例,说明调整过程,如图10-13所示。

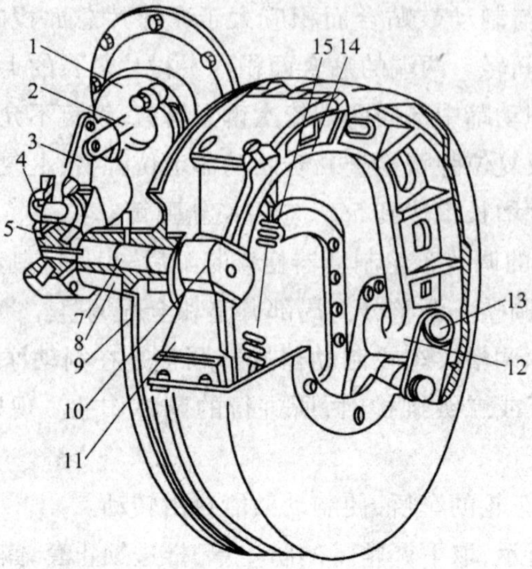

图10-13　凸轮张开式车轮制动器

1—制动气室;2—连接叉;3—制动调整臂;4—蜗杆;5—蜗轮;7—制动凸轮轴;8—支架;9—制动底板;10—制动凸轮;11、14—制动蹄;12—制动蹄轴;13—支承销;15—回位弹簧

第一,支起调整车轮的车桥,使制动鼓能自由转动。取下制动鼓上检视孔的盖片。

第二,用扳手拧松制动蹄片偏心支承销轴锁紧螺母和制动凸轮轴支架的固定螺栓螺母。

第三,转动制动蹄支承销轴,使两个轴端标记位于相互靠近的位置。

第四,转动上端调整凸轮,使蹄片压向制动鼓,从制动鼓的检查孔用塞尺检查每个蹄片两端与制动鼓是否贴紧,反复拧转制动蹄轴和调整臂蜗杆轴,使制动蹄摩擦片与制动鼓完全贴合,用手转动制动鼓,应不能转动。

第五,拧紧凸轮轴支架,再用扳手紧固制动蹄轴固定螺母。紧固时,需保持制动蹄轴和凸轮轴支架的位置不变。

第六,将调整蜗杆轴拧松3~4响(退回1/2~2/3圈)。这时,用于转动制动毂应能自由转动且与摩擦片无碰撞现象,但允许有轻微的摩擦沙沙声。

第七,用塞尺相应的规片检查制动鼓与制动蹄摩擦片间隙应符合技术标准。同一端两蹄之差不大于0.1mm。通入压缩空气后,制动气室推杆的行程为25mm±5mm。否则应重新调整。

第八,最后,装回制动鼓检视孔盖片。

10.2.2　钳盘式车轮制动器

盘式制动器的旋转元件是制动盘,与车轮固装在一起旋转,制动时,摩擦衬块从两侧夹紧制动盘,产生制动效能。

常用的盘式制动器有钳盘式和全盘式两种。两者的旋转零件都是作为工作面的金属盘,称为制动盘。钳盘式制动器不动的摩擦元件是带有一对或几对面积不大的摩擦衬片的制动钳;全盘式制动器不动的摩擦元件是端面上带有摩擦衬片的钢制圆盘。

钳盘式车轮制动器广泛地装用在轿车和轻型货车上。它的优点是:散热良好,热衰退小,热稳定性好,最适于对制动性能要求较高的轿车前轮制动器。但近年来前后轮都采用钳盘式制动器的结构也日渐增多。

1.钳盘式车轮制动器的基本结构和工作原理

如图10-14所示。它的旋转元件制动盘9和车轮固装在一起旋转,以其端面为摩擦工作表面。其固定的摩擦元件是:制动块4、导向支承销5和轮缸活塞3,都跨装在制动盘两侧的钳体上,总称制动钳。制动钳用螺栓与转向节或桥壳上的凸沿固装,并用调整垫片2来调节钳与盘之间的相对位置。另外,尚有防尘护罩和其他零件。

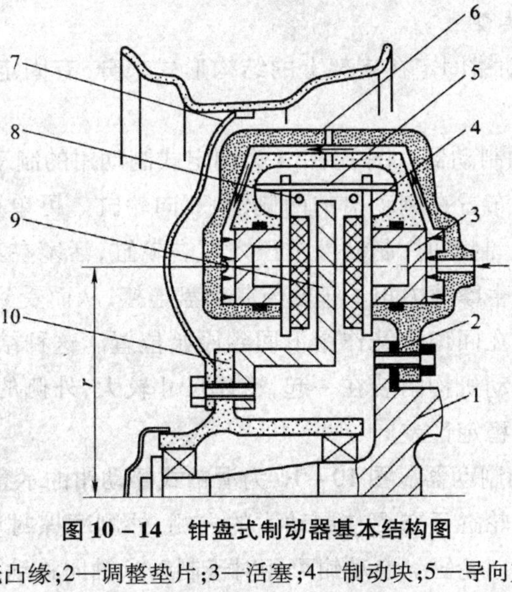

图10-14　钳盘式制动器基本结构图

1—转向节或桥壳凸缘;2—调整垫片;3—活塞;4—制动块;5—导向支承销;6—钳体;
7—轮盘;8—回位弹簧;9—制动盘;10—轮毂凸缘;r—制动盘摩擦半径

制动时,油液被压入内、外两轮缸中,其活塞在液压作用下将两制动块压紧在制动盘上,产生摩擦力矩而制动。此时,轮缸槽中的矩形橡胶密封圈的刃边在活塞摩擦力的作用下产生微量的弹性变形,如图10-15(a)所示。放松制动时,活塞和制动块依靠密封圈的弹力和弹簧8的弹力回位,如图10-15(b)所示。由于矩形密封圈刃边变形量很微小,在不制动时,摩擦片与盘之间的间隙每边只有0.1mm左右,它足以保证制动的解除。又因制动盘受热膨胀时,厚度方面只有微量的变化,故不会发生“拖带”现象。但是,制动盘对端跳动控制较严,要求工作表面有高的平整度和垂直度,轮毂轴承的松紧度应严格平整度和垂直度,轮毂轴承的松紧度应严格控制。修平制动盘工作表面时,应和轮毂一起进行加工,并一起进行平衡试验。特别是不能使用受热后易汽化膨胀的醇类制动油液,要求使用特制的高沸点合成型制动液,矩形橡胶密封圈除起密封作用外,同时还起活塞回位和自动调整间隙的作用。

如果制动块的摩擦片与盘的间隙磨损加大,制动时密封圈变形达到极限后,活塞仍可继续移动,直到摩擦片压紧制动盘为止。解除制动后,矩形密封圈所能将活塞推回的距离同磨损之前相同,仍保持标准值。显然,这种结构对橡胶密封圈的弹性、耐热性、刃边几何精度及表面粗糙度的要求较高,并应定期更换。

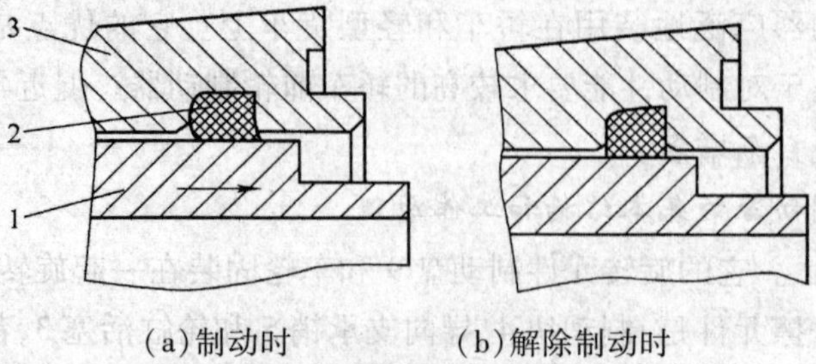

(a)制动时　　(b)解除制动时

图 10-15　活塞密封圈工作情况

1—活塞;2—矩形橡胶密封圈;3—轮缸

2. 钳盘式制动器的类型

钳盘式制动器以制动钳固定在支架上的结构形式来分,有固定式制动钳和浮动式制动钳两大类。

(1)固定式制动钳的制动器。图 10-14 为固定式制动钳的制动器。它的制动钳体的轴向位置是固定的,其轮缸布置在制动盘的两侧,为双向轮缸。可单缸对置或双缸对置,除活塞和制动块外无滑动件。制动时,制动液被压入左右轮缸,活塞在其压力作用下,将摩擦块总成压紧在制动盘上,产生摩擦力矩。车轮与制动盘连接,从而受到制动力的作用。解除制动时,活塞和摩擦片总成在回位弹簧作用下回到原始位置。这种结构的轮缸间需用油道或油管连通,难于把驻车制动机构附装在一起,钳体尺寸较大,外侧的轮缸散热差,热负荷大,油液易汽化膨胀,制动热稳定性差。

(2)浮动式制动钳的制动器。图 10-16 为滑销式浮动钳的示意图。它的特点是制动钳体在轴向处于浮动状态,轮缸只布置在制动钳的内侧,外侧摩擦衬块则固定在钳体上,数目只有固定式的一半,为单向轮缸。制动钳可相对于制动盘轴向移动。

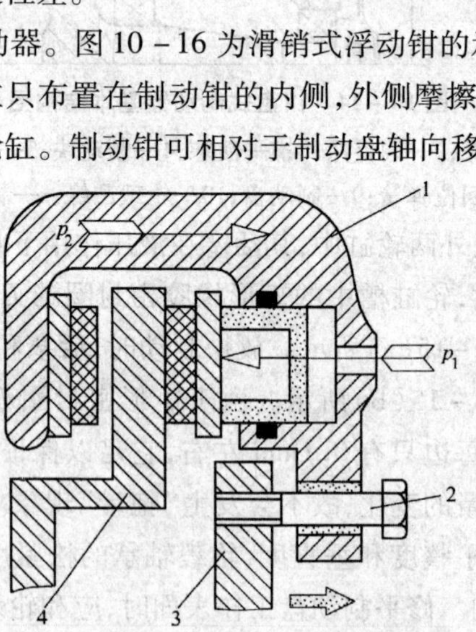

图 10-16　浮动式制动钳示意图(滑销式)

1—钳体;2—滑销;3—支架;4—制动盘;p_1、p_2—液压作用力和反作用力制动时,制动液的压力 p_1,作用在活塞上,带动活动摩擦衬块运动,并推动制动盘,利用制动钳上的反作用力 p_2,推动制动钳体移动,将固定摩擦衬块同时推到制动盘上,继而压紧制动盘,产生制动力。其外侧无液压件,不会产生气阻,且占据的空间也小,还可以利用内侧活塞附装驻车制动机构。但是,其内外摩擦片的磨损速度不一致,内片磨损快于外片。根据浮式制动钳在其支架上滑动支承面的形式,又可分滑销式和滑面式(榫槽式)两种。因滑销式制动钳易实现密封润滑,蹄盘间隙的回位能力稳定,故使用较广。

3. 全盘式车轮制动器

全盘式车轮制动器,具有更大的制动力。它的特点是制动盘两侧制动钳都装有液压缸,制动时由两侧的活塞挤压摩擦衬块,制动时,活塞连同套筒在高压油作用下,压缩回位弹簧将所有的固定盘和旋转盘都推向外侧壳体,各盘相互压紧而实现完全制动。解除制动时,回位弹簧使活塞和套筒回位。

按全盘式车轮制动器的结构形式分为双片式自动增力式和多片式两种。一般安装在重型或超重型汽车上。如上海 SH380 型自卸载重汽车上安装的多片全盘式车轮制动器。

4. 盘式车轮制动器的检修

(1)用百分表检测制动盘的端面跳动误差大于 0.06mm,制动盘表面具有明显的磨损台阶及拉伤沟槽,可进行加工修复。

(2)检查制动盘的磨损极限厚度为 8mm,厚度过小时应换用新件。

(3)检查制动蹄摩擦片厚度小于 7mm(包括底板)时,必须更换摩擦片,且左、右轮必须成套更换(4 片摩擦片、4 片弹簧片)。

(4)检查制动钳体,若发现有漏油之处,应换用新的活塞密封圈。

10.3 驻车制动器

驻车制动器又称手制动器,其功用是车辆停驶后防止滑溜;在坡道上顺利起步;行车制动效能失效后临时使用或配合行车制动器进行紧急制动。

驻车制动器按其安装位置可分为中央制动式和车轮制动式两种:中央制动式通常安装在变速器或分动器的后面,少数安装在后驱动桥输入轴前端,其制动力矩作用在传动轴上;车轮制动式通常与车轮制动器共用一个制动器总成,传动机构相互独立。

驻车制动器按其结构形式可分为鼓式、盘式、带式和弹簧作用式。

10.3.1 中央制动器

1. 制动器的结构

图 10－17 所示为东风 EQ1090E 型汽车驻车制动器的结构。该制动器为中央制动、鼓式、简单非平衡式驻车制动器。

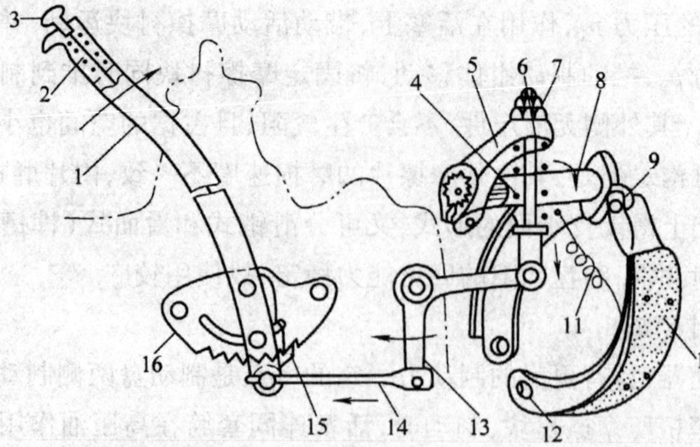

图 10－17　东风 EQ1090E 型汽车驻车制动器

1—驻车制动杆；2—拉杆弹簧；3—按钮；4—压紧弹簧；5—摆臂；6—拉杆；7—调整螺母；8—凸轮轴；9—滚轮；10—制动蹄；11—复位弹簧；12—偏心支承销；13—摇臂；14—传动杆；15—锁止棘爪；16—齿扇

它采用凸轮张开的蹄鼓式制动器和机械传动机构。制动鼓通过螺栓与变速器输出轴的凸缘盘紧固在一起，制动底板用螺栓固定在变速器后端壳体上，两制动蹄通过偏心支承销支承在制动底板上，其上端装有滚轮，在复位弹簧 11 的作用下滚轮 9 紧靠在凸轮轴 8 的两侧，凸轮轴通过底板支座支承在制动底板的上部，轴外端与摆臂连接，摆臂的另一端与拉杆相连，拉杆上端装有压紧弹簧和垫圈，其上端装有调整螺母 7 和锁紧螺母，下端与摇臂 13 铰接。拉杆再通过摇臂、传动杆与驻车制动杆相连。驻车制动杆上连有棘爪，驻车制动器工作时，棘爪嵌入齿扇上的棘齿内，起锁止作用。解除制动时，按下驻车制动杆上的按钮，使棘爪脱离棘齿，扳动驻车制动杆。

2. 制动器的工作情况

不进行驻车制动时，制动杆处于立式，在回位弹簧作用下，两制动蹄与制动鼓保持一定间隙，不起制动作用。

进行驻车制动时，将驻车制动杆上端向后拉动，制动杆下端向前摆动，传动杆带动摇臂顺时针转动，拉杆则带动摆臂顺时针转动，凸轮轴亦顺时针转动，凸轮偏转使两制动蹄向外张开，压紧制动鼓，产生制动作用。当制动杆拉到制动位置时，棘爪嵌入齿扇上的棘齿内，起锁止作用。

解除制动时，按下驻车制动杆上的按钮，棘爪脱离棘齿，向前推动制动杆，则传动杆、拉杆、凸轮轴按逆时针方向转动，制动蹄在复位弹簧的作用下回位，制动蹄与制动鼓间恢复制动间隙，制动解除。.

10.3.2　强力弹簧驻车制动器

图 10－18 所示为东风 EQ1141 G 汽车驻车制动器的结构简图。该制动器为强力弹簧驻车制动器。

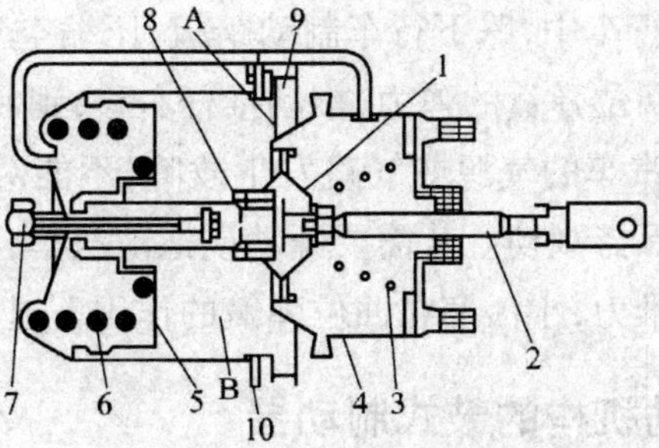

图 10 - 18　东风 EQ1141 G 汽车驻车制动器的结构简图

1—小活塞；2—推杆；3—锥形弹簧；4—膜片；5—大活塞；6—弹簧；7—螺栓；

8—推盘；9—接行车制动阀；10—接驻车制动

A—后制动气室　B—驻车制动气室

1. 制动器的结构

强力弹簧驻车制动器是一个具有驻车制动与行车制动的双功能综合体。有后制动气室和驻车制动气室，并用板隔开。后制动气室 A 由行车制动控制阀控制；驻车制动气室 B 由驻车制动操纵阀控制。推杆外端通过连接叉与制动器的制动臂相连，其球面则支靠在推杆座中，推杆座与大活塞连为一体。强力弹簧 6 通过大活塞、推杆将后制动气室的小活塞回位弹簧压缩，使制动器产生制动作用。

拧出螺栓 7 可使推杆 2 回到左端位置，放松制动。

2. 制动器的工作情况

图 10 - 19 所示为强力弹簧驻车制动器的工作原理图。

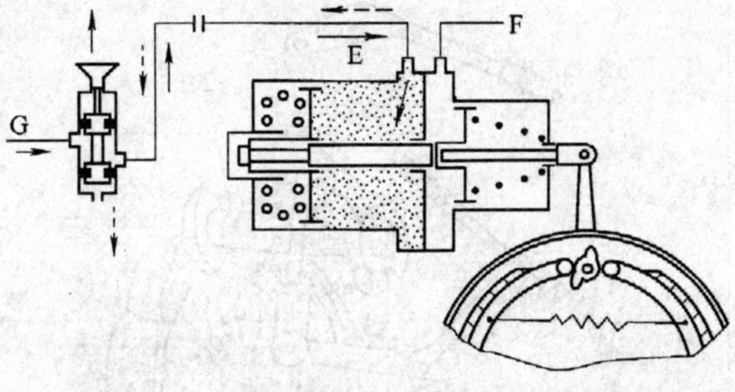

图 10 - 19　强力弹簧驻车制动器工作原理

（不制动位置）　E—通驻车制动操纵阀；F—通行车制动控制阀；G—通储气筒

（1）进行驻车制动时。汽车停驶后，将驻车制动操纵阀拉出，压缩空气经驻车制动气室 B 右侧，从下端气孔放出，此时 E 孔和 F 孔与大气相通，强力弹簧 6 伸张，其作用力依次经大活塞 5、螺栓 7 和推盘 8 将后制动气室的小活塞 1 右移，推杆右移到制动位置，完全压缩锥形弹簧 3。

（2）正常行驶不制动时。在汽车起步之前，应将驻车制动操纵阀推回到不制动位置，压缩空气自储气筒经 E 口充入驻车制动气室右侧，压缩强力弹簧，将驻车制动大活塞推到左端。后制动气室小活塞也在其回位弹簧的作用下左移，推杆左移，回到不制动位置，汽车方可正常行驶。

(3)进行行车制动时。行车中,踩下行车制动踏板,压缩空气便经行车制动阀自 F 孔充入后制动气室,小活塞克服回位弹簧的弹力,推动推杆右移,到制动位置。

(4)无压缩空气时。若汽车的气源或气路发生故障,不能对驻车制动气室充气,强力弹簧将处于伸张状态,使汽车保持制动。若需要开动或拖动汽车,必须将驻车制动气室中的螺栓旋出,卸除弹簧对推盘的推力,小活塞在回位弹簧的作用下退回到不制动位置,制动解除。

10.3.3 带驻车制动机构的鼓式制动器

蹄鼓式驻车制动器的基本结构与前面所述的车轮制动器基本相同。常用的有凸轮张开式和自动增力式两种。

1. 鼓式驻车制动器

(1)鼓式驻车制动器构造图。如 10－20 所示为东风 EQ1092 型汽车驻车制动器。它采用凸轮张开的蹄鼓式制动器和机械传动机构,制动鼓通过螺栓与变速器第二轴后端凸缘紧固在一起,制动底板用螺栓固定在变速器后端壳体上,两制动蹄下端通过偏心支承销安装在底板上,其上端装有滚轮。在制动蹄回位弹簧作用下,制动蹄上端的滚轮始终靠紧在制动凸轮轴的凸轮两侧,凸轮轴通过底板支座支承在制动底板上部。其外端与摆臂紧固在一起,摆臂的另一端与拉杆相连,拉杆上端装有压紧弹簧及垫圈。其上端装有球面调整螺母及锁紧螺母,下端与摇臂铰接。摇臂锁销与变速器壳铰接,与传动杆铰接。传动杆前端通过螺纹与驻车制动杆相连。齿扇用螺钉固定在变速器壳体侧面上,带有锁止棘爪。按钮和拉杆弹簧的制动杆、销子与齿扇均为铰接。

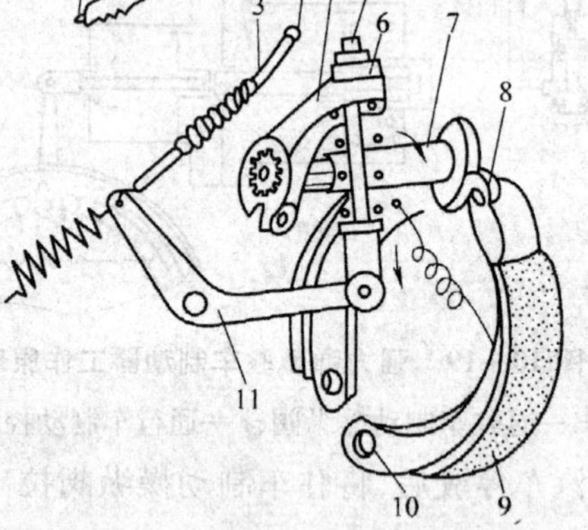

图 10－20 东风 EQ1092 型汽车驻车制动器

1—按钮;2—操纵杆;3—拉索;4、11—摆臂;5—拉杆;6—调整螺母;7—凸轮轴;8—滚轮;9—制动蹄;10—偏心支承

(2)工作过程。不制动时,制动操纵杆处于立势位置,两制动蹄在回位弹簧作用下,与制动鼓保持一定的间隙,制动器无制动作用。

制动时,将操纵杆上端向后拉,作用力通过拉丝软轴带动摇臂绕支销顺时针摆动,拉杆带动摇臂向下运动,摆臂带动凸轮轴转动,从而凸轮偏转将两制动蹄张开,并压紧制动鼓产生制动作用。此时,棘爪和齿扇将制动杆锁止在制动位置。

解除制动时,按下制动操纵杆上端的按钮,使下端的棘爪脱离齿扇,然后将制动操纵杆推向最前端位置。此时,各机件的运动方向与制动时方向相反,从而使制动蹄与制动鼓恢复原来的间隙,制动解除。

2. 自动增力式驻车制动器

(1)自动增力式驻车制动器构造。如图 10－21(a)所示为自动增力式驻车制动器构造示意图。它主要由制动鼓、制动底板、制动蹄、制动臂、制动手柄、棘齿拉杆、摇臂等组成。制动鼓用螺栓紧固在变速器第二轴的凸缘盘上,制动底板和驻车制动支承销用螺栓固定在变速器壳体的后端部,两制动蹄和调整机构通过拉簧浮动地悬挂在支承销上,并用压簧轴向定位。

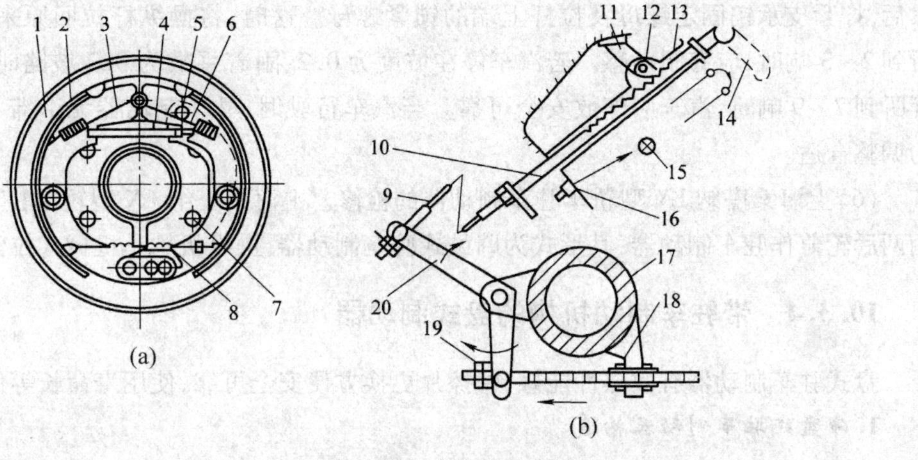

图 10－21　自动增力式驻车制动器

1—制动底板;2—驻车制动蹄;3、8—拉簧;4—推板;5—销轴;6—驻车制动臂;7—螺栓;9—钢丝;10—棘齿拉杆;11—支座;12—棘爪;13、18—导管;14—制动手柄;15—驻车制动指示灯;16—驻车制动指示灯开关;17—前桥;19—调整螺母;20—摇臂

(2)工作过程。不制动时,制动手柄处于卧势位置,两制动蹄在拉簧作用下浮动地悬挂在支承销上,与制动鼓有一定的间隙,制动器无制动作用。

制动时,驾驶员拉出制动手柄,手柄拉动拉索带动摇臂沿箭头方向运动,如图 10－21(b)所示。此时,驻车制动臂绕销轴顺时针转动。在转动过程中,一方面通过推板将左制动蹄压向制动鼓,另一方面驻车制动臂上端右移,通过销轴将右制动蹄压向制动鼓,从而产生制动作用。此时,棘爪将锁住制动手柄。增力原理与自动增力式车轮制动器原理基本相同。

解除制动时,先将制动手柄顺时针转过一个角度,使棘爪与齿条脱离啮合状态,再将制动手柄推回到原始位置,从而制动解除。

3. 蹄鼓式驻车制动器的检修(以 EQ1092 型汽车为例)

(1)制动鼓的检修。直观检查制动鼓,不得有裂纹,破损,否则换用新件。其工作表面若磨损起槽大于 0.5mm 时,应对其锥磨或车削。磨损超过使用极限(Φ284)应予更换。

(2)制动蹄及衬片的检修。直观及敲击检查不得有裂纹弧度大小应符合技术标准,若衬片磨损至铆钉头 0.5mm 时,应一律换用新件。其方法与车轮制动器衬片更换方法基本相同,检测制动蹄与支承销孔配合间隙大于0.15mm时,应更换支承销或销孔衬套。

(3)回位弹簧的检修。直观检查回位弹簧,若弯曲、断裂、锈蚀或弹力减弱(弹簧应在5N的拉力作用下,弹簧长度达到100mm),应换用新件。

(4)其他零件的检修。用百分表或游标卡尺检测制动凸轮轴与底板支座承孔的配合间隙,应不大于0.20mm,否则换用新衬套。棘爪机构磨损严重,达不到锁止作用,均换用新件。操纵机构各铰接部位磨损松旷,可更换销轴或衬套。

(5)蹄鼓式驻车制动器的调整。调整时,先将驻车操纵杆放至最低位置,旋动软索调整螺母,使摇臂与水平方向成15°夹角,然后拧紧锁紧螺母。接着把操纵杆拉起,当听到7~9响时,反复拧动拉杆上端的调整螺母及制动蹄支承销,使制动蹄完全压紧在驻车制动鼓上。然后,拧紧支承销固定螺母及拉杆上端的锁紧螺母。这时,将操纵杆拉回原来位置时,当能听到2~3响时,应有制动感。若汽车停在坡度为0.2、附着系数为0.7坡路时,当拉动操纵杆听到7~9响时,汽车应停放安全可靠。当汽车行驶时,驻车制动器无卡滞、发热现象,则为调整合适。

(6)上海桑塔纳LX型轿车驻车制动器的检修。上海桑塔纳LX型轿车驻车制动器是利用两后轮兼作驻车制动器,其形式为蹄鼓式驻车制动器,操纵机构是机械式拉索机构。

10.3.4 带驻车制动机构的盘式制动器

盘式驻车制动器有散热性能好,摩擦片更换方便安全可靠,使用寿命长等优点。

1. 蹄盘式驻车制动器构造。

图10-22所示为蹄盘式制动器及其传动机构示意图。它主要由驻车制动操纵杆、前制动蹄、后制动蹄、制动蹄臂、传动拉杆、制动盘、调整螺钉等部件构成。制动盘与变速器第二轴的花键凸缘连接,制动蹄支架用螺钉固定于变速器壳体的后壁上,传动拉杆用销轴与固定于变速器壳上的齿扇板铰接,下端有棘爪,利用棘爪拉杆和手柄上的弹簧,能将制动器锁止在某一位置。

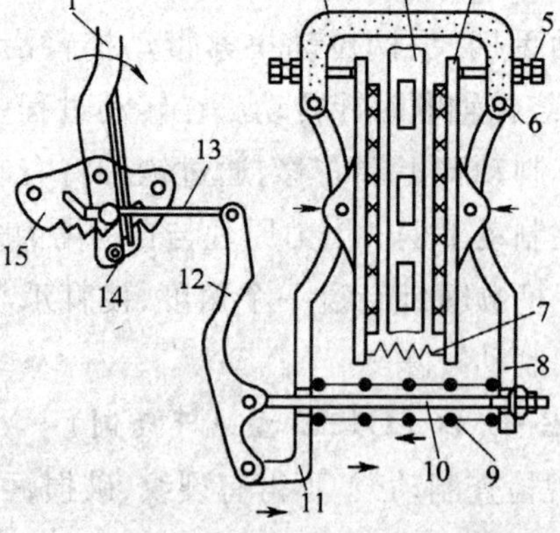

图10-22 蹄盘式制动器及其传动机构示意图

1—驻车制动拉杆;2—支架;3—制动盘;4—制动蹄;5—调整螺钉;6—销;7—拉簧;8—后制动蹄臂;12—拉杆臂;13—传动拉杆;14—棘爪;15—齿扇

2. 工作过程

不制动时,制动蹄下端被制动蹄拉紧弹簧拉紧,上端由制蹄调整螺钉限制,使制动蹄片与制动盘上、下端保持一定的间隙,制动器无制动作用。

制动时,将驻车制动杆上端向后扳动,传动拉杆带动拉杆臂逆时针方向摆动,推动前制动蹄臂和制动蹄后移。同时,通过拉杆拉动后制动蹄臂,将定位弹簧压缩,使后制动蹄前移,两制动蹄即夹紧制动盘,产生制动作用,这时,棘爪将手制动杆锁止在制动位置。解除制动时,按下制动杆上端的拉杆按钮,使下端棘爪脱出,然后将制动杆推向前端位置,前、后蹄在定位弹簧作用下回位,制动解除。

3. 蹄盘式驻车制动器的检修(以 CA1091 型汽车为例)

(1)制动盘的检修。制动盘工作面应无沟槽,当沟槽的深度大于0.50mm 时,应车削或磨削。制动盘厚度应不大于规定值,否则换用新件。

(2)制动蹄的检修。制动蹄端面磨损严重,应换用新件。摩擦片工作面到铆钉头的距离,若小于0.5mm,必须更换。新摩擦片更换方法同离合器更换摩擦片方法相同。制动蹄支架若有裂纹可焊修,严重者换用新件。

(3)蹄盘式驻车制动器的调整。当组装驻车制动器时,应在未装拉杆与联动臂的连接销之前进行。调整时,先在前、后制动蹄片与制动盘之间分别插入 1 根长 250mm、厚 0.3 ~ 0.6mm 塞尺规片,再转动拉杆上的调整螺母,拉动规片有明显阻力时,停止旋转调整螺母,接着旋进蹄片上端的调整螺钉,直至与制动蹄相接触为止,然后锁紧螺母。锁紧后,挂好拉紧弹簧。最后调整拉杆的长度。当销孔与联动销孔相重合时,穿入销子并锁上开口销。特别指出:不允许用拉动联动臂的方法,使销孔重合,否则,影响调好的间隙。

调整后,还应进行制动检查。当拉动驻车制动杆至全程 1/2 ~2/3 时,同时齿板上移动 3 ~5 齿。此时,蹄片应完全压紧制动盘。在平坦干燥的路面上,汽车用二挡不能起步,解除制动时,制动盘与摩擦片不发生摩擦或咬住现象,则可视为调整合适。

10.3.5　驻车制动器常见故障诊断与检修

以 CA1092 型解放汽车为例。

1. 驻车制动不良

(1)现象。汽车停在坡路上时,因驻车不良而自行滑移。

(2)原因。

①驻车制动自由行程过大。

②制动鼓工作表面磨损、起槽、裂纹,摩擦片与制动鼓贴合不良或摩擦片与制动鼓配合间隙过大。

③摩擦片表面有油污、泥水,磨损过薄或焦化。

④制动蹄片在支承底板中卡住,或支承底板变形致使制动蹄轴歪斜。

⑤汽车起步时,操作失误,未拉驻车操纵杆导致摩擦片烧蚀。

(3)诊断与排除。

①将变速杆回到空挡位置,拉紧驻车制动操纵杆,支起后轮,这时用于转动传动轴,如能转动,则说明驻车制动不良。

②检查驻车制动操纵杆的自由行程是否过大。当把驻车操纵杆从放松的极限位置上拉起,若听到两响声,则为合适。否则进行调整,或检查各连接处是否松动。

③用塞尺检测摩擦片与制动鼓配合间隙是否符合技术标准,否则应进行调整。

④上述良好,则检测驻车制动器制动鼓圆度误差,查看摩擦片是否有油污,与制动鼓贴合状况及制动底板是否变形,检查制动蹄轴是否锈蚀。否则应维修或换用新件。

2. 驻车制动拖滞

(1)现象。变速器挂低速挡,松离合器踏板,放松驻车制动器操纵杆,汽车难以起步;或虽然起步,但稍减供油,汽车急速降速;或行驶一般路程后,驻车制动鼓发热。

(2)原因。

①制动蹄摩擦片与制动鼓间隙过小,局部有粘连接触,制动蹄回位弹簧弹力小、过软或折断。

②制动蹄与制动蹄轴装配过紧,转动困难或锈蚀,导致制动蹄回位缓慢或不回位。

③由于齿板上限位片丢失或未装,当操纵杆向前放松时,造成制动凸轮反向转动,将蹄片张开与制动鼓接触。

(3)诊断与排除。

①若汽车在离合器良好状态下不能起步,车辆行驶无力,驻车制动鼓发热,则说明驻车制动拖滞。

②先检查齿板上的限位片是否丢失或未装。

③用塞尺检测摩擦片与制动鼓间隙是否符合技术标准,否则应调整。

④若以上良好,应拆检驻车制动器。

10.4 防抱死制动系统

汽车防抱死制动系统(Anti－lock Braking System,ABS)是一种安全控制制动系,目前已经成为汽车的标准配置。ABS既有普通制动系统的制动功能,又能防止车轮制动抱死。

紧急制动时,制动力过大会使轮胎抱死后滑动,制动距离变长且汽车不受控制。防抱死制动系统可使汽车在制动过程中车轮滑移率保持在20%左右范围内,此时轮胎处于边滚边滑状态,制动力最大,保证了汽车的转向稳定性,防止产生侧滑和跑偏。

10.4.1 ABS的基本组成与工作原理

ABS的基本组成如图10－23所示,ABS通常由轮速传感器、制动压力调节器、电子控制单元(ECU)和ABS警示装置等组成。

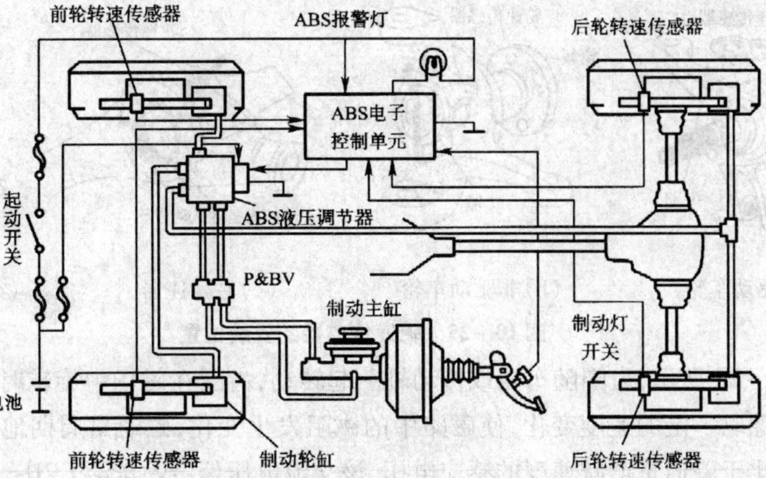

图 10－23 ABS 的基本组成

汽车制动时,轮速传感器将各车轮的转速信号输入 ECU;ECU 根据每个车轮轮速传感器输入的信号对车轮的运动状态进行监测和判定,并形成响应的控制指令,再适时发出控制指令给制动压力调节器;制动压力调节器对各制动轮缸的制动压力进行调节,防止制动车轮抱死。

图 10－24 所示为 ABS 部件在汽车上的位置。

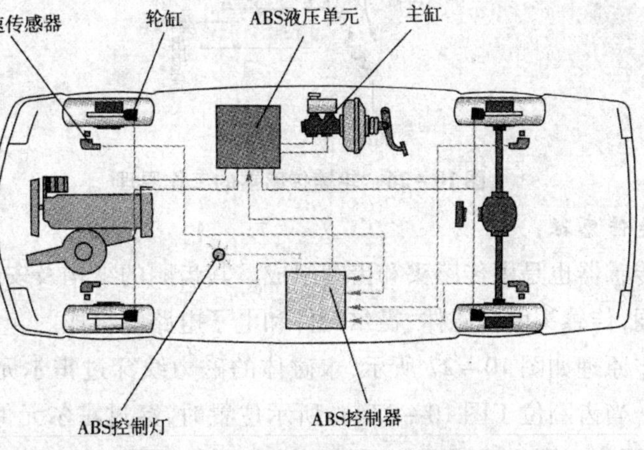

图 10－24 ABS 部件在汽车上的位置

10.4.2 轮速传感器

轮速传感器的功用是检测车轮的旋转速度,并将速度信号输入 ECU。目前,常用的轮速传感器主要有电磁式和霍尔式。

1. 电磁式轮速传感器

电磁式轮速传感器主要由传感器头和齿圈两部分组成,它可以安装在车轮上,也可以安装在主减速器或变速器中,如图 10－25 所示。

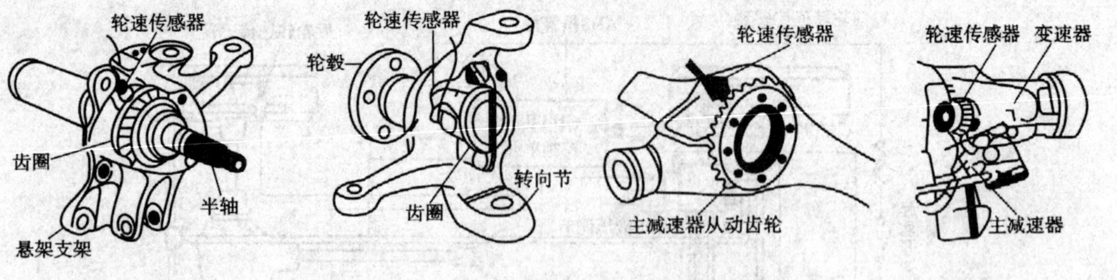

(a)驱动车轮　(b)非驱动车轮　(c)主减速器　(d)变速器

图 10-25　轮速传感器的安装位置

如图 10-26 所示，齿圈随车轮或传动轴一起转动，齿圈在磁场中旋转时，齿圈齿顶和电极之间的间隙以一定的速度变化，使磁路中的磁阻发生变化，磁通量周期地增减，在线圈的两端产生正比于磁通量增减速度的感应电压，该交流电压信号输送给 ECU。

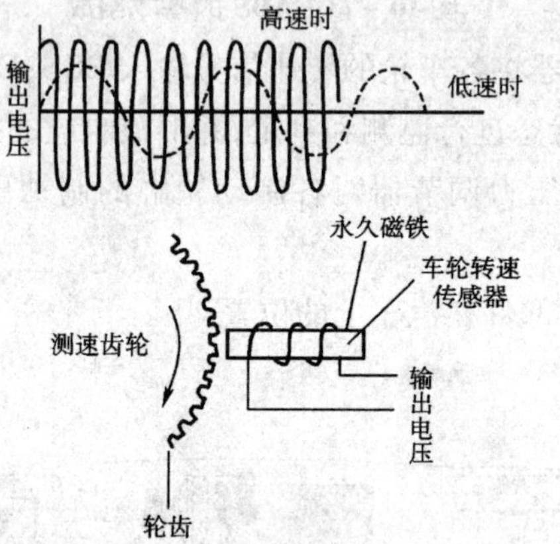

图 10-26　轮速传感器的工作原理

2. 霍尔式轮速传感器

霍尔式轮速传感器也是由传感头和齿圈组成。其齿圈的结构及安装方式与电磁式轮速传感器的齿圈相同，传感头由永磁体、霍尔元件和电子电路等组成。

传感器的工作原理如图 10-27 所示，永磁体的磁力线穿过霍尔元件通向齿圈，齿圈相当于一个集磁器。当齿圈位于图 10-27(a)所示位置时，穿过霍尔元件的磁力线分散，磁场相对较弱；而当齿圈位于图 10-27(b)所示位置时，穿过霍尔元件的磁力线集中，磁场相对较强。齿圈转动时，使得穿过霍尔元件的磁力线密度发生变化，因而引起霍尔元件电压的变化，霍尔元件将输出一毫伏级的准正弦波电压。此信号由电子电路转化成标准的脉冲电压。

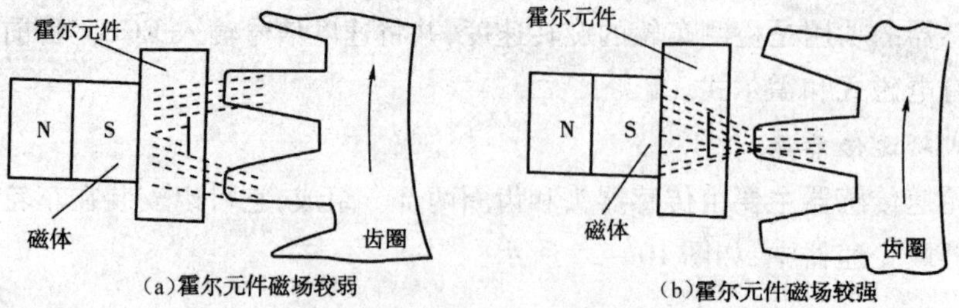

(a)霍尔元件磁场较弱　(b)霍尔元件磁场较强

图 10-27　霍尔式轮速传感器

霍尔式车轮转速传感器克服了电磁式传感器的缺点，其输出信号电压幅值不受转速的影响，频率响应高，抗电磁波干扰能力强。因而，霍尔传感器在 ABS 中应用越来越广泛。

10.4.3　ABS 的控制中枢——ECU

ECU 是 ABS 的控制中枢，其功用是接收轮速传感器及其他传感器输入的信号，对这些输入信号进行测量、比较、分析、放大和判别处理，通过精确计算，得出制动时车轮的滑移率、车轮的加速度和减速度，以判断车轮是否有抱死趋势。再由其输出级发出控制指令，控制制动压力调节器去执行压力调节任务。

电子控制单元还具有监控和保护功能，当系统出现故障时，能及时转换成常规制动，并以故障灯点亮的形式警告驾驶人。

10.4.4　制动压力调节器

根据压力调节器的调压方式可分为循环式和可变容积式。循环式制动压力调节器是通过电磁阀直接控制轮缸的制动压力；而可变容积式制动压力调节器是通过电磁阀间接改变轮缸的制动压力。

1. 循环式制动压力调节器

循环式制动压力调节器由电磁阀、液压泵和电动机等部件组成。调节器直接装在汽车原有的制动管路中，通过串联在制动主缸和制动轮缸之间的三位三通电磁阀直接控制轮缸的压力，可以使轮缸的工作处于常规工作状态、增压状态、减压状态或保压状态，如图 10－28 所示。三位是指电磁阀有 3 个不同位置，分别控制轮缸制动压力的增、减或保压，三通是指电磁阀上有 3 个通道，分别通制动主缸、制动轮缸和储液器。

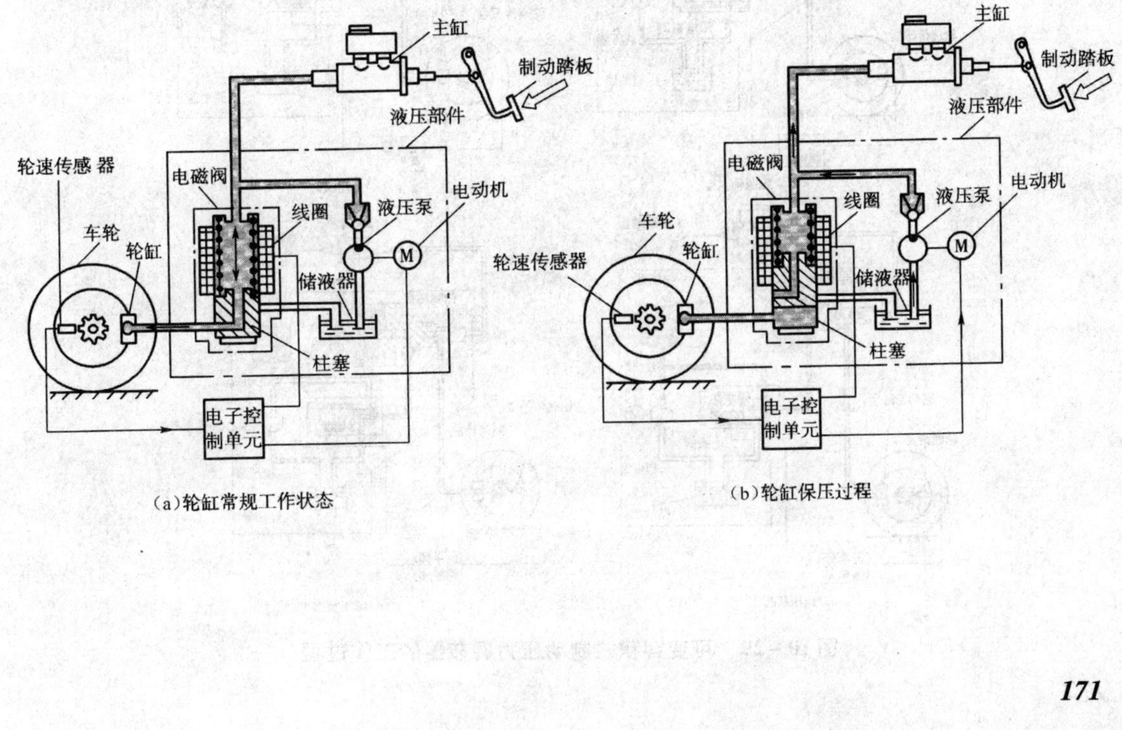

(a)轮缸常规工作状态　　(b)轮缸保压过程

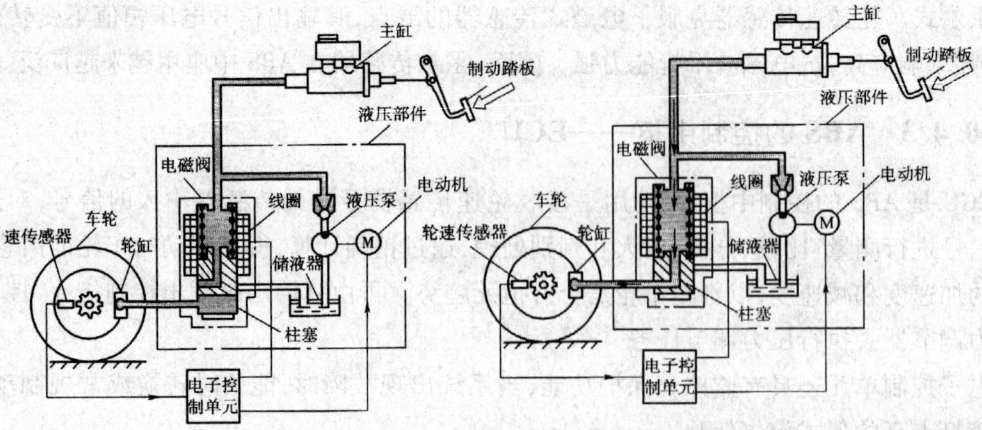

(c)轮缸减压过程　　(d)轮缸增压过程

图 10－28　循环式制动压力调节器的工作过程

2. 可变容积式制动压力调节器

可变容积式制动压力调节器主要由电磁阀、控制活塞、液压泵和储能器等组成，是在原液压制动系统中增设一套液压控制装置，控制制动管路中容积的增减，以控制制动压力的变化。可变容积式制动压力调节器有 4 个不同工作状态：常规制动状态、轮缸减压状态、轮缸保压状态和轮缸增压状态，如图 10－29 所示。

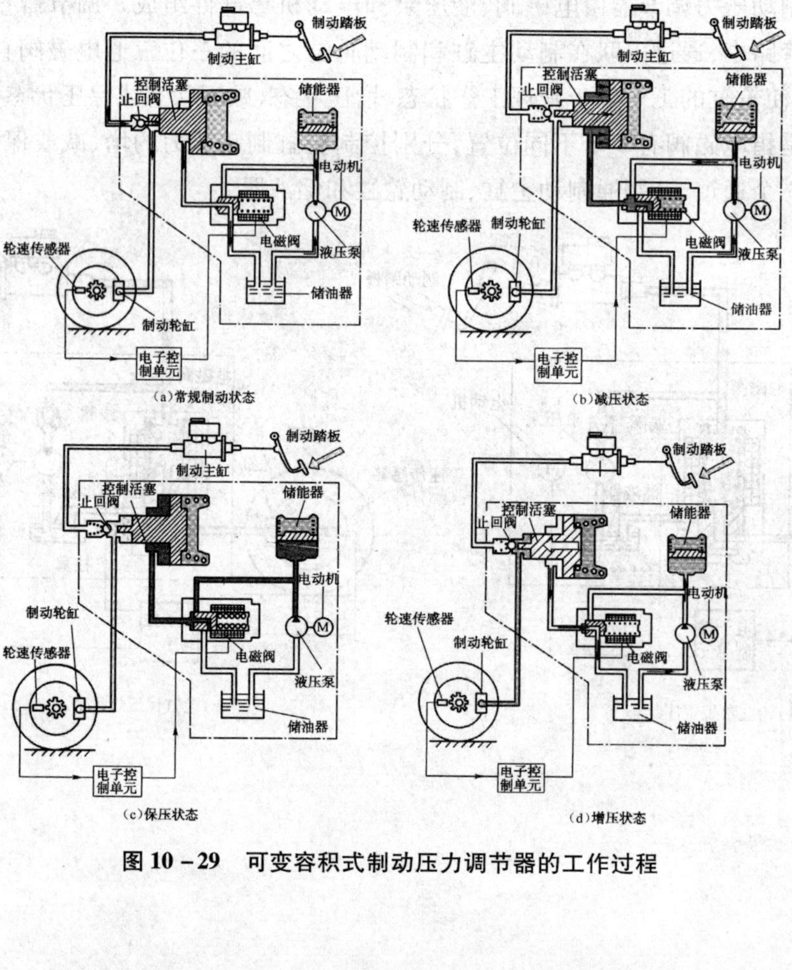

(a)常规制动状态　　(b)减压状态

(c)保压状态　　(d)增压状态

图 10－29　可变容积式制动压力调节器的工作过程

10.5　驱动防滑控制系统

驱动防滑控制系统简称 ASR(Acceleration Slip Regulation),有的称为车辆牵引力控制系统,简称 TCS 或 TRC(Traction Control System)。

驱动防滑控制系统的功用是防止汽车在加速过程中打滑,特别是防止汽车在非对称路面或在转向时驱动轮滑转,以保持汽车行驶方向的稳定性、操纵性和维持汽车的最佳驱动力以及提高汽车的平顺性。

典型 ABS/ASR 组成如图 10 - 30 所示,主要由轮速传感器、ABS/ASR ECU、制动压力调节器、主副节气门开度传感器、副节气门控制步进电动机等组成。

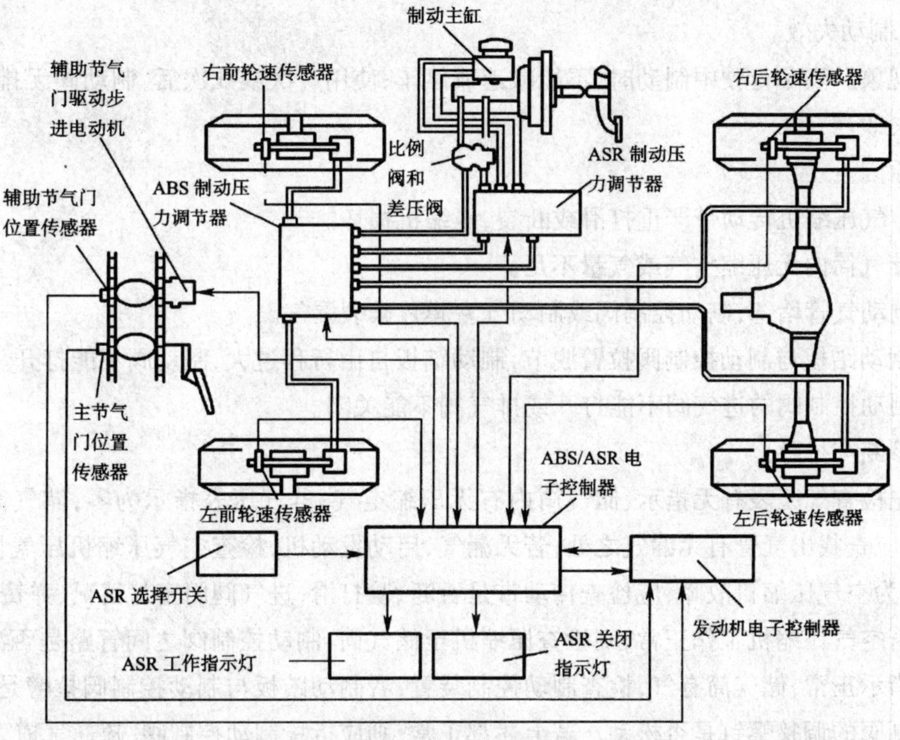

图 10 - 30　典型 ABS/ASR 组成示意图

ABS/ASR ECU 根据驱动轮转速传感器输送的速度信号计算判断出车轮与路面间的滑转状态,并适时地向其执行机构发出指令,以降低发动机的输出转矩和车轮的转速,从而实现防止驱动轮滑转的目的。

ASR 的传感器主要是轮速传感器和节气门位置传感器。轮速传感器与 ABS 共用,而节气门位置传感器则与发动机控制系统共用。

ASR 专用的信号输入装置是 ASR 选择开关,关闭 ASR 选择开关,可停止 ASR 的作用。如在汽车维修中需要将汽车驱动轮悬空转动时,ASR 可能对驱动车轮施以制动,影响故障的检查。这时关闭 ASR 开关,停止 ASR 作用,可避免这种影响。

ASR 的 ECU 发出的控制指令有如下 3 种:控制滑转车轮的制动力;控制发动机输出功率;同时控制发动机输出功率和驱动车轮的制动力。在实际应用的 ASR 中,绝大多数都是采用调节发动机输出转矩的方式来控制汽车驱动力矩。而调节发动机的输出转矩,通常是利用发动机电子控制装置,通过控制节气门开度和点火提前角的方式来实现。

10.6 制动系统的检修

10.6.1 制动系统的故障诊断

1. 气压式制动系统常见故障诊断与排除

(1)制动失效。

①现象。汽车行驶中制动时,不能减速或停车;使用一次或几次后,制动阀无排气声,制动突然失效。

②原因。

a. 空气压缩机传动带严重打滑或断裂,压缩机损坏。

b. 储气筒内无压缩空气或气量不足。

c. 制动气管堵塞,制动控制阀或制动气室膜片破裂漏气。

d. 制动踏板与制动控制阀拉臂脱节,制动踏板自由行程过大,制动阀不能打开。

e. 制动控制阀的进气阀不能打开或排气阀不能关闭。

③诊断与排除。

a. 先检查气压表有无指示、储气筒内有无压缩空气;若气压表指示为零,储气筒内无压缩空气,应查找出气管有无漏气之处;若无漏气,启动发动机,检查空气压缩机压气情况。若无气,则为空气压缩机故障,应检查传动带是否断裂、打滑,进气阀门密封情况、弹簧弹力等。

b. 若空气压缩机工作正常,则检查压缩机至储气筒、制动控制阀之间管路是否漏气。若气压表指示正常,储气筒有气,检查制动控制装置,看制动踏板与制动控制阀拉臂是否脱节,制动控制阀的调整螺钉是否松动。若上述都正常,则应拆检制动控制阀,疏通气道。

c. 若涉水后制动失效,应轻踩几次制动踏板,排干水分。

(2)制动力不足,制动效果不好。

①现象。汽车行驶中,制动力明显不足,将制动踏板踩到底后,汽车减速慢,制动时间和距离增长。

②原因。

a. 储气筒内压缩空气气压不足。

b. 制动踏板自由行程过大。

c. 制动阀调整螺钉调整不当,排气阀回位弹簧过硬、调整垫片过厚,平衡弹簧弹力过低。

d. 双管路制动系统中某一管路气管破裂或接头松动漏气。

e. 制动蹄片与制动鼓间隙过大或接触面积小，蹄片上有油污、泥水、烧焦、磨损过度。

f. 制动鼓失圆、起槽、磨损过量。

g. 制动凸轮轴或蹄片轴锈蚀，转动阻力大。制动凸轮轴转角过大。

h. 制动控制阀和制动气室膜片破裂，制动调整蜗杆调整不当，使制动气室推杆行程过大。

③诊断与排除。

a. 先启动发动机运转数分钟，观察气压表读数是否达到技术标准。如果气压不足，应检查空气压缩机是否工作正常、管路是否漏气、空气压缩机传动带是否过松。

b. 若发动机长时间运转，储气筒内气压不升高，而发动机熄火后，气压不下降，多为空气压缩机故障，如传动带打滑、压缩机泵气不足、调压阀调压过低、储气筒安全阀放气压力过低。

c. 若发动机运转时，未踩下制动踏板，储气筒内气压不断升高，而发动机熄火后，气压又不断下降，则空气压缩机至制动控制阀之间的气道漏气。

d. 储气筒内气压符合标准，若踩下制动踏板，气压不断下降，即为制动控制阀至各制动气室之间有漏气处或膜片破裂而漏气。

e. 若无漏气，则应检查制动踏板自由行程，检查摩擦片与制动鼓之间的间隙是否过大，再检查制动臂蜗杆的调整是否适当，否则应进行调整。

(3)制动跑偏。

①现象。汽车制动时，汽车偏向制动力较大或制动较早的一侧；制动时，必须紧握转向盘，才能保证汽车直线行驶。

②原因。主要原因是汽车同轴上的左、右车轮制动力不等或制动生效时间不一致。

a. 左、右车轮制动器制动力不等。左、右车轮制动器间隙不一致；左、右轮胎气压不一致；制动鼓与制动摩擦片接触面积不一致；个别制动鼓失圆，内径相差过大；回位弹簧弹力相差悬殊，制动蹄与支承销锈蚀，转动困难；个别摩擦片有油污、硬化，铆钉外露；材料不一样或质量不同。

b. 左、右车轮制动操纵力不平衡。个别制动气室连接软管腐蚀、老化、破裂、堵塞或接头漏气；个别制动气室膜片破裂、老化、弹簧折断或弹力过小；推杆弯曲变形，伸张长度不一；制动凸轮转角大小不一，支架磨损、松旷或凸轮轴颈与支架锈蚀卡滞。

c. 其他原因。前轮为负前束，轮胎花纹不一样，前桥两侧钢板弹簧弹力不等；车架变形，前桥位移，前后桥不平行等。

③诊断与排除。诊断这类故障，应先进行路试。在良好路面，若不制动，车辆出现跑偏，检查轮胎花纹、气压和磨损程度；检查前悬架弹簧有无折断；检查前后桥轴距和车架变形情况。若对车辆进行紧急制动试验，观察后轮轮胎拖印或经制动试验台检测法进行检测，确定其故障部位。

a. 汽车行驶中制动时，汽车若忽左忽右跑偏，应测量前束值，检查球头销松旷程度。若车轮拖印不一致,总偏向一侧,说明相反方向制动力不足或制动较晚。

b. 检查制动气室。一人踩住制动踏板,另一人检查该车轮制动气室、气管或接头有无漏气。若无漏气检查制动气室推杆伸缩情况,查看是否有弯曲、变形或卡死现象及左右推杆是否一致。

c. 如果上述良好,可将车轮架起,从制动鼓检视孔查看车轮制动器技术状况。如摩擦片是否有油污,检测制动间隙是否过大等。若上述良好,可踩下制动踏板,并迅速抬起,观察制动蹄回位是否自如。若不能迅速回位,多为制动蹄回位弹簧弹力不足或凸轮轴卡死,则应进行修理或换用新件。

d. 若上述情况正常,仍出现跑偏,则应检查制动器,检查制动鼓是否失圆,摩擦片是否磨损、过甚或硬化,铆钉头是否外露,以及弹簧弹力是否符合技术标准,根据具体情况进行维修或换用新件。检查凸轮轴转动是否灵活,如有发卡现象,应进行润滑。

(4)制动拖滞。

①现象。当抬起制动踏板后,摩擦片与制动鼓仍有接触,致使汽车起步困难、行驶无力;汽车行驶一段路程后制动鼓发热,滑行距离缩短;解除制动时,制动控制阀排气缓慢、不排气或制动灯不灭。

②原因。

a. 制动踏板无自由行程,制动间隙过小,放松制动后,制动蹄与制动鼓局部摩擦。

b. 制动踏板与制动阀拉臂之间传动件卡滞,回位弹簧过软,使制动踏板不能回位。

c. 制动阀中排气阀开度过小,排气阀弹簧过软、折断或橡胶阀座老化,使排气阀不能完全打开,管路不畅通。

d. 制动气室推杆伸出过长变形而卡死,制动软管老化不畅通,冬季积水结冰卡住。

e. 制动凸轮轴与衬套锈滞或同轴度超差,使凸轮轴转动不灵活。

f. 轮毂与轮毂轴承、半轴套管之间配合松旷。

g. 制动鼓圆度误差过大或摩擦片破碎卡阻。

h. 制动气室回位弹簧疲劳、折断或弹力过小。

③诊断与排除。首先应对车辆进行路试,边行驶边制动,然后停车检查各车轮制动鼓温度。用手摸试各车轮制动鼓时,若所有车轮制动鼓发热,抬起制动踏板时,制动控制阀排气缓慢或不排气,大多属于制动控制阀和制动操纵机构故障。

a. 踩下、抬起踏板,观察制动踏板回位情况,如不能完全回位,则制动拉杆发卡或踏板润滑不良,应修复或润滑。

b. 检查制动踏板自由行程,若自由行程过小,则制动阀的排气阀开度过小,应调整。

c. 踩下踏板并快速抬起,听阀声音。若制动阀排气缓慢,拖延时间过长,应检查制动阀,如排气间隙、回位弹簧、弹簧座等。若制动阀排气迅速,则应检查车轮制动器。

若个别车轮制动鼓发热,则该车轮制动拖滞。可由一人在驾驶室内连续踩下和抬起踏板,另一人在车轮处观察制动气室推杆的动作。

a. 若其回位缓慢或不回位,应检查制动凸轮轴与支架间润滑程度和同轴度。

b. 若回位正常,可检测制动间隙。若架起车轮检测的间隙与落下车轮检测的间隙有变化,则轮毂轴承松旷,或半轴套管与轮毂配合松旷。

c. 若上述良好,则应拆下制动鼓,检测制动器各机件,进行必要的维修或换用新件。

2. 液压制动系统常见故障诊断与排除

(1)液压制动不良。

①现象。汽车在行驶中,迅速将制动踏板踩到底,汽车不能立即减速、停车,连续制动也无明显减速作用,制动距离长。

②原因。

a. 管路或制动力传递的原因

第一,制动踏板自由行程过大。

第二,机械连接部位脱落、断开、失效等。如制动主缸与制动踏板的连接松脱。

第三,储液罐无液或严重缺液,制动液中渗入空气或湿度过高形成气阻。

第四,油管凹瘪,接头松动渗油,制动软管老化、破裂或堵塞。

b. 制动主缸的原因

第一,主缸内补偿孔堵塞,加液口盖通气孔堵塞。

第二,主缸内皮碗破损、老化、变形或踏翻。

第三,主缸活塞与缸体磨损过量、松旷而漏油。回油密封不良,出油阀弹簧过软折断,油阀密封不良。

c. 制动轮缸的原因

第一,轮缸皮碗老化、破损或顶翻。

第二,轮缸活塞卡滞,活塞与缸筒磨损过量,松旷漏油,活塞的回位弹簧过软或折断。

d. 制动器的原因

第一,制动鼓与制动蹄之间间隙过大或调整失误,制动蹄摩擦片磨损过量,蹄片与鼓的接触面积过小。

第二,制动鼓失圆、起槽或鼓面磨损过甚。

第三,制动蹄摩擦表面沾有油污、泥水,铆钉外露或表面烧焦硬化。

③诊断与排除。先连续踩下制动踏板,根据踏板高度和踩抽动踏板感觉进行诊断。若各车轮制动均不良,应先检查主缸皮碗、密封圈是否良好,活塞是否卡滞,否则检查各轮缸制动器工作状况。

a. 若制动踏板不升高,始终到底且无力。应先检查储液罐是否缺少制动液,再检查油管接头有无破损之处或严重漏油,有则应修理或换用新件。若无漏油之处,则应检查各机械连接部位有无脱开之处。

若以上检查均好,则进一步检查主缸进油孔与储液罐通气孔是否堵塞;主缸或轮缸皮碗是否破裂、顶翻或破损。

b. 若制动踏板能升高，踩住踏板进行检查。踩动踏板，踏板能升高且制动效能有好转，则检查制动踩板自由行程和车轮制动器的间隙，应符合技术标准，否则，进行自由行程或间隙调整。

若踩住踏板后踏板，其位置保持不住，明显下沉，应检查管路是否有破损或接头漏油。若无漏油，应检查主缸、轮缸的皮碗密封是否良好，检查主缸、轮缸的回位弹簧是否过软或折断，主缸回油阀和出油阀是否损伤。有损坏，则更换用新件。

c. 若踩一次制动踏板高度适中，但感到硬而且制动效能差，则个别车轮制动器不良，应检查制动软管是否老化、堵塞。否则检查该车轮制动器。

d. 若踩制动踏板有弹性感，则液压系统内有空气或制动液气化，应排出空气。

(2) 制动跑偏。

①现象。汽车制动时，行驶方向发生偏斜；紧急制动时，出现方向急转或车辆甩尾现象。

②原因。汽车制动时，左、右车轮制动力不相等或制动生效时间不一致，导致汽车向制动力较大或制动较早的一侧行驶。

a. 左、右车轮轮胎气压、花纹或磨损程度不一致；左、右车轮轮毂轴承松紧不一致；存在轴承破损情况。

b. 左、右车轮制动器制动间隙大小不一样，或摩擦片与轮鼓接触面积相差太大，摩擦片材料、质量、规格或新旧程度不一样。

c. 左、右制动鼓内径、工作中的变形和工作面的粗糙度不一致，回位弹簧弹力相差太大。

d. 个别车轮摩擦片有油污、硬化或铆钉外露，或轮缸内活塞卡滞、皮碗发胀，或油管堵塞，或制动鼓失圆。

e. 车架变形，前轴外移，前后轴不平行，两前轴钢板弹簧弹力不一样。

f. 前轮定位失准；转向机构松旷。

③诊断与排除。

a. 车辆正常行驶时，出现跑偏现象，先做外观检查，如检查左、右车轮轮胎气压、花纹或磨损程度是否一致；各减振器是否漏油或失效；悬架是否折断等。

b. 支起车轮，用手转动或轴向推动车轮轮胎，查看车轮是否有松旷或过紧，是否有发卡或异响，如有，应重新调整或更换轮毂。

c. 进行路试。汽车行驶中制动，若汽车向左倾斜，则为右轮制动性能差；反之为左轮制动性能差。

当汽车制动后，查看轮胎在路面上的拖印情况，若拖印短或没有拖印的车轮，则为制动有故障的车轮。

对车轮制动分泵进行放气，若无制动液喷出，则为制动管路堵塞，予以更换；若有气体排出，应予排气。

d. 若查出有故障车轮后，先检查该车轮制动管路是否漏油，轮胎气压是否达到技术标准。若正常，再检测制动间隙是否符合技术标准，否则予以调整。若仍无效，应拆下制动鼓，逐一检查各件,特别是制动鼓的尺寸要严格检测。

e. 经上述检修后,各车轮拖印基本符合要求,但制动时仍跑偏,则故障不在制动系统,应检测车架或前轴的技术状况。若出现忽左忽右的跑偏现象,则应检查前束或纵横拉杆球头销是否松旷,检查转向机构是否松旷。

(3)制动拖滞。

①现象。在行车制动中,抬起制动踏板,全部或个别车轮制动作用不能解除,影响汽车重新起步加速和滑行,且行驶无力,制动鼓发热。

②原因。

a. 制动踏板没有自由行程,回位弹簧过软、折断,踏板轴锈滞、发卡,造成制动踏板拉杆系统回位困难。

b. 制动主缸活塞变形,回位弹簧过软或折断,回油孔被堵塞,密封圈发胀,泵体卡死。

c. 制动间隙过小,制动蹄回位弹簧过软、失效,制动蹄在支承销上不能自由转动。

d. 制动轮缸皮碗胀大,活塞变形。

e. 制动管路凹瘪、堵塞,导致回油不畅。

f. 制动蹄摩擦片破裂或铆钉松动,制动鼓严重失圆。

③诊断与排除。

a. 将汽车支起,不踩制动踏板,用手转动车轮,若车轮不动,则存在车轮制动拖滞现象。汽车行驶一段路程后,用手抚摸各制动鼓,若全部发热,说明故障在制动主缸,若个别制动鼓发热,则故障在该车的制动轮缸。

b. 若故障在制动主缸,应先检查踏板自由行程。如果无自由行程,则主缸推杆与活塞间隙过小或没有间隙,应进行调整。若自由行程符合标准,则拆下主缸储液罐加油螺塞,踩下踏板慢回位,看其回油状况,若不回油则为回油孔堵塞;若回油缓慢则为皮碗、皮圈发胀或回位弹簧无力;或油液太脏,黏度太大。经检查不符合技术标准,一律更换。

c. 若故障在制动轮缸,顶起有故障的车轮,旋松制动轮缸的放气螺钉,并踩制动踏板,如有制动液喷出,车轮旋转自如,说明存在管路堵塞,轮缸不能回油,此时应疏通油管。若旋转车轮仍有拖滞,可检查制动间隙和回位弹簧,若正常,应检拆制动轮缸。必要时,活塞、皮碗均换用新件。

10.6.2　液压制动系统的检查与调整

1. 双腔制动主缸的拆装

(1)放好盛油容器,拆下前、后出油管接头,放出制动液。

(2)松开连接螺栓,从车架上拆下主缸,取下防尘罩和推杆。

(3)将主缸放在台虎钳上,用旋具顶住活塞,拆下弹簧片,然后依次取出后活塞、皮碗及后活塞弹簧。

(4)拆下限位螺钉,依次取出前活塞、皮碗及前活塞弹簧。

(5)主缸的装配按拆卸相反顺序进行。装配前,应用制动液或酒精清洗所有零件。装配后,要检查主缸密封性及回油孔,使其不被皮碗堵住。用推杆推动活塞数次,检查其活动是否灵活。

2. 制动主缸(总泵)的检修

(1)检查主缸缸筒内壁工作面,不允许有麻点和划痕,用百分表检测其圆柱度误差,不能超过 0.025mm,或者缸筒内壁磨损不能大于 0.12mm,泵筒与活塞配合间隙不能超过 0.15mm,否则应换用新件。若是由于活塞磨损过多而造成的,只需更换活塞即可。

(2)检查缸筒内壁,若有锈蚀、麻点,如果不在皮碗行程内,允许继续使用。

(3)观察或敲击检查主缸缸体,不得有任何性质的裂纹、缺口、破损等损伤。轻微者应予焊修,严重者换用新件。

(4)检查活塞上的星形阀是否松脱、破裂,若有则应予重铆或换用新件。

(5)检查出、回油阀门是否失效,皮碗、密封圈是否发胀、变形,破损等,若是则换用新件。

(6)用弹力测试仪检查主缸、轮缸回位弹簧弹力,应符合技术标准。不合要求,换用新件。

(7)制动主缸及真空增力器损坏时,应换用新的总成,不允许进行解体维修。

3. 制动轮缸的检修

从制动轮缸体上的固定槽中拆下轮缸防尘罩,拆下活塞,从缸筒中拆下橡胶皮碗和弹簧。用清洗液清洗轮缸零件,并做以下检查。

(1)检查制动轮缸缸体内孔与活塞外表面的烧蚀、刮伤和磨损情况,有轻微刮伤或腐蚀,用细砂布磨光,并用清洗清洗,用压缩空气吹干。

(2)上海桑塔纳 LX 型前轮缸缸筒直径磨损大于 0.10mm 或缸筒与活塞的配合间隙大于 0.15mm 时,应更换制动钳总成。后轮缸筒磨损大于 0.08mm 或缸筒与活塞面出现划痕及锈蚀时应更换轮缸总成。

(3)检查放气螺塞的锥面,应平滑、规整,不得有凹槽和破损,否则应予修复。

(4)用干净制动液润滑密封件和内部元件,将放气螺钉拧入,安装回位弹簧总成,将活塞装入缸筒内,装好防尘套。

要注意的是在更换轮缸时,同一桥上的两只轮缸的内径必须相同,以保证得到相等的制动力,防止制动跑偏。其规格必须与原车轮缸相同。

4. 制动踏板自由行程调整

制动踏板自由行程就是从踏板最初被踏下的位置,到感觉有阻力时为止的距离。一般制动踏板自由行程为 10 ~ 14mm。

(1)没有制动增力装置的踏板自由行程调整方法。通过改变推杆的长度来调整。先旋松锁紧螺母,转动推杆,推杆伸长,踏板自由行程缩小,反之增大。再测量自由行程,符合要求后,拧紧锁紧螺母。

(2)有制动增力装置的踏板自由行程检查与调整方法。

①制动踏板自由行程的检查。将发动机熄火,踩下制动踏板数次,直到真空增力装置内

没有真空。然后,缓慢按下踏板,直到有阻力,测量自由行程。

②自由行程调整。自由行程调整分两步,先调整控制杆,使其移动,到与增力装置的空气阀接触为止,然后,再调整增力装置推杆与主缸活塞接触。调整结束后,应检验自由行程是否符合要求。

10.6.3 液压制动系统空气的排出

液压制动系统渗入空气后,随制动力增加,空气受到压缩,制动力减少,将造成制动的失效。液压制动系统修复安装后,应加注制动液,排出制动系统中的空气。常用的排出方法有人工法和压力法。

(1)人工法。首先,在储液罐中加足制动液,使液面高度达到MAX处,然后,用一根皮管装在放气螺塞上,另一端插入盛制动液的容器中。由二人协同进行,一人在驾驶室内,踩下和放松制动踏板数次,直至踩不下去为止,并用力踩住踏板,另一人在车下旋出轮缸的放气螺钉的3/4圈;空气随制动液一起排出,当制动踏板下降到底后,立即拧紧放气螺塞,然后再抬起踏板。如此反复上述过程数次,直至放出的制动液清亮无气泡为止,则空气完全被排出。最后,拧紧放气螺塞。

在排气时,一般由最远的一个轮缸先进行,各轮缸的排气顺序应为:右后轮—左后轮—右前轮—左前轮。

在排气过程中,随时检查储液罐内的液面高度,不足时,加注制动液,将储液罐的液面高度加至MAX处。

在加注制动液之前,应清洗制动主缸和盖,防止污垢进入制动主缸储液罐。在加注制动液时,应注意,各厂家生产的制动液化学成分不同,不能混合使用。

(2)压力法。

将专用加液放气装置连接在储液罐上,以一定的压力,把制动液充到制动系统中,使混有空气的制动液排出,在轮缸放气螺塞上接一软管,将排出的制动液放入容器中。然后,根据各轮缸放气顺序进行放气。最后,将储液罐的液面高度加至MAX处。

10.6.4 气压制动系统的检查与调整

1.制动控制阀的检修

在使用中最常见的损伤是密封不良、调整不当,拆检的重点是阀门与壳体接触面是否有压伤痕迹、活塞和挺杆上下运动是否灵活、橡胶零件是否老化。其检修方法如下。

(1)检查壳体,若有裂纹或螺纹损坏时,应换用新件。将塞尺和钢直尺放到上下体接合平面,检测制动阀壳体结合面平面度误差,要求不大于0.10mm,否则进行修磨。检测阀门压痕深度,超过0.50mm,应换用新件。

(2)检查进、排气阀和阀座,若有轻微磨损,可先清洗吹干,然后在接触面上均匀涂上细研磨膏,进行配对研磨。若有刮伤,凹痕或磨损过度,应换用新件。

(3)直观检查各弹簧,若断裂,应换用新件。检测各弹簧的技术状况,应符合要求,若变长、弹力明显减弱或倾斜,应换用新件。

(4)大修和拆解后,各种橡胶密封圈及膜片均换用新件。推杆与衬套配合松旷时,也应换用新件。

(5)检查制动信号灯开关工作是否正常。

2. 制动气室的检修

(1)膜片式制动气室调整与装配要点。

①如图 10 - 31 所示,装橡胶模片、推杆总成和回位弹簧。

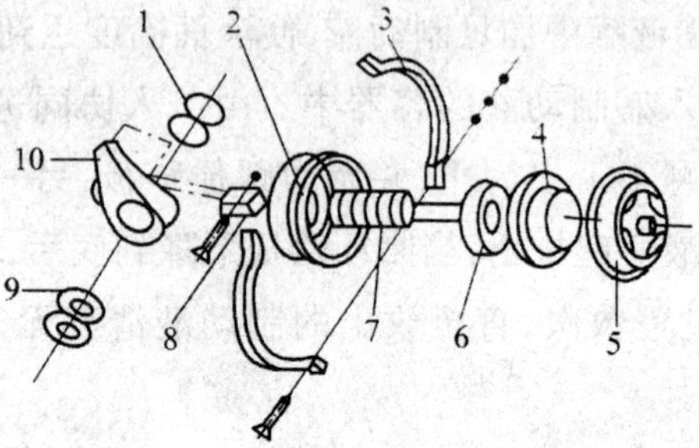

图 10 - 31　制动气室与制动调节臂

1—垫片;2—制动气室外壳;3—卡箍;4—膜片;5—气室盖;6—推杆;7—复位弹簧;8—连接叉;9—调整垫片;10—制动调整臂

②按拆时所做记号装复壳和盖,并分两次均匀对称地拧紧盖上螺母。

③把弹簧套在推杆上,再把推杆插入壳的孔中,装上连接叉。当把连接叉拧到推杆螺纹底部时,推杆外露部分的长度应符合技术标准。推杆外露部分不能过长,而且左、右轮应保持一致,不允许用拉动推杆的方法对准叉孔。调整连接杆叉孔与制动调整臂孔时,可转动推杆叉或制动臂蜗杆进行调整,使连接叉孔与制动调整臂孔重合。

④装复后用压力为 882kPa 的压缩空气试验时,不得有漏气现象。

(2)膜片式制动气室的检修。

①膜片如有裂纹、变形或老化等损伤,应换用新件。

②制动软管内径大小,膜片的厚度,同一轴上的左、右轮必须一致。否则予以调整更换。

③左右制动气室弹簧弹力应一致,不合规定应调整。弹簧如有明显变形、严重锈蚀或弹力减弱、断裂,应换用新件。

④盖与壳有裂纹,可用环氧树脂胶粘接或进行焊修,推杆弯曲可进行校正,推杆孔磨损过多,可堆焊修复。

3. 空气压缩机的检修

(1)缸体与缸盖的检修。用直观法、敲击法或着色法检查缸体、缸盖,若有裂纹,应换用新件。用直尺和塞尺检测缸盖与缸体、曲轴箱与底盖的平面度误差,要求不大于 0.05mm。否则,应磨平面。

(2)气缸内径磨损状况的检测。用量缸表检测气缸磨损状况。若圆柱度误差大于0.25mm,圆度误差大于0.08mm时,应进行镗磨。镗磨时,应以磨损最大缸的直径确定修理尺寸,一般分五级,每一级加大0.25mm。当气缸镗磨至最后一级修理尺寸时,可重新镶套修复。进行镶套时,缸套与缸体的配合过盈量应为0.05~0.12mm。

(3)曲轴的检修。通过直观观察、着色法、磁力探伤等方法检查曲轴,若出现裂纹,应换用新件。检测曲轴轴颈与滚珠轴承配合间隙大于0.02mm,可对轴颈镀铬或堆焊修理,或换用新件。若连杆轴颈的圆度误差超过0.10mm时,应磨修或换用新件。

(4)活塞连杆组的检修。若连杆出现弯曲变形,应进行校正;若有裂纹,换用新件。选用新活塞,应达到技术标准。活塞与气缸的配合间隙为0.03~0.09mm。活塞环的配合间隙见表10.1。连杆轴承与轴颈的配合间隙大于0.12mm时,应换用新轴承。

表10.1　空气压缩机活塞环的配合间隙(单位:mm)

车型	端隙	侧隙	背隙
EQ1092	0.15~0.35	0.04~0.07	气环:0.08~1.48 油环:1.80~2.48
CA1092	0.15~0.35	0.03.5~0.080	

(5)其他零件的检修。空滤器滤芯脏污时,可用清洗剂清洗,并用压缩空气吹干,若严重脏污可换用新件。检查进、排气阀阀片及卸荷阀复位弹簧、油堵弹簧弹力减弱或折断均换用新件。进、排气阀阀座磨损出凸痕应更换阀板总成。各密封垫圈均换用新件。

(6)空气压缩机的磨合与试验。空气压缩机装复后,应进行磨合与试验,试验可在专用试验台上或发动机上进行。

①在试验台上进行试验。

第一,低速磨合试验,不装气缸盖,转速为600r/min,机油压力不低手147~196kPa。

第二,高速磨合试验,转速为1200r/min,仍不装气缸盖,主要磨合运动副的工作表面。此时,活塞顶部不应有积油现象。机油压力为196~294kPa。

第三,充气效率试验,转速为1200r/min,装上气缸盖,并按规定扭力扭紧固定螺栓。当气压表达到一定压力时,所需时间应符合要求。东风EQ1092最高气压实验试验转速为1200r/min,运转15min,此时最高气压一般应达到882kPa。

②在发动机上试验。发动机以1200~1350r/min的转速运转,观察压力表达到一定气压所需时间和能达到的最高气压。同时检查空气压缩机有无渗油、杂音、轴承过热等现象。当发动机停止运转后,当压力为686kPa时,储气筒压力开始下降,在1min内下降不得大于19.6kPa。

若空气压缩机需要进行镗缸、磨曲轴、换活塞销及衬套等,应予以报废,换用新的空气压缩机总成。

4. 制动性能的检测

汽车制动系统检修后,应进行制动性能的检测,确保行车安全。目前,常用检测方法有路试检测和台架检测。

(1)路试检测。路试检测是汽车在总装完毕后,在道路上行驶的过程中检查其制动效能。检测应在平坦、硬实、清洁、干燥、附着系数不小于0.7的水泥或沥青路面上进行。可进行满载或空载检验。检测时,汽车以一定速度行驶,然后滑行,当滑行到规定初速时,急踩制动踏板,进行制动,用速度表、五轮仪或其他方法测量从脚开始踩制动踏板到汽车完全停止所行驶的距离。此段时间汽车所行驶的距离称为制动距离,用此距离,判断制动效能是否达到技术标准。由于路试法直观,通常被汽车修理厂和交通管理部门广泛采用。

(2)台架检测。台架检测科学性强,精确度较高,安全可靠,便于分析。目前台架检测主要采用惯性式滚筒试验台,反力式制动试验台。

参考文献

[1]蔡兴旺.汽车构造与原理[M].北京:机械工业出版社,2004.

[2]陈家瑞.汽车构造:下册[M].北京:机械工业出版社,2009.

[3]陈建宏.汽车底盘机械系统检修[M].北京:人民交通出版社,2009.

[4]迟瑞娟.汽车底盘构造与维修[M].北京:电子工业出版社,2006.

[5]孔令来.汽车底盘构造与维修[M].北京:机械工业出版社,2007.

[6]赖瑞海.汽车学Ⅱ:底盘篇[M].台北:全华图书股份有限公司,2009.

[7]李春明.汽车底盘电控技术[M].北京:机械工业出版社,2009.

[8]冷传广.汽车底盘构造与维修[M].北京:中国劳动社会保障出版社,2008.

[9]李京申,刘波.悬架和转向系统[M].北京:教育科技出版社,2004.

[10]凌凯汽车资料编写组·汽车原理[M].北京:北京邮电大学出版社,2005.

[11]任东.汽车底盘构造与维修[M].北京:中国劳动社会保障出版社,2006.

[12]细川武志.汽车构造图册[M].北京:人民交通出版社,2009.

[13]徐石安.汽车构造底盘工程[M].北京:清华大学出版社,2008.

[14]姚焕新.汽车底盘电控系统检修[M].北京:人民邮电出版社,2009.

[15]幺居标.汽车底盘构造与维修[M].北京:机械工业出版社,2008.

[16]赵亮.车辆悬架系统中新减振元件设计和减振控制算法研究[D].长沙:湖南大学,2008.

[17]赵学敏.汽车底盘构造与维修[M].北京:国防工业出版社,2003.

[18]张小江.全地面起重机转向性能仿真和试验研究[D].长春:吉林大学,2011.

[19]张君君.电控液压助力转向系统的设计研究[D].镇江:江苏大学,2009.

[20]张振生.变速器行星齿轮机构传动比计算设定条件法[J].包头职业技术学院学报,2012,(04):13-15.

[21]张红伟.汽车底盘构造及维修[M].北京:高等教育出版社,2007.

[22]钟敏.清障车底盘结构设计与分析[D].湘潭:湘潭大学,2012.

[23]中国汽车维修行业协会.汽车底盘常见维修项目实训教材[M].北京:人民交通出版社,2009.